山东省社会科学规划一般项目
"隐形的危机——山东省青少年的关怀品质"
（17CKPJ04）项目成果。

问题青少年教育矫正管理丛书 主编◎苏春景

EDUCATION,CORRECTION AND MANAGEMENT OF PROBLEM YOUTH SERIES

从保护到关怀
——少年罪错预防研究

孔海燕◎著

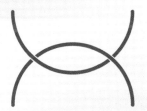

中国社会科学出版社

图书在版编目（CIP）数据

从保护到关怀：少年罪错预防研究／孔海燕著 . —北京：中国社会科学
出版社，2018.12

ISBN 978 - 7 - 5203 - 3212 - 5

Ⅰ.①从…　Ⅱ.①孔…　Ⅲ.①青少年犯罪—预防犯罪—研究—中国
Ⅳ.①D669.5

中国版本图书馆 CIP 数据核字（2018）第 220846 号

出 版 人	赵剑英	
责任编辑	张　林	
特约编辑	宋英杰	
责任校对	周晓东	
责任印制	戴　宽	

出　　版	中国社会科学出版社	
社　　址	北京鼓楼西大街甲 158 号	
邮　　编	100720	
网　　址	http://www.csspw.cn	
发 行 部	010 - 84083685	
门 市 部	010 - 84029450	
经　　销	新华书店及其他书店	

印　　刷	北京明恒达印务有限公司	
装　　订	廊坊市广阳区广增装订厂	
版　　次	2018 年 12 月第 1 版	
印　　次	2018 年 12 月第 1 次印刷	

开　　本	710×1000　1/16	
印　　张	20.5	
插　　页	2	
字　　数	317 千字	
定　　价	78.00 元	

凡购买中国社会科学出版社图书，如有质量问题请与本社营销中心联系调换
电话:010 - 84083683

问题青少年教育矫正管理丛书

主　　　编：苏春景

副　主　编：郑淑杰　张济洲

编委会名单：（按姓氏笔画为序）

　　　　　　　王　丹　王陵宇　孔海燕　苏春景

　　　　　　　李克信　张济洲　郑淑杰　单爱慧

　　　　　　　梁　静　董颖红

目　　录

导　　论

党的十九大报告提出，我国已经进入中国特色社会主义新时代，新时代意味着新的任务、新的矛盾。伴随着新时代、新矛盾的变化，处于青春期的青少年成长问题也出现了新特点。少年罪错行为呈现出新的发展态势。从古至今，少年罪错行为预防一直是犯罪学、教育学、心理学、法学等研究的共同的议题和难题。本书基于关怀理论提出少年罪错预防的新视域。

少年罪错预防是犯罪学研究领域中一个热门的话题，包括各种对策学说——从监禁、恢复性司法到安装各种监控设施以保障公共财产安全，每一种对策都有其深远的历史。而综观以往少年罪错预防对策的研究发现，更多侧重外部预防研究，虽然有一般预防理论提出提高犯罪人自我控制力的预防对策，但是仍然不能从根本上解决少年罪错尤其是低龄少年罪错愈演愈烈的社会问题。

一　研究缘起

如何通过对罪错少年提供帮助，使其成为社会的有用人才和守法公民是少年司法坚定的信念。在罪错少年预防与矫正中，政府扮演什么角色？罪错少年处遇究竟在多大程度上才会有效？罪错少年在多大程度上对其行为承担责任？干预的目的是惩罚还是矫正？这些问题迄今为止仍是研究者关注的重要问题。

我们认识到，随着人的成长，其罪错行为发生的可能性在逐渐减小。然而令人忧虑的是，我们目前所认识的预防及干预措施仍然无法构建起一个有效的社会公共政策。我们不想在监狱和法庭上花费更多，为何不在预防上多些投入呢？刑法的处罚和威慑并不能有效地预防罪错行为。犯罪学的许多理论成果也未能有效地解决这一问题。为了从根本上有效解决少年罪错行为的预防问题，有必要从少年罪错行为的根源挖掘为什么绝大多数少年没有发生罪错行为，讨论关怀理论对预防少年罪错行为的影响，揭示预防少年罪错行为的理念是关怀。之所以选择这个问题来研究，是因为笔者不认为这个显而易见的真理在实践中被真正掌握，从而对少年的生长给予了应有的重视和关心。而且这个对每一个人来说都是熟悉的，并在实际中被用到的原则其实并未得到真正的尊重和理解。

　　理念是哲学的一个重要概念，是指一个理想的、永恒的、精神性的普遍范型。[①] 少年罪错行为预防的基本理念反映了少年罪错行为预防所追求的价值取向，是对少年罪错行为预防的根本追求，也是深层探究少年罪错行为预防问题的思考方式，对少年罪错行为预防起指导作用。循此而论，少年罪错行为预防的理念问题，主要关涉少年罪错行为预防的理论与实践中，什么是最重要、最根本、最值得关注的问题。无论人们以何种价值观定义和界定少年罪错预防，关怀少年的生长，重视少年的关怀品质，让少年在关怀中生成和发展关怀，应该是少年罪错预防的最重要和最根本的问题。由此，本书把关怀置于少年罪错预防的价值取向地位，把探究少年的关怀问题，转化为少年罪错预防的价值问题，进而探究少年罪错预防的根本问题。少年罪错预防的关怀研究给予了我们希望，让我们相信"我们"所能做的努力能够带来积极的结果，让我们从犯罪预防的悲观情绪中摆脱出来，继续前行。最明智的犯罪预防理念是关怀，最基本的犯罪预防措施是关怀。用皮斯（Pease）的观点来说："最基本的犯罪预防措施往往是最有效、最简便的办法。"[②]

　　关怀是漂浮的，又是实在的，存在于每个人的生命中，也存在于每个人的生活与发展中，是在每个人的生活中不断被建构起来的。每个人的生存和发展都无法离开关怀半步，问题的关键在于你是否感受到了。只有当被关怀者感受到了关怀，对这份关怀作出回应时，关怀才真正存

[①] 《中国大百科全书》（第13卷），中国大百科全书出版社2009年版，第599页。

[②] Pease K., Crime Prevention, M. Maguire, R. Morgan, R. Reiner, *Oxford Handbool of Criminology* (2nd edn), Oxford: Clarendon Press, 1977, p. 987.

在。由此，关怀是一种关系，而不是单一地付出。强调关怀是一种关系，强调人与人之间的共生型关系。"当人把他者当成与自我同样的存在，特别是与自己共生的一种存在时，人与他者的关系便摆脱了占有式、对抗性的关系，而成为一种共生型的关系。"①

在当代中国社会中，少年与家庭、学校、社会存在紧密的不可分割的联系。他们享受着父母、老师、朋友等众多"关怀"和照顾，但是我们仍听到很多少年抱怨：没有人关心他们。这让关心他们的人感到委屈和失望、困惑甚至愤怒。关怀是双向的。关怀的缺失或许已经成为少年违法犯罪的根源。

面对犯罪少年关怀缺失的现状，创造性地提出少年罪错预防的关怀研究，是一种全新的挑战，跳出了以往教育学、法学等单一学科的研究局限，它着眼于多学科深层次建立少年罪错预防体系，呼吁关怀伦理，加强关怀教育。关怀是一种价值，又是一种实践。关怀是一种道德品质，关怀是一种道德情感，关怀是一种行为，关怀是一种生存方式。虽然正义是人类社会公共生活的基本价值原则，而且在罗尔斯看来，正义决定了社会基本结构的社会制度和社会公共政策。但是，公正的制度本身就是关怀的体现，是生活与社会正价值（关怀价值）的有力保障。

少年罪错问题成为社会发展中必须面对的一个问题。当前我国少年犯罪在整个刑事犯罪中的比重逐渐下降，但未成年人犯罪在青少年犯罪中的比重逐渐上升，且未成年人犯罪绝对数逐年上升，少年罪犯占总罪犯的百分率在波动中趋向上升。而现行法典在应对青少年犯罪问题上出现困境。我国在转型期如何有效发挥预防功能，而非单靠政治与法律的手段控制和减少青少年犯罪，显得尤为重要。

世界各国和地区都十分重视罪错少年的罪错问题，都注重积极寻求预防和控制少年罪错的各种干预措施，积极教育、感化和挽救少年。随着我国的社会转型，在现代西方社会的生活方式和价值观念的冲击下，我国少年的价值观念和法律观念受到前所未有的严重影响，罪错少年数量居高不下，而且呈现团伙化、暴力化、低龄化、低文化水平等特点。因此对于罪错少年的预防与矫正，需要我们从新时代出发，寻找新理念。

---

① 鲁洁：《关系中的人：当代道德教育的一种人学探寻》，《教育研究》2002 年第 1 期。

热爱少年，关心少年成长，更好地统筹社会力量、平衡社会利益、调节社会关系、规范社会行为，使我国在深刻变革中既生机勃勃又井然有序，实现经济发展、政治清明、文化昌盛、社会公正、生态良好、和平发展的战略目标。

二　研究现状

本书中所讲的关怀，主要是指一种关系。强调被关怀者作为客体的回应和作为主体的付出。基于关怀伦理学，在关怀伦理学中建构少年罪错预防的理论与实践，因此，研究现状主要分为三部分：第一部分是现当代少年罪错及预防的研究；第二部分是关怀理论及其在教育领域中的应用；第三部分是关怀理论与少年罪错预防的相关研究。

（一）少年罪错研究现状①

1. 罪错少年的概念研究

罪错少年（juvenile delinquents）中的少年从渊源看，应该是我国所理解的青少年，在德国少年司法中，罪错少年包含7—14岁的青春期少年和14—25岁的少年。日本的《少年法》第2条规定："少年是指未满20岁的人。"我们采用犯罪学中的青少年，一般是指已满14周岁不满25周岁的人。这个概念中包含了"少年"和"青年"两个年龄段的人群，横跨了未成年人和成年人两个年龄区域。西方国家一般使用"罪错少年"一词，俄罗斯、东欧一些国家往往使用"未成年犯"一词，也有国家两者合用，如德国法律规定，已满14岁不满18岁的是少年，已满18岁不满21岁的是未成年人。

在中国，"juvenile delinquents"被翻译为"犯罪青少年"。社会各界对犯罪青少年认识不同，名称各异，对于犯罪青少年的概念颇有争议，许多研究中存在概念通用、词语混用的情况。与犯罪青少年相似的概念有："少年犯罪人""少年犯""犯罪少年""青少年犯罪人""青少年犯""未成年犯""未成年犯罪人"，在英文中与"犯罪青少年"相似的词语有："juvenile delinquents" "minor delinquent" "juvenile offender" "youthful offender" "young offender" "delinquent offender" "delinquent"

---

① 本部分内容主要聚焦少年罪错中最为严重的少年犯罪研究。

"delinquent juvenile"。对这些词语的分析和理解，有助于更好地把握犯罪青少年的含义。

犯罪青少年，严格意义上说不是一个法律概念，但却是心理学、社会学或犯罪学及政府文件中被大量使用的学术概念，也是过去及现在仍然被经常使用的概念。通常是指 12—25 周岁的实行了《刑法》和与之有关的刑事性法律规定的犯罪行为的青少年。既包括年轻的成年公民（18—25 周岁），也包括未成年犯（12—18 周岁）。① 也有学者认为，将犯罪少年的年龄下限定为 10 岁。② 与犯罪少年相似的学术概念是"少年犯罪人"和"少年犯"，这两个词语在过去经常被使用，一般认为年龄范围为 14—25 岁，也有认为是 11、12—25 岁③，还有人认为是 6—25 岁。④

未成年犯，在一定意义上是"未成年犯罪人"的简称。但是两个词语仍然有重要差别。⑤ 主要体现在使用语境、主体身份和法律地位不同。从使用语境看，"未成年犯罪人"更多地在犯罪学、犯罪心理学、社会学等领域中使用，而"未成年犯"更多地在监狱学、刑事执行法学等领域中使用。从主体身份看，未成年犯罪人的含义更广泛，不仅包含已经构成犯罪而被审判机关判处刑罚的"未成年犯"，还包括实施了一定的社会危害行为的未成年人。在法律地位上，未成年犯罪人从未出现在国家的任何法律中，未成年犯出现在《监狱法》中。

少年犯罪人和少年犯这两个词语的含义与未成年犯罪人和未成年犯相似，在过去大量出版的论著和译著中往往被使用。但从我国颁布了《未成年人保护法》（1991）和《预防未成年人犯罪法》（1999）之后，被未成年犯罪人和未成年犯替代。

"犯罪青少年"，在政府部门有关文件中使用，也是学术研究中较多使用的词语。一般是指实施了犯罪行为的未成年人。含义类似于广义的"未成年犯罪人"。在我国《刑法》（1997 年修订版）第 17 条第 4 款中规定，因不满十六周岁不予刑事处罚的，责令他的家长或者监护人加以管

---

① 康树华：《比较犯罪学》，北京大学出版社 1994 年版，第 354—365 页。
② 马皑、章恩友：《犯罪心理学》，中国人民大学出版社 2014 年版，第 148 页。
③ 曹漫之：《中国青少年犯罪学》，群众出版社 1988 年版，第 32 页。
④ 余逸群：《北京青少年犯罪研究》，《山西青年管理干部学院学报》2007 年第 4 期。
⑤ 吴宗宪：《未成年犯矫正研究》，北京师范大学出版集团 2012 年版，第 3 页。

教；必要的时候，也可以由政府收容教养。

"犯罪青少年"并不是一个法律概念，但它是一个有广义和狭义之分的学术概念。目前，许多心理学、社会学以及法学研究中广泛使用"犯罪青少年"的广义概念，即实施了违反社会规范、危害他人或社会的不良行为的青少年。从违法严重程度分，包含一般违法青少年和严重违法青少年。严重违法青少年就是狭义的犯罪青少年，等同于未成年犯，特别是指在未成年犯管教所中服刑的未成年犯罪人。在许多国家和地区，"犯罪青少年"和"未成年犯"通用，少年犯（juvenile delinquent）与未成年犯（minor delinquent）通用。

所谓"juvenile delinquent"，一般翻译为违法少年、违法犯罪少年、非行少年、犯罪少年、越轨少年、罪错少年、少年犯、少年违法者、犯罪青少年等，是指那些因实施了危害社会的、触犯刑律的、依法应受处罚的行为而被送管教所进行改造的青少年。是实施了反社会行为或犯罪行为的儿童青少年。在西方国家的法律中，juvenile（少年）、children（儿童）、minor（未成年人）等用词的含义基本相同—— 一般指不满18周岁的人，心理学中为不满25周岁的人。各国对少年司法制度所针对的对象往往有一个统称，如英美法系称之为"juvenile delinquent"，而不采用成年人犯罪适用的"criminal"。[①]

"delinquent offender"也翻译为少年犯，是指触犯了法律，实施反社会行为或犯罪行为的儿童青少年。他们实施的反社会行为通常只是为了好玩或烦恼，而不是为了金钱触犯法律。英国2003年通过的《反社会行为令》中规定，任何活动造成或可能对别人或者别人的家庭造成骚扰或惊恐或困扰的行为都叫作反社会行为，并将年龄界定为10周岁以上的人。《中华法学大辞典》中认为反社会行为就是与社会主导文化所倡导、肯定的道德准则、价值取向、行为规范相违背的行为。根据英国法律规定delinquent是指不满18周岁的人犯了罪或其行为是社会规范不可接受的。该罪责较轻，不足以让他们像成年人那样受到惩罚。比如，未成年人饮酒和吸烟、盗窃和打架斗殴等，如果年轻人实施了严重危害社会行

---

① ［美］玛格丽特·K. 罗森海姆等：《少年司法的一个世纪》，高维俭译，商务印书馆2008年版，第5页。

为如杀人，则不再称为 delinquent，而是称为 criminal。中国台湾地区和日本法称为"少年非行"，对凡有非行的少年称为"非行少年"。

"young offender"一般翻译为"犯罪少年""犯罪青少年"，在英国法律中一般是指10周岁以上21周岁以下触犯法律并受到处罚的少年，有些地区把年龄的上限定为17周岁。

通过 CNKI 文献搜集和分析发现，从词频上看，我国学者使用频率最高的中文词语是"未成年犯"，其次是"犯罪青少年""未成年犯罪人"，英文词语词频最高的是"juvenile delinquents"。尽管在许多法律研究和司法实务中使用犯罪青少年这个概念，但是犯罪青少年并不是一个法律术语，而是一个学术术语。北京师范大学刑事法律科学研究院吴宗宪教授指出，在中国，"未成年犯罪人"，是一个带有浓厚的法律意味的学术概念，更多地在犯罪学、犯罪心理学、社会学等领域中使用。未成年犯是一个法律概念，更多地在监狱学、刑事执行法学等领域中使用。少年犯是过去经常使用的法律概念①，犯罪青少年和青少年犯是在政府文件、心理学、社会学等学术研究中被较多使用的学术概念。另外，本书中使用"罪错少年"代替"犯罪青少年"，但根据语境交替使用两个概念。

2. 罪错少年的类型研究

在世界范围内，犯罪少年的类型研究呈现多样化的特点。不同学者从不同角度提出自己的观点。

（1）从生理学角度进行罪错少年的类型研究

20世纪40年代，美国学者 W. H. 希尔顿出版了《犯罪青少年的种类》一书，研究了犯罪少年与体型之间的关系。50年代，美国著名的青少年犯罪学家格卢克夫妇发展了希尔顿的观点，出版了《解开少年犯罪之谜》和《体型与少年犯罪》等书，全面论述了少年犯的体型和犯罪类型。

希尔顿将犯罪少年的体型分为四种：①内胚层体型。圆润肥胖，这种人喜欢娱乐、外向、柔顺，几乎对任何体育活动和冒险活动都不感兴趣。②中胚层体型。这种人骨骼发达，肌肉健壮，喜欢冒险，爱好运动，专断大胆，争强好胜。③外胚层体型。这种人身体单薄，身材瘦长，精

①　吴宗宪：《未成年犯矫正研究》，北京师范大学出版集团2012年版，第4页。

神抑郁，沉思内向。④均衡型。没有任何单一类型的突出特征。希尔顿对 200 名犯罪少年的研究发现，60% 的人属于中胚层型。格卢克夫妇也证实了希尔顿的观点，中胚层型最多，其次为外胚层型、均衡型、内胚层型。

（2）从心理学的角度对罪错少年的类型研究

1964 年，美国学者 H. C. 奎伊从心理矫治角度，将少年犯分为四种：①能力不足——未成熟型。这种少年犯的特征是被动、沉默寡言，容易受到别人的愚弄，心理能力未充分发育，行为举止幼稚，不能适应环境的变化。②神经症——冲突型。这种少年犯的特征是焦虑、郁郁寡欢，自卑感和罪恶感较深，常常对自己的行为感到懊悔，服从权威，攻击性弱，一般不会再犯。③未社会化——攻击型或精神病态型。这种少年犯蔑视权威，富于攻击性，容易激动，好争吵，被害感强烈，缺乏责任感，信任感低，没有悔恨和羞耻感。④亚文化——不成熟型。这种少年犯不适应社会，缺乏能力，往往借助团伙来满足自己的需要。奎伊的类型划分在美国得到广泛重视。

（3）从犯罪学的角度对罪错少年的类型研究

作为犯罪学的主要数据，由美国官方提供的数据资料《统一犯罪报告》（Uniform Crime Reports）中，根据犯罪行为的严重性划分为"第一类犯罪"（PartI offenses）和"第二类犯罪"（PartII offenses）。第一类犯罪指的是严重犯罪，也称为指数犯罪，包括杀人、强奸、抢劫、重伤害、入室盗窃、盗窃、盗窃汽车、纵火八种。第二类犯罪是不太严重的犯罪，包括伤害、酒后驾车、酗酒、少年违反宵禁令、离家出走、流浪、妨害治安、伪造、诈骗、赃物购买、恶意破坏、武器犯罪、卖淫、其他性犯罪、药物滥用、赌博、侵害家庭和儿童犯罪等。[①] 在国外，犯罪少年的类型主要是第一类的盗窃、抢劫和第二类的故意伤害、利用现金自动支付机或者自动取款机犯罪的青少年，还有交通肇事青少年等。

在中国，犯罪少年的类型没有比较一致的观点，通常也以刑法中的犯罪分类为基础。通过 2013 年中国未成年犯抽样调查分析报告，未成年

---

① ［美］迈克尔·格特弗里德森、特拉维斯·赫希：《犯罪的一般理论》，吴宗宪、苏明月译，中国人民公安大学出版社 2009 年版，第 120 页。

类型除有抢劫罪、强奸罪、故意伤害罪、盗窃罪等传统罪名外，未成年
人犯罪中还出现了危险驾驶罪、组织出卖人体器官罪等一些新罪名。其
中盗窃、抢劫等财产型居首位，其次是伤害、杀人等暴力型，再次是强
奸等性犯罪。经过对 Y 市近三年未成年犯的数据统计发现盗窃、抢劫、
寻衅滋事、聚众斗殴是主要类型，其中盗窃犯占 38.89%、抢劫犯占
25%、寻衅滋事犯占 15.56%。

3. 罪错少年的特点研究

犯罪少年影响社会秩序的诸多方面。他们会被习惯性地标识为一个
有双重问题的人，一个会带来持续危害的人。我国学者自 1981 年以来对
犯罪少年的特点研究，笔者认为从生物—心理—社会现代健康模式出发，
主要体现在以下三个方面。

（1）罪错少年的生理特点研究

①颅向和体型

犯罪学中的生物决定论之父龙勃罗梭从一种生物学犯罪理论开始研
究犯罪学，他提出了著名的生来犯罪人论，尽管后来将自己的理论看成
是解释少年人犯罪的理论，可是龙勃罗梭的犯罪人类学很快成为充满争
议的学科。1913 年，英国监狱医生、犯罪学家查尔斯·格林对龙勃罗梭
的理论进行了有力的反驳，但是格林实际上发现了支持龙勃罗梭生物学
实证主义的核心观点——犯罪人在生物学或遗传特征方面不同于非犯罪
人的重要经验性证据：提出了所有英国犯罪人在身材和体重方面都明显
不同于一般人。此外，被判决的暴力犯罪人具有这样的生理特点：力量
大小和体质健康显著高于其他犯罪人的平均水平，也显著高于守法者的
平均水平。盗窃犯罪人（占犯罪人总数的90%）和纵火犯的身材和体格
要比其他犯罪人和大部分守法者低劣，体型较小。[①]

②自主神经系统活动

综观国内对于犯罪少年、未成年犯及未成年犯罪人的 1241 篇文献，
对于犯罪少年的生理特点研究非常薄弱，仅仅发现了三篇相关资料。主
要研究者是中国政法大学的杨波教授，他进行了关于反应性攻击未成年

[①] ［美］迈克尔·格特弗里德森、特拉维斯·赫希：《犯罪的一般理论》，吴宗宪、苏明月
译，中国人民公安大学出版社 2009 年版，第 48 页。

犯和主动性攻击未成年犯的自主神经活动的研究，结果发现皮肤电导反应模式是与具有反社会行为儿童及青少年相关最强的生物学因素，研究还发现，不同类型的反社会行为儿童及青少年在普通任务和情绪任务下心率和皮肤电导反应模式异常。[1] 通过对两类暴力未成年犯注意加工特点的 ERP 研究和 fMRI 研究，结果显示，反应性暴力犯 P300 波幅显著小于工具性暴力犯和正常人对照组，说明反应性暴力犯随意性注意存在缺陷。另外，反应性攻击青少年暴力犯由靶刺激诱发的 N2 波幅效应显著高于正常对照组，说明反应性攻击个体在冲突加工过程中消耗更多的注意资源，自上而下加工对注意资源分配不当。反应性暴力犯的抑制控制早期阶段的冲突监控功能异常，工具性暴力犯的抑制控制缺陷可能在晚期阶段。冲动型攻击者的前额叶受损严重，其前额叶的抑制控制加工的能力出现异常。

③基因

当代的生物学实证主义通过孪生子研究和寄养子研究遗传素质与自己的犯罪行为之间存在相关，提出犯罪的遗传"素质"的可能性。

目前在基因研究中如研究频率最多位点是 Taq1A（rs1800497）、rs32806 等，如 Guo 2007 年发现 Taq1A 与青少年和成年人的暴力犯罪行为有关系，在儿童中进行了重复性研究发现也得到类似的结论。[2] Duan 对于 D2 受体中其他位点（Ser311Cys，141C Ins/Del，C957T）的研究也发现与儿童攻击行为有关。[3]

成都市第五人民医院马中锐医生等采用 SNaPshot 技术对始发于儿童期的暴力犯罪少年和始发于青春期的暴力犯罪少年进行多巴胺 D2 受体基因位点 rsl 800497 和 rs1799978 的 SNPs 分型，发现暴力犯罪少年的暴力攻击行为及执行功能缺陷与 DRD2 和 SNPs 有关。

---

[1] 杨波、绍坤：《反应性攻击与主动性攻击青少年自主神经活动差异研究》，《心理学与创新能力提升——第十六届全国心理学学术会议论文集》，2013 年，第 2168—2170 页。

[2] Guo, G., Roettger, M. E., Shih, J. C., "Contributron of the DAT1 and DRD2 genes to Serious and Violent Delinqnency among Adolescents and Young Adults", *Human Genetics*, Vol. 121, No. 1, 2007, pp. 125–136.

[3] Duan, J., Wainwright, M. S., Comeron, J. M., et al., "Synonymous Stability and Mutations in the Human Dopamine Receptor D2（DRD2）Affect mRNA sythesis of the Recepto", *Human Genet*, Vol. 12, No. 3, 2003, pp. 205–216.

④年龄

目前的犯罪理论研究大多集中在青少年（adolescent）和青少年后期阶段，这一时间的犯罪率达到或接近最高水平。大多数学者认为，犯罪少年群体规模会随着年龄的增长逐渐萎缩，"成熟改善"或与之相当的未被解释的过程在发挥作用。但美国著名的社会学家、犯罪学家戴维·马茨阿在《少年犯罪与漂移》一书中认为，犯罪的实证解释不能说明成熟改善，即少年犯在青少年中期（middle teens）从高峰开始下降的倾向。英国的心理学家、犯罪学家戈登·特拉斯勒提出"自发停止"的观点，所谓自发停止是指由于青年情境的变化而自动停止。即犯罪少年会因为情境的改变而停止犯罪行为。无论哪种解释，都意味着犯罪少年会随着年龄的增长而下降。

中国犯罪少年的年龄特点主要体现在低龄化，2009 年、2010 年和 2013 年全国未成年犯抽样调查报告显示，犯罪少年群体以 14—16 周岁为主。其中 14—16 周岁的未成年犯 2009 年占 75.5%，2010 年统计为 42.01%，2013 年统计为 54.15%。从以上数据可见，14—16 周岁的未成年犯群体在缓慢缩小，但是 14 周岁的未成年犯在急剧增加，以上三年内的统计数据显示，分别占 12.1%、14.36%、27.75%。在某些罪名上尤其显著，以故意杀人罪为例，14 周岁的未成年犯所占比例接近 50%。我们需要高度重视对 14 周岁的犯罪少年进行预防和矫正。

⑤性别

大多数学者都认为，性别是犯罪少年的一种主要的、持续性的特点。少年和少女之间存在很大的、稳定的犯罪差异。即使青春期的少年和少女受到父母同样的监管，男女差异也是存在的。Warren（1981）研究指出，男性实施的犯罪多于女性，而且男性犯罪通常比女性犯罪更严重。据统计，2009 年和 2013 年未成年犯抽样调查显示女性比例分别为 7% 和 5%，可见，未成年犯仍以男性为主。当然，近几年研究数据还显示，女性犯罪出现新趋势，如犯罪人数增加、犯罪年龄低龄化、犯罪方式团伙式、犯罪动机复杂化。

特别值得注意的是，除了在抽样调查中我们可以看见对女性犯罪少年的一点关注外，其余社会各界对我国犯罪少年开展的大量研究资料，都是专门针对男性进行的，无论从犯罪少年的心理特点研究还是对犯罪少年的家庭生态系统研究，都是直接以男性犯罪少年作为唯一研究对象。在我国开展对犯罪少年研究的近 38 年的历史中，仅仅找到为数不多的几篇关于女性犯罪少年的研究，而且研究方法主要是质的研究，缺乏实证研究方式，更缺乏对于女性犯罪少年心理机制的深入分析。这点是值得我们关注的地方。

综上所述，对于犯罪少年的生理特点研究仍是我国目前有待加强和提高的研究领域。尤其是生理特点的评估、生物技术的引入，女性犯罪少年的亟待关注，这些研究领域的加强将不仅仅有利于对犯罪少年实行分类教育矫正，还有利于预防犯罪少年的产生。

（2）罪错少年的心理特点研究

①犯罪少年的心理健康状态研究

自 20 世纪 90 年代以来，我国对于犯罪少年的心理健康状态关注度增加，许多学者进行了大量的实证研究，主要研究特点如下：

第一，研究对象片面。

我国学者主要是从某省或某市的未成年管教所进行抽样调查，被试年龄一般为 14—21 周岁，也有将年龄下限定位在 13 周岁，上限到 25 周岁的。一般样本数量为 200 左右，极少数研究样本量达到 400 以上。调查的省市地区主要有广东、吉林、青海、天津、安徽、福建、四川、河南、湖南等地。除三项研究中有少量的女性犯罪少年外，其余均是男性犯罪少年。

第二，研究工具单一。

仅仅有个别研究使用了焦虑自评量表和抑郁自评量表或自编的心理状态问卷或康奈尔医学指数问卷，研究工具基本都是 SCL - 90。仅凭一次 SCL - 90 就下结论，很难得到准确全面的结果，只有运用多种量表、进行多次测量，并将与之谈话、调查等方法相结合使用，才能得到较可靠的结论。

第三，研究方法简单。

在研究方法上多采用问卷调查的研究方法，除了在为数不多的硕士、博士论文中见到访谈、投射测验外，没有其他的研究方法。在数据的统计与处理方面主要是使用方差分析、相关分析等相对简单的数据统计分析，缺乏路径分析、结构方程模型等较高统计技术的使用。另外，研究主要是横向研究，如把犯罪少年与普通少年比较，或者与常模组比较得出显著差异的结论外，缺乏跟踪和随访的纵向研究，没有形成历史的连续的观点。大量研究是一次性研究，为了测验而测验，缺乏个案的跟踪和较少为监管机构提供有效的矫正方案。

第四，研究结果不一致。

国内对于犯罪少年的心理健康状况研究结论存在不一致之处。虽然绝大多数学者都使用 SCL - 90 得出了比较一致的结论，即犯罪少年心理健康状况不容乐观，相比普通少年心理健康水平相对低，且暴力犯罪少年比非暴力犯罪少年有更多的恐怖情绪。[1] 但是在对照组的选择上，有些选择全国常模，有的选择中学生。在具体研究结果上，也存在众多不一致的地方。有学者认为，犯罪少年的 SCL - 90 各因子得分显著高于全国常模组或实验对照组。[2] 也有学者认为，并非所有因子都显著高于对照组，例如人际关系敏感因子、[3] 恐惧因子、[4] 强迫因子[5]就应排除在外。

②罪错少年的人格特征

人格是一个非常复杂、极为抽象的概念，也是一个没有公认定义的概念，奥尔波特（Allport，1937）在《人格：心理学的解释》中收集了近 50 条人格定义。当今，劳伦斯·伯文的人格定义具有代表性，他认为"人格是为个人的生活提供方向和模式的认知、情感和行为的复杂组织"。我国黄希庭给出了一个整合性的定义："人格是个体在行为上的内部倾向，它表现为个体适应环境时在能力、情绪、需要、动机、兴趣、态度、价值观、气质、性格和体质等方面的整合，是一个具有动力一致性和连续性的自我，是个体在社会化过程中形成的给人以特色的心身组织。"该

---

[1]　李慧民、王莉、王黎等：《犯罪青少年心理健康状况与个性特征的相关研究》，《中国临床心理学杂志》2002 年第 4 期。

[2]　李俊丽、梅清海、于承良等：《未成年犯的人格特点与心理健康状况和应对方式的相关研究》，《中国学校卫生》2006 年第 1 期。

[3]　罗勇、王伟力、肖则兰等：《监所内未成年犯心理健康调查分析》，《中国健康心理学杂志》2009 年第 1 期。

[4]　杨彩虹、李瑞：《未成年犯的心理健康与自我接纳状况调查》，《中国国情国力》2012 年第 6 期。

[5]　刘玲玲、毛健玲：《犯罪青少年心理健康状况与父母教养方式的关系》，《中国学校卫生》2007 年第 9 期。

定义强调了人格的整体性、稳定性、独特性和社会性。[①] 所以对于犯罪少年人格的研究一直是国内外学者关注的热点和重点。许多研究表明,犯罪少年的人格不健全或存在障碍,表现出高精神质与神经质。

犯罪人格是"犯罪人群所持有的稳定而独特的反社会心理特征的总称,它是一种反社会人格。或犯罪人群内在的相对稳定的反社会行为倾向的特定身心组织"。[②] 也有人认为,犯罪少年的人格是指青少年在社会化过程中形成的带有反社会倾向的个性心理特征。我国从 80 年代开始对犯罪少年的人格进行大量的调查研究,王松林将犯罪少年人格特征概括为三种:压抑—爆发型、攻击型及社会化缺陷型模式。[③] 许映华归纳为六种:攻击型、放纵型、虚荣型、恶习成癖型、意志薄弱型、精神障碍型等。[④]

总体来说,对于犯罪少年的人格研究主要体现在以下几个特点:一方面,研究工具较一致,基本上全部采用埃森克人格问卷施测,也有个别研究工具是卡特尔 16 种人格因素测验和大五人格测验。研究对象基本都采用未成年犯与中学生进行比较,仅有个别还比较了边缘少年和犯罪少年的人格特点,而且大量被试选取的都是男性犯罪少年。研究结论比较接近,多数研究者都认为精神质是犯罪少年的显著特征。在神经质、内外向和隐秘性上有争论。如有学者认为男性犯罪少年神经质得分也明显高于对照组,即个性不稳定[⑤],也有学者发现无显著差异。在内外向上,有结论认为男性犯罪少年得分明显低于对照组,即犯罪少年个性更内向。[⑥] 其他研究结果与此不符,有的认为在内外向上无显著差异,[⑦] 有

---

① 焦峰:《犯罪青少年人格特征及父母教养方式的研究》,硕士学位论文,昆明医学院,2007 年。

② 张文、刘艳红:《犯罪人理论的反思与重构——以犯罪人格为主线思考》,《中外法学》2000 年第 4 期。

③ 王松林:《简论青少年犯罪人格》,《山东教育学院学报》2001 年第 4 期。

④ 许映华:《青少年违法犯罪问题初探》第 1 版,吉林人民出版社 1984 年版,第 82—99 页。

⑤ 张英:《边缘、犯罪青少年人格与父母教养方式的比较》,《当代教育理论与实践》2011 年第 4 期。

⑥ 刘桂兰、韩国玲、阿怀红等:《犯罪青少年人格特征与家庭环境关系研究》,《中国心理卫生杂志》2005 年第 7 期。

⑦ 彭运石:《家庭教养方式与犯罪青少年人格的关系:同伴关系的调节作用》,《中国临床心理学杂志》2013 年第 6 期。

的认为正好相反。① 还有研究者发现在掩饰性上犯罪少年明显低于普通少年。② 在性别差异上，女性犯罪少年在各个因子上都不存在显著差异。③但是也有学者发现女性犯罪少年外倾性、精神质得分均明显高于男性，而掩饰性得分却低于男性。陈慧玲采用大五人格测验发现，犯罪少年的宜人性和谨慎性较普通少年显著高。这一结论较符合拉科等以 12—18 周岁被拘留的女孩为对象的研究结果。大五人格中的宜人性和谨慎性被认为相当于埃森克的精神质。另外还有学者比较了边缘、犯罪少年人格特点，发现边缘少年人格特征与犯罪少年相比，具有低掩饰性，两者在神经质、精神质和外倾性上无显著差异。

使用卡特尔 16PF 人格测验的研究结果主要有两个。成广海等（2012）发现，暴力犯罪少年更明显地具有思维能力较差、懒散消极、性情冷漠等不良人格特质；其中，女性暴力犯罪少年则更明显地表现出从众和现实的人格特质。④ 何全胜（2013）通过调查未成年抢劫罪犯的人格特征与同龄少年比较结果显示，未成年抢劫犯在乐群性、聪慧性、稳定性、恃强性、兴奋性、敏感性、怀疑性、幻想性、忧虑性、实验性、独立性、自律性、紧张性 13 个方面与普通少年有非常显著的差异。有恒性、敢为性、世故性 3 个因素无显著差异。⑤

③罪错少年的归因方式

归因方式是指个体对事物的原因解释和推论的方式。Eslea 研究发现，归因方式与青少年的某些心理行为问题关系密切。对负性事件做出外在、不稳定和局部的归因，并给予不可控的认知评价，会降低个体的主观效能感和主观幸福感，并对其心理健康状态有影响。国内对于犯罪少年的归因

---

① 陈慧玲：《犯罪青少年心理健康状况与人格特征的相关研究》，硕士学位论文，内蒙古师范大学，第 45 页。

② 刘桂兰、韩国玲、阿怀红等：《犯罪青少年人格特征与家庭环境关系研究》，《中国心理卫生杂志》2005 年第 7 期。

③ 李俊丽、梅清海、于承良：《未成年犯的人格特点与心理健康状况和应对方式的相关研究》，《中国学校卫生》2006 年第 1 期。

④ 成广海、张军翎、李娜等：《暴力犯罪青少年与普通青少年人格特质的比较研究》，《山西煤炭管理干部学院学报》2012 年第 2 期。

⑤ 何全胜：《未成年抢劫犯人格特征与父母教养方式的相关分析》，《青少年犯罪问题》2002 年第 5 期。

方式研究也较少，主要是郑建君（2008）研究发现，男性犯罪少年在归因方式上更倾向于外在的、不稳定的、局部、不可控归因。面对负性生活事件更多进行外在不稳定不可控的情境归因。对于女性犯罪少年没有研究。

④罪错少年的应对方式

应对（coping），是指个体处于应激环境或遭受应激事件时，为了解其带来的行为问题，或为了平复情绪问题，而采取的种种对付办法和策略的活动。应付方式是在应对过程中，继认知评价后所表现出来的具体的应对活动。也有学者提出应对风格的概念，认为是个体身上较为稳定的、独特的应付应激环境和应激事件的策略、方式和方法。

我国国内学者对犯罪少年的应对方式的研究较少，仅找到几篇文献。多数学者认为，未成年男犯积极应对方式显著低于高中男生。但是消极应对方式是否显著高于高中男生，结论不一致。例如，景璐石等（2014）认为，犯罪少年更倾向于消极应对方式，更少地采用问题应对策略。① 王才康（2002）认为，在应激条件下，更倾向于过度宣泄或压抑自己的情绪反应，较少采用理智、合理化策略，习惯于采用否认和压抑的方式面对苦恼。② 未成年女犯与高中女生的归因方式无显著差异。刘英斌对未成年犯的不良应付方式和心理健康水平进行相关研究，没有专门分析未成年犯的应对方式，但他认同未成年犯的应对方式不良，面对挫折和困境采用自责、幻想等消极应对方式。黄勤锦（2003）认为，不同犯罪类型犯罪人应对方式存在显著性差异。③ 郑建君等（2008）采用自编的应对风格问卷发现，犯罪少年比普通少年更倾向于外在性、不稳定性、局部性和不可控性。④

⑤罪错少年其他心理特点研究

近年来，还有学者从心理学研究视角，从犯罪少年的自尊、自我价

---

① 景璐石、吴燕、徐涛等：《男性犯罪青少年的生活事件、社会支持和应对方式的对照研究》，《中国健康心理学杂志》2014 年第 8 期。

② 王才康：《自我效能感、应对方式和犯罪青少年抑郁的相关研究》，《中国临床心理学杂志》2002 年第 1 期。

③ 黄勤锦：《青年男性服刑人员的自我效能感、社会支持、人际信任和应对方式的关系》，硕士学位论文，华南师范大学，2003 年。

④ 郑建君、杨继平：《犯罪青少年归因风格与应对风格的相关研究》，《中国特殊教育》2008 年第 1 期。

值感、自我统一性、心理适应、亲子依恋、公正信念、感觉需求、愤怒情绪、性观念、艾滋病态度、需要和兴趣、道德情绪、情感和意志结构、情绪智力、意志力控制等方面研究犯罪少年的心理和行为特点。

（3）罪错少年的社会特点研究

美国著名的社会心理学家詹姆斯认为："自我是个体所拥有的身体、特质、能力、抱负、家庭、工作、财产、朋友等的总和。"把自我解析为物质自我、社会自我和精神自我。米德认为，人类不断地调整与其周围世界的关系，保存那些有利于适应周围环境的特征，特别是心灵与自我的特征。犯罪少年作为一个群体，也必然具备组成这个群体的个体的生理、心理和社会特点。所谓犯罪少年的社会特点研究，笔者认为主要是指犯罪少年的社会地位和社会角色，而这些与所处的社会环境紧密相关。所以讨论犯罪少年的社会特点研究主要是讲群体的家庭和社会环境特点。

国内外多数学者认为家庭是个性呈现差异的最初根源，因为儿童少年青少年人格的形成与家庭完整性、父母关系、亲子关系、父母教养方式等密切相关。国内对犯罪少年的家庭环境研究较为丰富，研究结论较一致，研究对象绝大多数是针对男性犯罪少年。研究工具较多采用家庭环境量表或父母教养方式量表对犯罪少年的家庭进行调查。

在父母教养方式上，比较一致的观点是犯罪少年的父母在情感温暖理解上显著低于普通少年的父母。父亲的惩罚严厉显著高。其他方面有较多不一致，如有观点称犯罪少年的父母更多采取拒绝否认、过分保护[1]，也有学者认为是其父亲的情感温暖和母亲的惩罚严厉显著低，父亲的过分干涉保护和母亲的偏爱显著高；[2] 父母的惩罚严厉少；[3] 母亲情感温暖、理解得分低，父亲偏爱被试和拒绝、否认高[4]等等。

在家庭环境方面，刘桂兰、韩国玲等（2005）采用家庭环境量表中

---

[1]　邱鸿钟、杨凌运：《未成年犯和正常未成年人家庭教养方式研究》，《卫生软科学》2010年第4期。

[2]　张海芳：《男性犯罪青少年人格与家庭环境、父母教养方式的关系》，《中国儿童保健杂志》2014年第12期。

[3]　邱鸿钟、杨凌运：《未成年犯和正常未成年人家庭教养方式研究》，《卫生软科学》2010年第4期。

[4]　景璐石、吴燕、徐涛等：《男性犯罪青少年的生活事件、社会支持和应对方式的对照研究》，《中国健康心理学杂志》2014年第8期。

文版（FES-CV）对犯罪少年调查发现，犯罪少年的家庭矛盾性、控制性因素比例大大高于全国常模组；而在亲密度、独立性、成功性、文化性、娱乐性、组织性方面的因素比例明显低于常模组。[①] 关颖（2012）调研揭示，犯罪少年的亲子分离问题较为严重，家庭生活困难；父母关系极差，文化程度和道德素养偏低，教育观念陈旧、教育行为偏颇。[②]

尽管犯罪少年的最大的家庭问题是家庭功能不良和缺失而非家庭结构缺陷。金灿灿、兰岚（2014）采用元分析的方法分析了1994—2011年的24篇有关犯罪青少年教育方式的文献发现，除父亲过分干涉、父亲过度保护和母亲过分干涉与过度保护三维度外，犯罪青少年与普通青少年父母教养方式的其余维度的得分均存在显著差异，其中犯罪青少年积极维度分数显著低于普通青少年，其消极维度的分数显著高于普通青少年。[③]

其实除了以上社会特点研究外，还有学者开展了犯罪少年社会支持及家庭生态学研究、越轨同伴或同伴关系研究，这方面研究虽然不多，但是研究价值非常大，不容忽视，它向我们展示了犯罪少年的另一些社会特点。

4. 少年罪错产生的归因分析

2002年9月19日，《中国法制日报》发表了题为"问题青少年产生的原因"的文章，通过对69名犯罪少年的研究，提出大力推进青少年法制教育迫在眉睫的观点。其实早在1981年，我国学者就发表了针对犯罪少年研究的文章，1982年针对12名犯罪少年进行归因研究。至今，对于犯罪少年的研究已经近38年，对于犯罪少年的原因解释和推论从未停止过。有观点从天生犯罪人的角度出发解释，也有观点从犯罪心理结构的角度出发，如我国罗大华教授，还有从家庭系统生态学的角度论述。从学科的视角看，教育学、心理学、社会学、法学、管理学、认知神经科

① 刘桂兰、韩国玲、阿怀红等：《犯罪青少年人格特征与家庭环境关系研究》，《中国心理卫生杂志》2005年第7期。

② 关颖：《家庭对未成年人犯罪的影响因素分析——基于全国未成年犯调查》，《预防青少年犯罪研究》2012年第2期。

③ 金灿灿、兰岚：《犯罪青少年与普通青少年的父母教养方式差异的元分析》，《中国特殊教育》2014年第2期。

学等学科的研究者和实务工作者都在致力于犯罪少年这个群体的研究，力图找出从边缘青少年到问题青少年，到违法青少年最后到狭义的犯罪少年的转变原因。

5. 少年罪错行为预防研究

①国外少年罪错预防研究现状

怎样减少犯罪？如何处理罪犯？以防止他们再犯罪？最有效的犯罪预防方法是什么？这些都是国外犯罪学家、心理学家和社会学家、教育学家以及政策制定者、司法实践者关注的重要问题。一方面，国外少年罪错预防研究围绕少年罪错的原因开展了许多理论研究，为罪错预防提供科学有效的理论依据；另一方面，着重于政策层面的研究，越来越多的学者同政策制定者和司法实践者开展犯罪预防的实践和政策研究，所以相伴而行的评估犯罪预防以及刑事司法政策有效性的研究也获得了发展。

青少年犯罪预防的理论研究

青少年犯罪预防的理论研究是国外犯罪学、社会学等学界关注的基础问题。在理论研究中涉及青少年犯罪预防的概念、青少年犯罪预防的理论依据研究。

首先，对于青少年犯罪预防的概念研究。青少年犯罪预防概念不是一个法学概念，主要是一个犯罪学概念。即使定位于犯罪学领域，对青少年犯罪预防下一个明确的、无异议的界定仍然是困难的事情。研究发现，主流观点是将青少年犯罪预防作为一种减少青少年犯罪的策略。沃克雷特（1996）认为，犯罪预防是通过对犯罪后果的预测和对犯罪行为发生进程的干预，避免犯罪后果的发生。[1] 犯罪预防研究领域的领军人物肯·皮斯认为，犯罪预防不是一种预防犯罪的技术性措施[2]，而是一个由一系列理论和实际组成的体系。最流行的定义是旨在减少由国家法律认定的犯罪所造成的损失的私人措施和国家政策（不包括刑法的执行）

---

[1]　Walklate, S., "Community, Crime Prevention", Eclaughlin and Juncie (eds), *Controlling Crime*, London：Sage, 1996, p. 297.

[2]　Pease, K., Crime Prevention, Maguire, M., Morgan, R., Reiner, R. R. (eds), *Oxford Handbook of Criminology* (1st edn), Oxford：Clarendon Press, 1994, p. 659.

（Van Dijk & De Waard，1991）。① 20 世纪晚期，在国家层面上对犯罪预防的定义进行研究逐渐盛行。澳大利亚犯罪学学者亚当·萨顿（1994）指出，犯罪预防是不同于传统的惩罚，是分散式和排外式的社会控制模式，是相互协调和整体布局的预防犯罪的模式。② 美国犯罪学家 Weiss（1987）在病理学基础上提出三级预防理论，初级预防关注犯罪事件和被害人日常行为，二级预防关注犯罪人实施犯罪前的改变，三级预防是关注犯罪人的犯罪进程，阻断潜在犯罪人的犯罪行为。詹姆斯·马吉尔认为："犯罪预防是围绕预防而开展的特定的，不断变化的制度性实践和犯罪控制框架的组成部分。"③ 英国学者 Guerra 等（1994）提出犯罪预防有三类：首要的、第二类和第三类。首要的是采取情境、社区导向的措施（如道路照明、闭路电视、防盗锁、邻里监视、宣传）或者发展性预防的措施（对处于淡漠的邻里关系中的儿童和家庭提供服务④）消除犯罪机会或保护可能的对象，阻止正在进行的犯罪行为⑤。第二类是对有不良行为（如校园欺凌或恶意破坏）的青少年实施的及时帮助。⑥ 第三类预防是采用刑罚处罚的措施对刑罚系统中的犯罪人进行矫正以预防重新犯罪。

其次，在青少年犯罪预防的理论依据方面，代表性的观点主要有：古典理论的刑罚预防观，以贝卡里亚的刑罚与犯罪论和费尔巴哈的心理强制论为主；实证主义的预防理论，以龙勃罗梭的天生犯罪人论和菲利的犯罪饱和论为主；精神分析的预防理论，以弗洛伊德的精神分析为主；

---

① Van Dijk，J.，& De Waard J.，"A Two-dimensional Typology of Crime Prevention Projects"，*Criminal Justice Abstracts*，Vol. 23，No. 3，1991，pp. 483 – 503.

② Sutton，A.，"Crime Prevention：Promise or Threat?" *Australian and New Zealand Journal of Criminology*，Vol. 27，No. 1，1994，pp. 5 – 20.

③ ［英］戈登·休斯：《解读犯罪预防——社会控制、风险与后现代》，刘晓梅、刘志松译，中国人民公安大学出版社 2009 年版，第 17 页。

④ Farrington，D. P. and Coid，J. W.，*Early Prevention of Adult Antisocial Behavior*，Cambridge：Cambridge University Press，2003.

⑤ Eck，J. E.，"Prevention Crime at Place"，in Sherman，L. W.，Farrington D. P.，Welsh B. C. and Mackenzie D. L.（eds.），*Evidence-based Crime Prevention*，London：Routledge，2003，pp. 255 – 308.

⑥ Goldstein，A. P.，Low-level agression：definition，escalation，intervention，McGuire（ed.），*Offender Rehabilitation and Treatment：Effective Programmes and Policies to Reduce Re-Offending*，Chichester：Wiley，2002.

差异交往预防理论，以萨瑟兰的交往控制为主；最后还有克拉克的情境犯罪预防理论。

最后，在青少年犯罪的原因和影响因素研究方面，代表性的研究结果有自我控制、父母监禁、父母养育、刑事司法制度和技能培训等。大多数自我控制影响犯罪的研究结果表明，自我控制是一项重要的影响青少年犯罪的因素。父母监禁可能引起儿童反社会行为和犯罪行为[1]，可以预测子女的偏差行为和犯罪行为。[2] 导师则有利于引导和纠正高危青少年的犯罪行为和反社会行为[3]，而且导师项目具有很大的潜力。对于青少年再犯罪的影响因素研究中，刑事司法程序一直是研究的热点，如对于犯轻微罪行的未成年人审理期限短[4]、审理方式宽松[5]则有助于避免其重新犯罪，如德国90%的未成年犯罪人在审判前就转送到了其他机构。[6] 但也有持反对观点的，日本一项研究表明，更多的未成年犯罪人被送入正式的法庭程序，以增强其对犯罪行为的恐惧，避免其重新犯罪。[7] 但大多数

---

① Hagan, J. & Dinovetzer, R., Collateral Consequences of Imprisonment for Children, Communities and Prisoners, Monry & J. Petersilia (eds.), *Crime and justice: A review of research.* Chicago, IL: University of Chicago Press, Prison, Vol. 26, 1999, pp. 121 – 162. Farrington, D. P., Coid, J. W., Murray, J., "Family factors in the intergenerational transmission of offending", *Criminal Behaviour and Mental Health*, Vol. 19, No. 2, 2009, pp. 109 – 124.

② Farrington, D. P., Key Results from the First Forty Years of the Cambridge Study in Delinquent Development, T. P. Thornberry & M. D. Krohn (eds.), *Taking Stock of Delinquency: An Overiew of Findings from Contemporary Longitudinal Studies*, New York: Kluwer Academic/Plenum, 2003, pp. 137 – 183.

③ Keating, L., "Mentorship as Prevention of Juvenile Delinquency", *Dissertation Abstracts Inernational*, Vol. 57, No. 4, 2006, p. 2869.

④ Brown, W. K., Miller, T. P., Jenkins, R. L., "The Favorable Effect of Juvenile Court Adjudication of Delinquent Youth on the First Contact with the Juvenile Justice System", *Juvenile and Family Court Journal*, Vol. 38, 1987, pp. 21 – 26. Brown, W. K., Miller, T. P., Jenkins, R., Rhodes, W. A., "The Effect of Early Juvenile Court Adjudication on Adult Outcome", *International Journal of Offender Thearapy and Comparative Criminology*, Vol. 33, No. 3, 1989, pp. 177 – 183.

⑤ Dishion, T. J., McCord, J., Poulin, F., "When Intervenions Harm: Peergroups and Problem Behavior", *American Psychologist*, Vol. 54, 1999, pp. 755 – 764.

⑥ Huizinga, D., Schumann, K., Ehret, B., et al., The Effect of Juvenile Justice System Processing on Subsequent Delinquent Behavior: A Cross-national Study, Unpublished Report Submitted to the U. S. Department of Justice, Office of Justice Programs, National Institute of Justice, 2003.

⑦ Hiroyuki, K., "Juvenile Diversion and The Get-tough Movement in Japan", *Ritsumeikan Law Review*, Vol. 22, 2005, pp. 1 – 21.

研究表明，将犯罪的未成年人送入刑事司法系统进行处理，反而增加了他们的重新犯罪率。[①] 良好的父母教养可以有效降低和减少青少年犯罪，尤其是这种良好的教养发生在子女生命早期阶段。有研究表明，幼儿如果经常表现出撕毁、破坏物品之类的反社会行为，那么其进入少年期和成年期出现犯罪行为的可能性会提高。所以，减少幼儿的反社会行为对预防其未来犯罪相当重要。[②] 与之相适应的是，国外开展的家长培训项目，旨在通过改善亲子关系质量，提高冲突解决能力和自我控制能力，进而减少子女的反社会行为和犯罪行为，或者对于非犯罪行为也有帮助，其中最知名的是超级父母项目（Incredible Years Parenting Program），而且被众多研究证实是有效的。[③] 另一项被众多研究证明是无效、低效的或者受到质疑的预防高危青少年犯罪和未成年犯重新犯罪的因素是威慑恐吓。[④] 威慑恐吓甚至会产生反作用，增加未成年犯的重新犯罪率[⑤]（Petrosino，2000；Cooke & Sprison，1992），但遗憾的是，这个被众多学术报告证明是无效的影响因素却一直在实践中被运用和执行着（Finckenauer，1999；Middleton，2001）。[⑥] 最后还有学者提出早期的约会暴力或者关系暴力经历也是影响青少年暴力犯罪的因素。约会暴力又称为亲密

---

① 刘建宏：《青少年犯罪评估系统回顾研究》，人民出版社 2015 年版，第 149 页。

② 同上书，第 158 页。

③ Helfenbaum-Kun, E. D. & Ortiz, C., "Parent-training Groups for Fathers of Head Start Children: A Pilot Study of Their Feasibility and Impact on Child Behavior an Intra-familial Relationships", *Child & Family Behavior Therapy*, Vol. 29, 2007, pp. 47 – 64. Webser-Stratton, C, Beid, M. J. & Hammond, M., "Treating Children with Earlyonset Conduct Problems: Intervention Outcomes for Parent, Child, and Teacher Training", *Journal of Clinical Child and Adolescent Psychology*, Vol. 33, 2004, pp. 105 – 124.

④ Finckenauer, J. O., *Scared Straight and the Panacea Phenomenon*, Englewood Cliffs, NJ: Prentice-Hall, 1982. Sherman, W., Gottfredson, D., MacKenzie, D. L. et al., Prenvention Crime: What Works, What Doesn't, What's Promising, A Report to the United States Congress, College Park, MD: University of Maryland, Department of Criminology and Crimnal Justice, 1997.

⑤ Petrosino, A. J., "Answering the Why Question in Evaluation: The Causal-model Approach", *Canadian Journal of Program Evaluatin*, Vol. 15, No. 1, 2000, pp. 1 – 24. Cook, D. D. & Spirison, C. L., "Effects of a Prisoner-operated Delinquency Deterrence Program: Mississippi's Project Aare", *Journal of Offender Rehabilitation*, Vol. 17, 1992, pp. 89 – 99.

⑥ Finckenauer, J. O. & Patricia, W. G., "*Scared Straight: The Panacea Phenomenon Revisited*", Prospect Heights, Illinois: Waveland Press, 1999. Middleton, J., E. Reeves, R. Lilford, et al., Collaboration with the Campbell Collaboration, *British Medical Journal*, Vol. 32, 2001, p. 1252.

伴侣暴力，是指恋爱期间出现的，或者是由伴侣、配偶实施或威胁的身体、性或心理方面的暴力。[①] 以约会暴力或者关系暴力为基础开展的技能训练对此现象的知识有所提升，对于约会暴力或者关系暴力的态度和行为有所改善，应对技能轻微改善。[②]

青少年犯罪预防的政策研究

青少年犯罪预防的政策与实践研究为青少年犯罪预防的理论研究提供了可靠的证据支持。许多基于实证的刑事司法政策和预防项目，其实被认为是理性的行之有效的预防体系，但是政策和预防项目的实际效果没有经过严格的、科学的评估，而是来自传统习惯、主观经验或判断。[③]所以，犯罪学者和实务工作者都认识到刑事司法政策和预防项目设计和实施的科学化是非常必要的，所以在近十年来，刑事司法政策科学化成为一种研究浪潮，学者致力于建立和完善以科学研究为基础的刑事司法预防体系。科学的犯罪预防体系一般认为包括四个层次[④]，分别为观点层次、法律法规、行政政策和政策项目。第四个层次的政策项目层次在国外通常被叫作"program"，这也是政策研究中备受关注的研究课题，所以成果非常丰富，各国均有各自的特色项目研究。

美国的青少年犯罪预防研究

受美国当代最为流行的观点"犯罪就是使人受害"启发，美国学者艾伦·科菲提出，预防犯罪的主要办法就是减少易受犯罪侵害的潜在目标，尤其是对暴力犯罪、财产犯罪和青少年犯罪等关系公众切身利益的犯罪给予更多的重视和优先的预防。所以争取公众的理解、支持和参与对于青少年犯罪预防尤其重要。

美国青少年犯罪预防项目研究主要有三个，分别为社区参与预防项目，增加公民巡逻和公民监督报告、社区警务预防犯罪项目，警察与公众犯罪防范机制、警察街道治安徒步巡逻队、法制教育进学校、警察公务进社区等少年司法专门项目，对于已经违法犯罪的少年犯罪人的重新

①　刘建宏：《青少年犯罪评估系统回顾研究》，人民出版社 2015 年版，第 179 页。
②　同上书，第 184 页。
③　Sherman, L. W., *Evidence-based Policing*, in *Ideas in American Policing*, Washington, D. C.：Police Foundation, 1999.
④　刘建宏：《青少年犯罪评估系统回顾研究》，人民出版社 2015 年版，第 19 页。

犯罪预防，主要推行七种社区参与项目，如对未成年犯的释放安置（After care）、养育之家（Foster Home）、小组之家（Group Home）、争取生存的项目（Survival Program）、教养院（Reform School）。①

近年来，针对犯罪主体日益低龄化的趋势，1996 年美国司法工作者成立了 FCIK 组织。这是一个非政府组织，旨在通过家庭、学校和社会共同的力量，建立起贯穿生命之初至青少年期的犯罪防御机制，以减少青少年犯罪行为的发生。具体包括为 0—5 岁的儿童提供早期教育、为问题青少年的家长提供培训（保育员—父母合作项目和积极养护项目）、为学龄青少年改善校内外教育、为问题青少年提供矫治教育（儿童发展关键期计划）。

英国的青少年犯罪预防研究

英国的青少年犯罪预防项目研究主要是对 18 岁以下未成年人开展的犯罪预防项目，注重超前预防和再犯罪预防，注重父母的监护职责和国家养育职责，出台了许多行之有效的预防项目，包括申斥和最后警告（Reprimands & Final Warnings）、赔偿令（Reparation order）、行为计划令（the Action plan order）、养育令（the Parental order）、强制滞留和接受训练令（the training、order）、儿童安全令（the child safe order）。② 养育令主要是针对暴怒、敌意和逃学或犯罪的青少年制定的，当出现以上犯罪危险或犯罪时，父母应当向专业机构和组织寻求帮助，甚至让其得到教训。儿童安全令是针对十岁以下不负刑事责任，且有不良行为的儿童所实施的早期干预措施，强调父母的责任，并运用司法程序追究父母失责行为。

针对已经犯罪的青少年，英国有一套完备的预防再犯罪措施，强调人文关怀，推行圆桌审判、合适成年人制度、社区服务令和赔偿令，有专门的少年司法制度：缓刑（Suspended Sentences of Imprisonment）、假释（Parole）、保护观察（Probation）、社区服务（Community service）、宵禁（Curfew）。③ 针对 10—17 岁的少年犯适用护理中心（Attendance center）、

① 陈维旭、刘向阳：《美国对未成年犯的社区矫正项目》，《长沙铁道学院学报》（社会科学版）2007 年第 6 期。

② 刘桃荣：《英国青少年犯罪预防的经验》，《青少年犯罪问题》2006 年第 5 期。

③ 陈琳：《论我国未成年人犯罪防控措施的完善》，硕士学位论文，东南大学，2016 年。

监督（Supervision）、行动计划（Action plan）、补偿（Preparation）。16 周岁以上的少年犯还适用结合矫正（Combination）、毒品治疗和检测（Drug treatment and testing）。护理中心的少年犯年龄上限可到 20 岁。

法国的青少年犯罪预防研究

法国的未成年人犯罪问题在近几年变得越来越突出，法国政府充分发挥社会力量，建立起一个融合家庭、学校、立法机关、社区的立体严密的青少年犯罪防范体系，重视超前预防。

在立法上，重视对处境危险青少年的行政和司法双重保护，设立"处境危险少年国家观察研究所"以及"省级少年保护观察研究所"。并有母亲及幼儿保护处、儿童社会援助处等专门机构，预防可能产生的危险情境。[①] 在教育上，有"校园事件跟踪和警报系统"（SIVIS 系统）、"暴力 SOS"热线以及防暴力专项电子邮箱。在社区方面，2004 年以后，法国成立了"青少年所"，向处境危险的青少年群体提供教育、法律、健康等服务。[②]

日本的青少年犯罪预防研究

日本的青少年犯罪预防主要是指针对 20 岁以下的犯罪少年采取再犯罪预防，以"保护处分"为特点。以家庭裁判所为中心，由少年警察官和少年检察官执行，与少年鉴别所、少年院、保护观察所、少年刑务所（少年监狱）等相关机构协同开展保护处分和刑事处分。[③] 具体保护处分措施包括保护观察、移送教养院或养护设施、移送少年院三种。[④] 此外，日本也重视教育对青少年犯罪预防的作用，其中儿童相谈所负责为青少年提供尊重保护。

总之，通过以上分析，我们可以看出国外都在积极推进少年司法制度变革，重视社会生态系统在青少年犯罪预防中的作用，强调青少年犯罪预防项目开发和实施，项目体系比较健全，形式多样，内容丰富。国家能充分发挥个体、家庭、同伴群体、社会组织的力量积极开展各种预

① 汪娜：《法国青少年犯罪预防措施及其借鉴》，《青少年犯罪问题》2012 年第 5 期。
② 同上。
③ 藤本哲也、俞建平：《日本预防青少年犯罪的新国策》，《青少年犯罪问题》2006 年第 6 期。
④ 姚建龙：《少年刑法与刑法变革》，中国人民公安大学出版社 2005 年版，第 183 页。

防项目，关心青少年的生理、心理和社会的整体发展，注重超前预防和再犯罪预防，成绩显著。康拜尔合作组织所开展的青少年犯罪预防项目有效性的科学评价研究，影响重大，研究范围广泛，研究内容丰富，包括恢复性司法、父母养育项目、儿童技能培训、少年犯宵禁令、认知行为干预项目、社区服务令、街道照明项目、邻里守望项目、高危地区警务项目等。[①] 尤其是学校预防将成为未来普遍重视的领域。

②国内少年罪错预防研究

青少年犯罪研究的一条主线是犯罪预防研究。纵观青少年犯罪预防30 多年，离不开犯罪现象、犯罪原因、犯罪对策的研究思路。本部分同样遵循这一规律，对青少年犯罪现象进行归因分析，不仅仅是现象描述，更重要的是找到青少年犯罪预防的关键可控因素。

我国对青少年犯罪预防的研究起步较晚，但是却贯穿于青少年犯罪研究始终，更多的研究视角为刑事司法学科，也有少部分教育学、社会学、心理学研究。尽管研究起步晚，但是发展较快。研究文献最早见于1981 年，通过深入分析，可从概括为青少年犯罪预防概念与意义、理论依据、途径和措施及体系研究等方面。

关于青少年犯罪预防概念界定。国内学者对青少年预防概念理解不一致，缘于对青少年犯罪概念的认识不统一，与青少年犯罪相似的概念有："少年犯罪""未成年人犯罪""儿童犯罪"等。在青少年犯罪预防概念上比较权威的概念，就是储槐植的观点，他提出："犯罪预防，是指国家、社会、群体、组织和个人所采取的旨在消除犯罪原因、减少犯罪机会、威慑和矫正犯罪人，从而防止和减少犯罪发生的策略与措施的总和。"[②] 这一定义实际是广义的犯罪预防。目前，关于青少年犯罪预防概念有两种代表性观点，第一种是从预防内容的角度，比如康树华、马洁等主张，青少年犯罪指"在青少年犯罪行为发生之前，家庭、学校、国家机关及社会各方面事先采取种种教育性、保护性和防范性措施，防止

---

① Farrington, D. P. & Petrosino, A., "The Campbell Collaboration Crime and Justice Group", *The Annnals of the American Academy of Political and Social Science*, Vol. 578, No. 1, 2001, pp. 35 – 49.

② 储槐植、许章润：《犯罪学》，法律出版社 1997 年版，第 269 页。

犯罪行为的发生"。① 曹漫之和张其林、肖建国和姚建龙则提出广义和狭义说，狭义的是对已经犯罪的青少年进行预防，广义的是对所有青少年进行预防。第二种是从预防目的的角度，如高从善、王志强认为："青少年犯罪预防是在特定的历史条件下基于对青少年犯罪原因和规律的分析，通过建立犯罪生成和遏制青少年犯罪生成因素之间的互动机制，最终形成有利于青少年健康成长的社会动态系统，达到相对减少青少年犯罪、促进青少年健康成长之目的"。② 本书对青少年犯罪预防的含义采用目的说的研究视角，赞成广义说的研究对象，既包括一般青少年，也包括有犯罪倾向和已经犯罪的青少年。

关于青少年犯罪预防的基础理论研究。主要是青少年犯罪的原因分析，如主体因素分析，包括犯罪少年的生理特征、心理健康、心理状态、个性特征、认知方式、应对方式、防御方式、归因方式等的研究（景璐石，2014;③ 郑建君等，2008④）。并与正常青少年进行比较，以便发现犯罪少年的生理心理特点（杨波等，2013;⑤ 章恩友等，2015;⑥ 张坤，2012;⑦ 彭运石，2013⑧）。青少年犯罪的主体外因素分析，包括社会环境、家庭环境、学校教育等相关因素的研究（王海英，2007;⑨ 张英，2011⑩）。

---

① 康树华:《青少年法学》，北京大学出版社 1986 年版，第 122 页。曹漫之:《中国青少年犯罪学》，群众出版社 1988 年版，第 307 页。肖建国、姚建龙、颜湘颖、张惠红:《建设和谐社会与构建预防青少年犯罪体系》，载王牧《犯罪学论丛》（第五卷），中国检察出版社 2007 年版，第 157—189 页。

② 高从善、王志强:《青少年犯罪预防学引论》，长安出版社 2002 年版，第 9—14 页。

③ 景璐石:《男性犯罪青少年的生活事件、社会支持和应对方式的对照研究》，《中国健康心理学杂志》2014 年第 8 期。

④ 郑建君、杨继平:《犯罪青少年归因风格与应对风格的相关研究》，《中国特殊教育》2008 年第 1 期。

⑤ 杨波、绍坤:《反应性攻击与主动性攻击青少年自主神经活动差异研究》，《心理学与创新能力提升——第十六届全国心理学学术会议论文集》，2013 年，第 2168—2170 页。

⑥ 马皑、章恩友:《犯罪心理学》，中国人民公安大学出版社 2015 年版，第 154—160 页。

⑦ 张坤:《我国犯罪青少年心理健康研究述评》，《青少年犯罪问题》2012 年第 6 期。

⑧ 彭运石:《家庭教养方式与犯罪青少年人格的关系：同伴关系的调节作用》，《中国临床心理学杂志》2013 年第 6 期。

⑨ 王海英:《犯罪青少年心理健康的家庭生态系统研究》，博士学位论文，吉林大学，2007 年。

⑩ 张英:《边缘、犯罪青少年人格与父母教养方式的比较》，《当代教育理论与实践》2011 年第 4 期。

总体来说，对于青少年犯罪的主体外因素研究较多，而对主体因素研究匮乏，多数仅仅是研究心理健康状况对青少年犯罪的影响。在研究工具、研究深度方面也较欠缺，所以深入地、系统地开展本课题研究具有非常突出的价值和意义。

关于青少年犯罪预防模式及体系研究。学术界给予了高度重视，代表性观点是曹漫之、张其林提出的青少年犯罪的多角度预防①，康树华等提出青少年犯罪预防要家庭、学校和社会共同关心青少年的三预防观点②，肖建国、姚建龙等提出以人为本，关怀弱势青少年，综合治理，建设和谐社会与构建预防青少年犯罪体系。③ 专门进行预防模式研究的是雍自元，他提出综合治理模式、防控模式、防治模式和交叉模式。④ 在预防体系研究上代表观点主要有徐建的三元预防体系（道德、行政经济、刑罚）⑤，莫洪宪的四元预防机制（领导、管理、联动、预测）⑥，阴家宝的五元预防体系（社会、学校、家庭、专门、国家）⑦，康树华的三防线五措施说（家庭教育、学校教育、社会教育；保护性措施、疏导性措施、堵塞性措施、惩戒性措施、改造性措施）⑧，肖建国、姚建龙等的三级五防线体系（超前、临界、再犯罪；自我、家庭、学校、社会、司法）⑨，马结的两级三线四手段预防说（战略性、战术性；家庭、学校、社会；教育、行政、经济、法制）。⑩

总体来说，30 多年来青少年犯罪预防研究日益多元化，走出了单

---

① 曹漫之：《中国青少年犯罪学》，群众出版社 1988 年版，第 313—338 页。
② 康树华、刘金霞：《回顾与展望：我国青少年犯罪研究》，《中国人民公安大学学报》（社会科学版）2013 年第 5 期。
③ 肖建国、姚建龙、颜湘颖、张惠红：《建设和谐社会与构建预防青少年犯罪体系》，载王牧《犯罪学论丛》（第五卷），中国检察出版社 2007 年版，第 157—189 页。
④ 雍自元：《青少年犯罪研究》，安徽人民出版社 2006 年版，第 287—294 页。
⑤ 徐建：《青少年犯罪学篇》，上海社会科学院出版社 1986 年版，第 202—204 页。
⑥ 莫洪宪：《中国青少年犯罪问题及对策研究》，湖南人民出版社 2005 年版，第 304—319 页。
⑦ 阴家宝：《新中国犯罪学研究综述（1949—1995）》，中国民主法制出版社 1997 年版，第 372—374 页。
⑧ 康树华：《青少年法学》，北京大学出版社 1986 年版，第 157—163 页。
⑨ 肖建国、姚建龙、颜湘颖、张惠红：《建设和谐社会与构建预防青少年犯罪体系》，载王牧《犯罪学论丛》（第五卷），中国检察出版社 2007 年版，第 157—189 页。
⑩ 马结：《论我国青少年犯罪预防》，《北京政法学院学报》1980 年第 3 期。

一的社会制度优越论的狭隘视角，重视系统论的全面视角，预防对策逐步细化。但是宏观、定性研究较多，微观、定量分析较少；客体预防较多、主体预防较少；消极预防较多、积极预防较少；再犯罪预防较多，一般预防与临界预防较少。特别是对青少年犯罪的内部心理机制研究涉及较少，在研究工具、研究深度方面也较欠缺，所以从关怀理念的角度深入研究内部预防、主体预防、心理预防开始，兼顾外部预防、客体预防、家庭和社会预防，开展综合预防体系研究具有非常突出的价值和意义。

（二）国内外关怀理论研究现状

1. 国外关怀理论与教育思想研究

美国内尔·诺丁斯的关怀伦理学在世界上产生了广泛而深远的影响。关怀伦理学起源于女性主义伦理学，开始于20世纪七八十年代的美国。著名精神分析家卡罗尔·吉利根（Carol Gilligan）1982年发表了《不同的声音：心理学理论与妇女发展》，反思科尔伯格认知主义，提出关怀关系伦理。1984年内尔·诺丁斯出版了《关心：伦理和道德教育的女性视角》，从哲学和历史的角度系统阐述关怀伦理学，并将关怀伦理推到了道德教育乃至整个教育领域。本书拟采用这个理论切入研究。

关怀理论目前已经被广泛应用到医学、社会学和教育学的研究中，从20世纪80年代以来，许多学者从不同角度、不同领域对关怀理论的理论价值和实践价值进行研究。在医学中，Jordan Decoste（2009）提出了家庭护理和支持是护理的本体观点；[1] 在环境学中，Peter Martin（2007）提出，爱护环境从关怀开始；[2] 在教育学中，Lisa（2009）提出，创新型高中学校混合方法研究是通过学校背景的创设，为学生提供归属感等。[3] 关怀教育在教育学中，主要是集中在教育哲学、道德教育方面。从教育的类型上体现为学校教育、家庭教育和社会教育、社区教育、宗教教育。

----

① Decoste, J. & Boyd, D., "An "Ideal" Home for Care: Nel Noddings, Thomas Hill Green, and an Ontological Support for a Phenomenology of Care", *Interchange*, Vol. 40, No. 3, 2009.

② Martin, P., "Caring for the Environment: Challenges from Notions of Caring", *Australian Journal of Environmental Education*, Vol. 23, 2007.

③ Johnson, L. S., "School Contexts and Student Belonging: A Mixed Methods Study of an Innovative High School", *School Community Journal*, Vol. 19, 2009.

在研究的视角上主要分为关怀教育的理论研究和关怀教育的方法等。但是没有发现专门针对青少年犯罪预防的研究，只找到了一些关于问题青少年的应用，如对于残疾青少年的关怀教育①、对心理行为异常青少年的关怀教育②，主张用榜样、对话、实践、证实方法实施关怀教育。

近几年，在国外，诺丁斯的关怀教育思想不断得到扩展细化。关怀教育主张教育的所有方面和过程都应该具有关怀性，关注幸福的教育、健康的教育，其中核心是关怀道德教育。关怀教育已在欧美一些国家的课程体系中处于必修地位，而且关怀教育的影响超出了教育本身，还对医学伦理学、生态伦理学产生很大影响，③ 关怀理论在应用中得到不断充实和发展，如在护理学领域中 Leininger 的文化关怀理论④、Watson 的人性关怀理论⑤及 Boykin 与 Schoenhofer 的护理关怀理论。⑥

在关怀的测量研究方面，国外学者较多的是关注关怀行为（care behavior）。关怀行为主要包括对他人的尊重、接受、正面沟通、照顾人的知识和技能。主要体现在护理学领域中，如 Watson 提出十大关怀要素（human caretive factors）。⑦ Roach 提出关怀"5 C"理论。⑧ 比较成型的评估工具和量表有 Jan Nyberg 的关怀特征量表和 Ngozi O. Nkongho 的关怀能

① Rivlin, A. M. & Wiener, J. M., "Long-Term Care: Sharing of the Burden (Book Reviews: Caring for the Disabled Elderly)", *Science*, Vol. 243, No. 4899, 1989.

② Osei, G. K., Gorey, K. M., Jozefowicz, D., "Delinquency and Crime Prevention: Overview of Research Comparing Treatment Foster Care and Group Care", *Child & Youth Care Forum*, Vol. 45, No. 1, 2016.

③ Patricia, R. C. & Janice, A. C., "Caring as Imperative for Nursing Education", *Nursing Education Perspectives*, Vol. 21, No. 1, 2003. 王菊吾、叶志弘、蔡学联等：《关怀照护的本质及内涵》，《护理研究》2005 年第 1A 期。李皎正、方月燕：《关怀照护——护理教育的核心》，《护理杂志》2000 年第 3 期。Tanya, V. M., Hugh, P. M., Jennifer, R., "Caring: Theoretical Perspectives of Relevance to Nursing", *Journal of Advanced Nursing*, Vol. 30, No. 6, 1990.

④ Leininger, M., *Caring: An Essential Human Need*, NJ: Charles B Slack, 1981, p. 24.

⑤ Waston, M., "New Dimensions of Human Theory", *Nursing Science Quarterly*, Vol. 1, No. 4, 1998.

⑥ 许娟、刘义兰：《关怀护理研究现状》，《护理研究》2007 年第 25 期。

⑦ Leimnger, M. M., *Caring, An Essential Human Need*, Detroit: Wayne State University Press, 1981, pp. 3 – 15. Watson, J., *The Philosophy and Science of Nursing*, Colorado: Colorado Associated University Press, 1985, p. 23.

⑧ Waston, J., "Caring Knowledge and Informed Moral Passion", *Advanced Nursing Science*, Vol. 13, No. 1, 1990.

力量表、Judith 关怀效度量表①、关怀感知量表②、关怀维度问卷③等。其
中有代表性的是纽约市立大学护理系教授 Ngozi O. Nkongho 1990 年编制的
关怀能力量表（CAI）。这个量表有 37 个题目，分为三个维度：关怀认
知、关怀的勇气和关怀的耐心。

　　2. 国内关怀理论与教育思想研究

　　国内关怀教育的研究，可以追溯至 1989 年联合国教科文组织在北京
召开的"面向 21 世纪教育国际研讨会"，此次会议提出"学会关心"的
教育理念，掀起了我国关怀教育研究的热潮。通过对这些文献的梳理和
分析，发现主要研究集中在教育领域，如教育理论与教育管理、高等教
育、中等教育、初等教育、职业教育、成人教育与特殊教育、思想政治
教育。在研究内容上，主要是理论研究，倡导关怀教育在德育中应用，
也有文章论及关怀教育在课堂教学、学校管理、课程建设、远程教育、
工科教育中的应用，还有涉及生命情感与关怀、可持续发展与关怀等内
容。代表性研究观点主要有鲁洁提出建立关系中的人是当代道德教育的
必然路径④，石中英、余清臣提出的关怀教育的三个超越与三个界限⑤，
余宝华等提出的诺丁斯关怀教育思想的教学论意义⑥，檀传宝提出的诺丁
斯的关怀伦理学与关怀教育思想⑦，侯晶晶等建构的关怀德育论。⑧

　　在实验研究方面，华东师范大学的黄向阳与江苏省无锡市扬名小学
进行了"学会关心"的课题研究，他们设计了道德两难情境、体谅情境、

　　①　Sadier, J. A. , "A Pilot Study to Measure the Caring Efficacy of Baccalaureate Nursing Students", *Nursing Education Perspectives*, Vol. 24, No. 6, 2003.

　　②　Roac, S. , *The Human Act of Caring*, Ottawa: Canadian Hospital Association, 1987, p. 54.

　　③　Beck, C. T. , "Quantitative Measurement of Caring", *Journal of Advanced Nursing*, Vol. 30, No. 1, 1999. Watson M. , "New Dimensions of Human Theory", *Nursing Science Quarterly*, Vol. 1, No. 4, 1988.

　　④　鲁洁：《关系中的人：当代道德教育的一种人学探寻》，《教育研究》2002 年第 1 期。

　　⑤　石中英、余清臣：《关怀教育：超越与界限——诺丁斯关怀教育理论述评》，《教育研究与实验》2005 年第 4 期。

　　⑥　余宝华、杨晨：《诺丁斯关怀教育思想的教学论意义》，《高等教育研究》2013 年第 5 期。

　　⑦　檀传宝：《诺丁斯与她的关怀教育理论》，《人民教育》2014 年第 2 期。

　　⑧　侯晶晶、朱小蔓：《诺丁斯以关怀为核心的道德教育理论及其启示》，《教育研究》2004 年第 3 期。

后果情境和冲突情境、说明、实验、体验情境七种情境，注重培养学生的道德思维力和道德敏感性。① 南京师范大学的班华教授先后与江苏吴江实验小学、扬中实验小学合作进行学会关怀的教育。② 中央教育科学研究所朱小蔓主持了"小学素质教育模式"理论研究，总结了情境教育、愉快教育、生活基础教育、情感教育、交往教育、主体教育、分层协作教育、和谐生长教育等教育模式③，将关怀作为教育实验的一个要素。此前，朱小蔓还分析过情知教学模式、情境教学模式、认知切入模式、爱的系列教育模式、审美建构模式、愉快教育模式④，它们都具有以关怀为取向的特征。上海师范大学的刘次林指导江苏江阴市峭岐实验小学开发的班组串换制教学法也是别具一格的关怀教育实例。⑤

　　总之，国内关怀教育的理论研究相对丰富，实证研究相对薄弱，以感性和经验分析为主，科学理性验证较少。虽然有几篇文献已经谈及关怀教育的实践环节，但是创新性研究较少，重复性研究较多。研究视角更多是教育学研究视角，心理学、社会学等多学科融合视角不多。在研究主题上，专门针对关怀教育与青少年犯罪预防的研究匮乏，对青少年关怀品质的调查很少，没有成熟公认的量表，因为缺乏一个有效的研究工具，所以国内对青少年关怀的研究更多停留在质性研究中，实证探索远远不够，也未得到推广。所以多学科视角开展此课题研究不仅可以继续丰富关怀教育的理论成果，创新关怀教育在司法、教育等更多领域应用中的模式，还可以形成一套完备的预防青少年犯罪体系，服务国家的特殊需求。

　　（三）关怀与少年犯罪预防的相关研究

　　关于关怀与少年犯罪预防的专门研究目前研究资料相对匮乏，仅在一些犯罪学的经典理论研究中见到关怀理论的思想。如在赫希的一般犯罪理论中提到预防少年犯罪的有效措施是加强社会控制，具体来说就是

---

① 杨德仁、黄向阳：《"学会关心"研究》，三联书店 2001 年版。
② 班华：《"学会关心"——一种重在道德学习的德育模式》，《教育研究》2003 年第12 期。
③ 朱小蔓：《小学素质教育实践：模式建构与理论反思》，南京师范大学出版社 1999 年版，第 12 页。侯晶晶：《关怀德育论》，人民教育出版社 2005 年版，第 193 页。
④ 朱小蔓：《情感教育论纲》，南京出版社 1993 年版，第 170—180 页。
⑤ 胡国良、刘次林：《"班组串换"德育模式的理论建构》，《教育探索》2002 年第 2 期。

加强少年与社会的纽带关系，而这个纽带关系由四个成分构成，分别是依恋、卷入、奉献和信奉。

赫希区分了犯罪和犯罪性。所谓犯罪性（criminality）是一种从事犯罪行为的倾向，而犯罪（crime）是一种行为或事件。他认为，犯罪性的实质是自我控制低，犯罪是犯罪性的表现。所以自我控制低是犯罪的根本原因。根据 Gottfredson 和 Hirschi 的论述，自我控制低的人有六个特点：①冲动以及无法延迟的满足感；②追求简单的任务，缺乏意志力、韧性或者勤奋的品质；③看重身体体验，忽视认知体验；④喜欢快的回报，不喜欢长期投入；⑤从事不太需要技能的职业，不从事学术性职业；⑥以自我为中心，对于他人的感情缺乏感受性。具备以上特征的人很容易犯罪。

如果用模型表示，就是自我控制低的人（冲动、冒险、目光短浅、自我中心）在拥有犯罪机会（毒品、帮伙、闲暇）的情况下，出现少年犯罪、身份犯罪、吸烟或者饮酒等越轨行为。赫希指出不适当的儿童养育活动可能导致犯罪性，并提出通过社会化过程来控制犯罪性。自该理论诞生以来，许多学者都对其进行了批评与讨论，对于影响自我控制的纽带关系开展了理论与实证研究。当众多学者关注依恋、卷入、奉献和信奉时，却忽视了一个问题，到底是什么导致了这种纽带关系？本书认为是关怀。关怀是一种关系，是一种亲密的情感关系，唯有这种情感关系方能提供个体以强烈的依恋感，唤醒个体卷入传统活动，信奉传统道德规范的心灵。在一般犯罪理论中，这是最为著名的犯罪学理论之一。在其影响下，学者开展了关于家庭养育等方面的研究，因为家庭养育在青少年纽带关系建立中起着关键作用，而家庭养育中不能缺乏关怀。那些父母被判监禁的青少年，得不到家庭关怀，他们的心理健康可能受到影响，反社会行为和犯罪行为可能更容易出现。已有研究结果表明，父母同时犯罪和家庭破裂是儿童反社会行为和心理健康问题的风险因素。家长被监禁造成与子女的分裂，破坏了与子女的纽带关系，对子女造成伤害。而且父母监禁会导致照顾和监督子女的素质降低，加之社会污名化和歧视等对儿童产生负面影响，增加了犯罪风险。由上可知，关怀在青少年犯罪预防中的重要地位。从刑法的角度讲，犯罪是法律的规定，

"没有法就没有罪恶"。① 犯罪是根据犯罪行为来界定的。社会学中贝卡里亚认为犯罪的本质是社会危害性。加罗法洛提出自然犯罪是对道德的伤害，这种道德是全体社会成员所维护的一个水平，是个体适应社会的需要。犯罪行为是犯罪人对全体社会道德的伤害，也是自身道德情感缺乏的结果。② 法律是对个体道德和公共道德的维护，对犯罪的控制就是对道德的履行。也有观点认为，犯罪是对规范的违反，如德国刑法学家宾丁。龙勃罗梭、菲利和加罗法洛则从生物学的角度揭示犯罪的本质。龙勃罗梭提出了天生犯罪人的概念，认为天生犯罪人是犯罪的"返祖"现象。菲利在肯定了天生犯罪人存在之外，还提出了精神病犯、惯犯、偶犯和情感犯四类犯罪人。加罗法洛则对犯罪的本质进行了重新定位，他认为犯罪有两种：一种是法定犯罪，这类犯罪完全取决于当时或当地的法律；另一种是自然犯罪，这是在任何文明国家都会被确定为犯罪而加以处罚的行为，这类犯罪人在情感上异于正常人，是遗传的一种结果，是龙勃罗梭提出的天生犯罪人。综上所述，从犯罪的本质看，青少年犯罪预防的本质是解决犯罪人的问题，从人的角度出发，预防个体实施危害社会道德和自我道德的行为，预防个体实施法律不允许的行为。如果要实现这个目标，就需要从人本身入手。人是社会关系的总和，人离不开关系；人是情感的生物体，人离开情感就失去了人的本色。在人的关系和情感中，关怀是核心，关怀是灵魂。当人有了关怀，体验到关怀时，人可能会自动放弃对道德和法律的触犯。

我国犯罪心理学家李玫瑾教授也提出从犯罪人的角度研究犯罪防控。认为犯罪人有两种：第一种就是有危险人格的犯罪人，这里的人格包括遗传为主的反社会人格，还包括后天养成的犯罪人格和缺陷人格，反社会人格犯罪人相当于龙勃罗梭提出的天生犯罪人。第二种是危险心结的犯罪人，主要有危险知结、危险意结和危险情结三类。无论是危险人格还是危险心结，都与情绪情感有着密切联系。青少年犯罪预防与矫正主

---

① ［英］霍布斯：《利维坦》，吴克峰译，中国政法大学出版社 1998 年版，第 226—227 页。

② ［意］切萨雷·贝卡里亚：《论犯罪与刑法》，黄风译，北京大学出版社 2008 年版，第 20 页。

要针对的对象应该是后天养成的危险人格青少年和危险心结青少年。在危险人格青少年中，有些青少年是因为缺乏关怀导致犯罪人格，而另一些是因为关怀过多导致缺陷人格。无论是缺乏关怀还是关怀过度都是关怀不当所导致，这部分群体应该是进行重点预防的对象，也是可以矫正的对象，因为两部分群体占到整个犯罪群体的30%。[①] 在危险心结的犯罪少年中，创伤性刺激源和特定经历是不可忽视的两大原因。关怀青少年的心理生长，及时辅助引导青少年恰当处理创伤性刺激源，如高考失败、初恋的失败、校园欺凌等，避免在后期生长中刺激源演变成一种伤痛的历程，由点变成线。

（四）研究现状评述

少年犯罪预防研究始终是犯罪研究的重要领域。尽管国内外相关研究成果较多，但仍然存在很多研究空间，一是学者对于少年犯罪预防的相关核心概念仍存在争议，如少年的年龄、少年犯罪的含义和少年犯罪预防的含义。二是从研究视角来看，过于单一，虽然已经有其他相关学科学者开始关注少年犯罪预防研究，但还是以法学和社会学研究视角为主。

1. 少年与少年犯罪之争论

（1）少年概念之争

本书中少年等同于青少年。所以，在书中根据语境会交替使用少年或者青少年词语。青少年到底是个什么群体？他们的年龄界限到底在哪里？具有什么特点？各个国家对青少年的界定不同，各个学科对青少年的界定也不同。有些国家认为，青少年的上限年龄为19岁，有的国家认为是21岁，也有国家以18岁为青少年的上限年龄。教育学、心理学、社会学、法学中的青少年认识也不太一致。

教育学视角：青少年就是那些11岁、12—22岁、23岁的处于学习阶段或者应该处于学习阶段的学生。这个阶段一般是从接受中等教育开始，到就业、独立生活、结婚为止的时期。教育学对青少年的年龄界定多以学制划分，认为青少年期始于中学阶段（11—12岁）。初中为少年期（11岁、12—14岁、15岁），高中为青年初期（14岁、15—17岁、18

[①]　李玫瑾：《犯罪心理防控》，中国人民公安大学出版社2009年版，第55页。

岁），大学为青年中晚期（17 岁、18—22 岁、23 岁）。因此，问题青少年的年龄为 11 岁、12—22 岁、23 岁。

心理学视角：青少年就是 11 岁、12—21 岁、22 岁的处于青春期的未成年人，以生理成熟和心理成熟为特征，生理成熟主要是以神经系统和内分泌系统等的成熟为标志，心理成熟主要是以自我意识和个性成熟为特征。年龄下限为 11 岁、12 岁，上限为 17—18 岁[①]，或者 21 岁、22 岁。包含青少年早期（11—14 岁），此时又称为青春期（pubuerty），青少年中期（15—18 岁）和青少年晚期（18—21 岁）。[②] 人们使用脑部扫描技术发现，大脑前额叶皮层会随着年龄增长而改变。掌管着人的情绪成熟性、自我意识、推理、判断和问题解决的大脑前额叶在 25 岁左右达到成熟。因此，25 岁是更为合理的成年标志线。

社会学视角：青少年就是 14—25 岁的处于从依赖成人的童年向独立自主的成年过渡的群体，青少年期的结束以获得职业、经济自立、建立家庭为标志，以社会成熟为特征，以预期社会化为主要发展任务。由青年和少年构成，但并不包含所有青年和少年。[③] "少年"年龄界定有 6—11 岁、8—12 岁、11—15 岁、14—21 岁[④]，青年的下限年龄为 13—18 岁。

法学视角：青少年包含少年和青年，少年是不满 18 周岁的未成年人，青年是年满 18 周岁不满 25 周岁的成年人。"青少年"的定义在法学尤其是刑事法学领域中一直存在争议。在我国刑法和刑法理论中没有对"青少年"的相关规定。在《法学辞典》中没有专门解释，在刑事诉讼法中不使用。国际法和各国法律中很少有关于"青少年"的规定，而是以"儿童""少年""未成年人"概念代替。仅有个别国家或地区法律条文中出现"青少年"这个概念，如英国《儿童与青少年法》。由于各国立法对于犯罪少年所采取的态度宽严不一，"犯罪少年"的概念不同、名称各

---

① 林崇德：《发展心理学》，浙江教育出版社 2002 年版，第 312 页。

② 张文新：《青少年发展心理学》，山东人民出版社 2002 年版，第 6—7 页。

③ 顾思九、季涛：《论青少年犯罪研究的"青少年"概念》，《青年研究》1994 年第 7 期。

④ 莫晓春：《关于"青少年"年龄界定问题的思考》，《广西青年干部学院学报》2009 年第 2 期。

异，"犯罪少年"概念①使用较多。2004 年第 17 届国际刑法大会上，各国代表呼吁少年刑法规则扩大到包含 25 岁的青年。综上所述，青少年概念存在学科之争、国别之争。

（2）少年犯罪之争

犯罪是个法律概念，关于青少年犯罪是否是法律概念曾经在法学领域中开展过"青少年犯罪概念"之争②，共识是其被作为一个严重的社会现象来对待，青少年犯罪人被贴上"问题青少年"的标签，被认为是会带来持续危害的人。③

首先，青少年犯罪是否是法律概念存在争论。北京师范大学刑事法律科学研究院吴宗宪教授指出：青少年犯罪不是法律概念，在中国，"未成年犯罪"常常替代"青少年犯罪"进入法学研究，是一个带有浓厚法律意味的学术概念。④ 上海政法学院刑事司法学院院长姚建龙教授则认为"青少年"与"犯罪"在法学视角下均被作为法律概念对待，而且在定义时突出精准性，只是在现行法律中，不被作为严格的法律概念。⑤ 其次，青少年犯罪概念的内涵和外延。曹漫之（1984）曾提出青少年犯罪概念中应当包含 25 周岁以下的犯罪青少年、违法青少年和危险青少年。⑥ 王牧（1991）指出，未成人犯罪概念有广义和狭义界定，狭义的是以严格的刑法为依据，广义的包含违法犯罪、不良行为和不道德行为。⑦ 事实上，各国未成年法内容包括未成年人犯罪行为、违法行为和可能走上违法犯罪道路的不良行为，如美国、英国、日本、印度和我国。⑧ Tidwell 和 Garrett（1994）称不良行为青少年为"风险青少年"（at-risk youth），认

---

① 姚建龙：《刑事法视野中的少年：概念之辨》，《青少年犯罪问题》2005 年第 3 期。

② 丛文辉：《"青少年犯罪"不是法律概念》，《法学研究》1982 年第 5 期。林惠辰：《关于"青少年犯罪"是否法律概念问题的探讨——与丛文辉同志商榷》，《青年研究》1985 年第 3 期。丛文辉：《再谈"青少年犯罪"不是法律概念——答林惠辰同志》，《青年研究》1985 年第 11 期。

③ 陶婷婷：《"问题青少年"产生的原因》，《法制日报》2002 年 9 月 19 日。

④ 吴宗宪：《未成年犯矫正研究》，北京师范大学出版集团 2012 年版，第 4 页。

⑤ 姚建龙：《青少年犯罪概念研究 30 年：一个根基性的分歧》，《甘肃政法学院学报》2009 年第 103 期。

⑥ 曹漫之：《中国青少年犯罪学》，群众出版社 1987 年版，第 48 页。

⑦ 王牧：《论青少年犯罪的概念》（下），《当代法学》1991 年第 2 期。

⑧ 《中华人民共和国预防未成年人犯罪法》（2012 年修正版），法律出版社 2012 年版。

为风险青少年包括少年犯、辍学者、药物滥用者、帮派成员、十几岁的母亲和人格障碍青少年。[1]

（3）青少年犯罪预防之争

青少年犯罪预防概念如前所述，同样存在争论，有广义说和狭义说。曹漫之、张其林认为："青少年犯罪预防指以有犯罪危险的青少年为研究对象，研究防止和消除在他们身上可能产生和已经开始形成犯罪的原因，防止产生或积极消除在他们周围产生和开始形成犯罪的犯罪条件，使他们不走上犯罪的歧途或者从轻微违法回到健康道路上。"[2] 这是狭义说。

肖建国和姚建龙等指出："青少年犯罪预防指以整个青少年为研究对象，既包括守法的青少年也包括违法青少年（一般违法青少年和严重违法青少年），分为一般青少年犯罪预防、有犯罪倾向的青少年犯罪预防，以及已经犯罪的青少年重新犯罪预防三个方面。"[3]

2. 多学科视角下的青少年犯罪预防研究

（1）青少年犯罪预防的教育学视角：关注问题学生

在教育学领域中，更多关注的是临界预防，即有可能犯罪的青少年。这部分青少年往往被称为"问题学生"。问题学生就是那些 11 岁、12—22 岁、23 岁的学习存在困难或不能良好地适应学校生活的问题学生。具体来说有学习问题、行为问题、品德问题、情绪问题、自我问题和青春期问题六大类问题学生。

最早使用"问题学生"概念的是 1990 年《河南教育》刊登的一篇名为《教育"问题学生"的技巧》，此后使用"问题学生"这个概念的研究如同雨后春笋，2010 年我国第一次"问题学生"专题研讨会在上海召开，"问题学生"研究受到教育界的关注。[4]

尽管研究众多，但是问题学生概念不一，如认为学生因为受到外界不良环境的影响，价值观和人生观错误，学习、心理、行为等方面出现

---

① Tidwell, R. & Garrett, S. C. , "Youth at Risk: In Search of a Definition", *Journal of Counseling & Development*, Vol. 72, No. 4, 1994.

② 曹漫之:《中国青少年犯罪学》，群众出版社 1988 年版，第 307 页。

③ 肖建国、姚建龙、颜湘颖等:《建设和谐社会与构建预防青少年犯罪体系》，载王牧《犯罪学论丛》（第五卷），中国检察出版社 2007 年版，第 157—189 页。

④ 苗春媛:《浅谈初中"问题学生"的成因及转化方法》，《教育探索》2012 年第 6 期。

问题①，成为问题学生。还有观点认为，问题学生的核心问题是学习问题②，表现为学习成绩长期落后，被教师和同辈群体或自己视为有问题，需要帮助的弱势学生。胡宜安（2011）强烈反对"问题学生"概念，认为概念本身是贴标签，提出问题学生的实质是对处于教育发展末端的学生群体的病理学建构。③

也有些研究者从概念的外延开展研究。陈灿芬（2009）指出问题学生包括厌学型、心理障碍型、租房住宿型、网络成瘾型和违纪违法型五种类型。④ 张军风（2012）则提出思想偏激型、放任自流型、性格孤僻型、早恋型、沉溺网络型五种问题学生。⑤ 苏春景等（2014）提出问题学生的问题有四种，分别为学习问题（听话—学习障碍型和不听话—学习障碍型）、行为问题（一般课堂行为问题和严重行为问题）、交往问题、心理问题。⑥ 孟万金等（2009）提出问题学生的问题有六种类型，即学习问题、行为问题、品德问题、情绪问题、自我问题和青春期问题。⑦

综合以上论述，在教育学视角中，少年罪错预防就是预防那些不能适应学校生活，学业成绩显著不良或者品行不端或有其他问题的学生犯罪。

（2）青少年犯罪预防的心理学视角：关注有心理问题的青少年

心理学视角下，对青少年犯罪预防的研究主要从心理问题的角度作为切入点，关注青少年的心理生活质量，包括心理健康、生活质量、价值判断、幸福体验和心理成长。青少年犯罪预防重点是 11 岁、12—21 岁、22 岁有心理问题的青少年。心理问题是心理健康的负面，指思维、

---

① 苏春景、张蕾：《近五年国内关于"问题学生"研究的统计与思考》，《中国特殊教育》2014 年第 3 期。

② 苏春景、赵翠兰：《从布迪厄的资本理论看"问题学生"的生成》，《中国特殊教育》2010 年第 8 期。

③ 胡宜安：《从病理学走向人本学——问题学生研究的困境与出路》，《现代教育学》2011 年第 7 期。

④ 陈灿芬：《高校问题学生解读》，《社会科学家》2009 年第 12 期。

⑤ 张军风：《学生的身份认同》，《中国教育学刊》2012 年第 8 期。

⑥ 苏春景、张蕾：《近五年国内关于"问题学生"研究的统计与思考》，《中国特殊教育》2014 年第 3 期。

⑦ 孟万金、官群：《学生问题教育方案丛书》，中国轻工业出版社 2009 年版。

心境和行为的非正常状态，它与痛苦和功能损伤联系①，如情感障碍、精神分裂症、神经症等。心理问题青少年常见的心理感受是痛苦和对自己心理障碍的过分关注，如焦虑、抑郁、恐惧、注意缺陷、多动障碍、厌学、攻击等。当青少年遇到了自身不能克服的压力性事件时，心理问题可能会出现，并往往会有潜在的威胁。

国内外犯罪心理学家从不同角度开展心理问题青少年的犯罪预防研究。我国心理学工作者主要关注与学习有关的心理问题、社会适应和人格发展问题，并主张对心理问题青少年进行心理辅导。也有学者关注家庭因素如单亲家庭、父母教育方式、母亲知觉、父母控制等对青少年心理健康的影响。中国香港和西方国家则关注心理问题青少年的社会适应问题。心理学视角下，肯定青少年犯罪预防的对象是有心理问题的青少年，但是质疑青少年的心理问题评价与诊断标准。代表性观点有陈光辉、张文新等学者（2009）提出的多主体评价青少年外化问题②和方晓义、张锦涛等（2004）的青少年和母亲知觉的差异及其与青少年问题行为的关系。③

（3）青少年犯罪预防的社会学视角：关注越轨青少年

社会学视角下，青少年犯罪预防主要研究对象是那些14—25岁的实施违背社会规范的越轨青少年（如逃学、酗酒、吸毒、寻衅滋事等）。越轨、偏差④、问题、局外人⑤是常使用的词汇。国外通常用"tough teenager""deviant teenager"来作为越轨青少年的专有名词。"tough teenager"，是指年龄在12—18岁之间有对抗性挑衅态度或行为的青少年。"deviant teenager"就是那些实施了违背社会规范行为的越轨青少年。张波（1999）认为，具体包含犯罪行为和不道德行为。加拿大社会工作者 Mi-

---

① 黄希庭、郑希付：《健康心理学》，华东师范大学出版社2003年版，第42页。

② 陈光辉、张文新、王姝琼：《多主体评定青少年外化问题行为的一致性问题》，《心理学报》2009年第2期。

③ 方晓义、张锦涛、徐洁等：《青少年和母亲知觉的差异及其与青少年问题行为的关系》，《心理科学》2004年第1期。

④ 闫磊：《香港、台湾及国外问题青少年行为矫治经验借鉴》，《重庆城市管理职业学院学报》2010年第3期。张波：《试论问题青少年的心理教育》，《陕西青年管理干部学院》1999年第4期。

⑤ 霍华德·S. 贝克尔：《局外人：越轨的社会学研究》，张默雪译，南京大学出版社2011年版，第2页。

chael Ungar 认为，包含危险行为、违法行为、越轨行为和无序行为。① 值得思考的是，制定评价标准的群体的价值观是否就是合理的？什么样的规范应被执行，什么样的人会被视为越轨人？中国社会科学院社会学研究所单光鼐先生指出，看待越轨青少年要从两点思考：一方面有些越轨青少年是客观存在的，这些青少年自身的确存在"问题"；另一方面有些越轨青少年是人们主观创造出来的，是标签效应的结果。所以，我们需要更为慎重地看待越轨青少年。②

（4）青少年犯罪预防的法学视角：关注犯罪少年

犯罪青少年是指年满 14 周岁不满 25 周岁触犯刑法的人，包括未成年犯和青年犯。详见前面所述，此处不再赘述。

简言之，青少年犯罪预防研究贯穿青少年犯罪研究的始终，研究成果丰富，研究争论颇多，青少年犯罪预防研究的核心概念界定仍然存在争议，研究视角，过于单一，法学研究为主，其他学科为辅，各学科各自为政，缺乏学科融合。在研究层次上，主要关注青少年犯罪预防的紧迫性问题、立法问题、执法问题、制度研究、社会干预等宏观研究，较少涉及青少年犯罪预防的微观层面，缺乏多层次、多维度的立体分析。在研究内容上，较多重视再犯罪预防，较少关注超前预防和临界预防；过多关注司法预防、社会预防，忽视学校预防、家庭预防、心理预防和道德预防，对青少年犯罪预防系统尚缺乏全面系统的考察。在研究方法上，虽然国内外开发了再犯风险评估工具，但专门针对青少年犯罪预防的融生物—心理—社会为一体的综合评估工具几乎没有，尤其是专业的心理测评工具开发研制少。在研究成果上，缺乏理论性强、实践性高、可操作的、专业的、合理的青少年犯罪预防项目体系。

三　研究意义

（一）丰富关怀理论

关怀理论在当代伦理学中占有非常重要的地位，在一定意义上说，

---

① ［加］Michael Ungar：《"问题"青少年咨询和指导策略》，陈芝荣译，中国轻工业出版社 2009 年版，第 17—18 页。

② 孔海燕、毕宪顺：《转型期未成年人犯罪及归因研究》，《预防青少年犯罪研究》2016 年第 4 期。

它带来了伦理学的转向。本书在关怀理论的基础上，从关系的视角对关怀进行阐释，从价值的层面对关怀的价值进行解释，描绘了一个动态的关怀生态图。本书特别关注关怀关系中的被关怀者，探讨被关怀者在关怀关系中的作用，强调被关怀者的尊严和价值，改变被关怀者被动的客体身份。将关怀者与被关怀者的关系，从"我与他"的支配关系，变成"我与你"的平等关系。本书关注关怀理论自身的超越与界限，将关怀理论从实践走向理论再走向实践，从实践中来到实践中去，发挥关怀理论在少年罪错预防领域中作为一流理论的预测价值。

（二）充实少年罪错预防理论

罪错预防作为一个较为成熟的专业性原则，是人们为之奋斗的理想，国内外实践证明，罪错是完全可以预防的。但对于实践者、研究者、评价者和政策制定者来说，却是一个不容低估的挑战。社会机制内部和青少年自身都蕴藏着教育保护青少年和抵御少年罪错的力量，少年罪错预防的主体是青少年，根本是关怀。正是基于这样的假设，提出少年罪错预防的关怀研究。

在西方犯罪学史上，少年罪错预防有许多经典理论，从赫希的社会控制理论到萨瑟兰的差异交往理论，从社会解组理论到紧张理论等，许多理论都有其超越，也有其局限。而提出少年罪错预防关怀理论，旨在解决罪错预防的本源问题。青少年缺乏被关怀和感知关怀、体验关怀、回应关怀的能力时，犯罪容易发生。倡导人文关怀，激发出社会机制和个体机制中的保护力量和发展资源，充实完善少年罪错预防理论研究，为有效地预防和控制少年罪错提供新思想，为教育与司法协同创新预防少年罪错的科学决策提供理论参考和决策依据。

（三）创新少年罪错预防思路和方法

少年罪错预防关怀研究超越了以往犯罪学、教育学、心理学和法学的单一学科视域，将少年罪错预防推向更广阔的学科融合，将少年罪错预防的思路和内容从青少年外部转向青少年自身，从消极预防转向积极预防，从孤立思维转向联系思维，从重视认知转向情理交融，真正立足青少年，以青少年的生长为目的，从青少年出发，回到青少年自身。

任何一个有价值的研究都可以丰富人的思想，解决人的问题。少年罪错预防关怀研究立足于社会，顺应于时代。本书建构的关怀策略，为少年罪错预防实践提供了新的思路和方法，研究成果可直接应用于少年司法，操作性较强，具有较广泛的推广价值和应用前景。

四　核心概念的界定

（一）关怀

关怀是关怀者和被关怀者之间的联系和相遇。实质是关注和动机移位的一方与作出接受、回应和认可的一方之间的联系和相遇。关怀的本质是关系。关怀的核心是共情、理解。从心理学角度关怀是一种道德情感，从伦理学角度关怀是一种不同于正义伦理的关怀伦理，从教育学角度关怀是一种关系，从法学角度关怀是一种预防和矫正犯罪的方法，是一种关心、挂念、担心的行为。

《现代汉语词典》（2016）解释关怀是关心。但是尽管如此，关怀和关心还是有着一定区别。关心是指放在心上，有注意、重视之意，而且关心的对象较广，一般既可以为物体也可以为人，关心施与二者既可以是平等的关系，也可以是不平等的关系。关怀则主要是指针对人的关心，而且关怀中包含关心、挂念和爱抚，多用于上级对下级、长辈对晚辈，用于平辈平级的较少。有时可以用于组织或者集体事业①，带有敬重的色彩，用于表示尊敬、感激或庄重的场合。另外，关心突出一种动作性，关怀更突出伦理性。关怀的内涵比关心更加深刻，关怀包括不需要付出努力的自然关怀，也包括需要付出努力的伦理关怀，关心往往对应的是自然关怀。关怀是一种价值术语，本身包含爱、责任和道德理想，融合了关怀的理性和感性，超越了关心的意向，包含关怀认知、关怀情感、关怀能力和关怀意志及态度的整体关怀。鉴于上述，关怀和关心有着鲜明的区别，但由于汉语搭配的习惯，在一些词语的使用上可能会发生互用的情况。

关照、关爱和关切的价值性都比关怀要弱。关照是关心照顾的合成词，重点是在照顾方面，而且关照的方向往往是长辈对晚辈、强者对弱者的单向照顾。关爱是关心与爱的合成词，重点是爱，关爱更突出喜爱、亲爱的情感。关爱由于带有浓厚的情感，所以是更高水平的关怀，是诺

---

① 张志毅、张庆云：《新华同义词词典》，商务印书馆 2005 年版，第 321 页。

丁斯的内圈关怀，对于外圈的关怀则更多带有责任和道德的意蕴，所以关爱是带有浓厚爱的感情的关怀，不能代表关怀的全部。关切比关心更进一层，多用于别人对自己，有时也用于对别人、对事物，有时关切会带有亲切的色彩，而且关切多用于书面语。

（二）少年罪错行为

少年罪错行为的英文翻译为"juvenile delinquency"，意思是罪错、越轨、非行、犯罪。在我国常常被翻译为青少年犯罪，有广义和狭义之分。

广义的青少年概念。首先青少年是指 10—25 周岁的少年和青年。年龄下限为 10 岁。一方面参照和借鉴国际少年司法的规定，如英国《反社会行为令》（2003）规定少年犯罪的年龄下限是 10 岁，美国大多数州、法国、意大利、奥地利规定的未成年犯罪人年龄下限是 13 岁。上限选择 25 岁，是因为目前从医学的发展上讲，25 岁是青少年生理心理接近成熟的年龄。2005 年美国洛普森案，美国的医学界联合会对青少年成熟的限定为 25 岁，主要依据是骨骼的发育和额叶的成熟。骨骼的发育在 25 岁停止，额叶的成熟也在 25 岁，额叶是自我意识发育成熟的重要中枢，掌管着自我控制。

罪错是广义的罪错，主要是指青少年的身份违法行为和违法犯罪行为（Bynum，Thompson，2007）。狭义的少年罪错是指青少年违反了刑法所禁止的行为，不包括身份犯罪（Bartol & Bartol，2005）。这一定义在美国等西方国家被广泛认可。日本将少年罪错称为少年非行，是少年犯罪、少年违法和虞犯的总称。[①]

本书采用广义的少年罪错概念，具体来说包括虞犯、违警行为、触法行为、犯罪行为。虞犯是指有犯罪之虞的青少年，实施《中华人民共和国预防未成年人犯罪法》（第 34 条）规定中的严重不良行为，即"指下列严重危害社会，尚不够刑事处罚的违法行为：纠集他人结伙滋事，扰乱治安；携带管制道具，屡教不改；多次拦截殴打他人或者强行索要他人财物；传播淫秽的读物或者音像制品等；进行淫乱或者色情、卖淫活动；多次偷窃；参与赌博，屡教不改；吸食注射毒品；其他严重危害社会的行为"。违警行为即"具有一定社会危害性，触犯《治安管理处罚

① 康树华：《青少年犯罪与治理》，中国人民公安大学出版社 2000 年版，第 15 页。

法》，但尚未达到刑事犯罪危害程度的行为"。① 触法行为即"因为未满刑事责任年龄，或者因为未成年人刑事政策因素而不予刑事处罚的行为，这一行为的特点与判断标准是，假如是年满 18 周岁的成人所为，即构成刑事犯罪"。② 包含没有达到刑事责任年龄（14 周岁）的低龄触法行为和年满 14 周岁未满 16 周岁不予刑事处罚的行为。犯罪行为就是狭义的犯罪，指触犯刑法，应当受到刑罚处罚的行为，如抢劫、强奸、盗窃、故意伤害致人重伤、故意杀人、投毒、贩毒、纵火。这类行为的特征是社会危害性、刑事违法性、刑罚当罚性。

（三）预防

预防有广义和狭义之分，广义的预防既包含对已经发生罪错行为的青少年进行矫正，以预防其再实施罪错行为，也包含对未发生罪错行为的青少年进行提前预防。预防是积极的矫正，也是积极的预防。本书的少年罪错预防是广义的概念，是面向全体青少年的犯罪预防，包括危险行为、违法行为和犯罪行为的预防。从预防类型上有一般预防、临界预防和再犯罪预防。借鉴高从善和王志强对青少年犯罪预防的定义③，少年罪错预防旨在通过对少年罪错原因和规律的分析，基于关怀的价值设定建立遏制少年罪错生成因素之间的互动机制，形成有利于少年健康生长的社会动态系统，相对减少少年罪错，最终促进少年健康生长。

五　研究方法

本书通过文献分析和前期调查，提出真切"关怀"的缺失是少年罪错最基本、最普遍和最根本的原因，因此，少年罪错预防的理念是关怀，从关怀出发，朝向关怀，促进青少年在关怀中生成和发展关怀，建构基于关怀理念的少年罪错预防体系。具体研究思路如下：

首先，对关怀理论和关怀理念进行阐释，确定关怀是少年罪错预防的理念。

其次，运用多学科视角，论证关怀缺失或过度是导致少年罪错的最

---

① 姚建龙：《论〈预防未成年人犯罪法〉的修订》，《法学评论》2014 年第 5 期。
② 同上。
③ 高从善、王志强：《青少年犯罪预防学引论》，长安出版社 2002 年版，第 9—14 页。

根本原因，找到关怀与少年罪错关系的理论依据，提出少年罪错预防的关怀理念。

再次，运用调查研究和实验研究，检验关怀对少年罪错预防的作用。对犯罪少年进行深度剖析，证实少年罪错的根源是关怀缺失。

最后，基于实证研究结果，得出基于关怀理念的少年罪错预防策略。研究方法如下：

（一）文献法

通过中英文数据库，如 EBSCO、Sprink Link 数据库、Web of Science、CNKI、万方数据库、人大复印资料（网络版）等网上电子资源，各学科理论著作等收集、整理"关怀""关怀理论""关怀教育""青少年犯罪""罪错少年""青少年犯罪预防"等相关资料，努力获得较全面的关于关怀及少年罪错预防等方面研究的现状。

（二）调查法

应用青少年基本情况问卷、关怀量表、积极心理品质量表对 1600 名 11—25 岁的普通青少年和罪错青少年开展调查研究。其中，普通青少年为 1100 名中学生，罪错青少年 500 名，分别来自某省未成年犯管教所、女子监狱、某两市司法局社区矫正中心。

（三）实验法

选取某市人民法院审判的涉罪未成年人进行关怀干预实验，通过庭前关怀、庭后关怀，促进涉罪未成年人在心理和社会功能上的恢复。

（四）访谈法

选取某省未成年犯管教所 10 个典型案例进行深度访谈研究，访谈对象涉及未成年犯本人、父母、狱警，访谈内容包括亲子关怀关系、师生关怀关系、狱警关怀情况。

第 一 章

少年罪错预防理念嬗变

少年罪错预防的理念是少年罪错预防的灵魂和主线。通过对少年罪错理念的探讨，寻求适合中国特色社会主义新时代的理念，为当前少年罪错预防制度变革奠定坚实的基础。本章首先关注作为少年罪错预防的根基是什么，经历了怎样的历史嬗变，结合我国当前新时代新任务，我们应当选择何种理念作为问题解决的参照和准则，从而为改革现行的少年罪错预防与矫正制度提供一个明确的方向。

第一节　保护理念的肇始

西方发达国家对罪错少年矫正侧重于保护理念，希望通过社会力量，引导罪错少年回归社会。保护，就是指将少年罪错看作社会弊病，将实施罪错的少年看作社会不公和社会弊端的受害者，认为国家对这些受害者负有照料、帮助、矫正并使其最终走向正常生活道路的义务。①

在18世纪后半期，少年保护理念演变成少年保护运动、罪错少年转处，独立于传统刑事司法机构的少年司法机构诞生，1899年美国伊利诺伊州的少年法院创立之后，美国及欧洲许多国家都受到影响，如1908年英国、1912年比利时、1923年德国，纷纷建立少年司法机构。少年司法机构的建立标志着少年保护理念的确立。

---

① 赵国玲：《未成年人司法制度改革研究》，北京大学出版社2011年版，第16页。

一　保护理念的兴起

保护理念起源于英美的国家亲权思想。国家亲权思想最早可追溯至12世纪的英国。当时英国国王负有向失去父母的儿童和因离婚、被遗弃等原因需要被照料的儿童少年提供保护和帮助的责任。1601年,《伊丽莎白女王贫困者法令》（以下简称《贫困者法令》）颁布,确定了减轻、缓解困境儿童困难与痛苦的国家责任。这种理念将儿童置于国家监护（parens patriae）之下,认为照料儿童是国家的责任,国家是儿童最后的父母。从19世纪末到20世纪六七十年代少年司法制度的目标就是将罪错少年从不良的环境中拯救出来,帮助解决其困难。如果少年发生罪错,则表明少年没有得到父母的有效帮助,国家将有权履行对少年的监护责任。

另一方面,实证主义犯罪学也为保护理念提供了深厚的理论根基。实证主义犯罪学认为,少年罪错的发生根源在于少年个人无法控制的力量,所以理解少年罪错,就该关注罪错少年和其罪错而非法律,因此面对罪错少年就不是惩罚,而是通过国家权力割断罪错少年与有害环境的联系,使其走上正常的社会生活。加之,工业革命带来的社会变迁,传统的家庭联系被割断,少年失去了更多的控制而出现罪错,更需要国家对这些少年提供保护和帮助。

二　保护理念的表现

(一) 少年司法的变革

1899年《伊利诺伊州少年法院法》规定,少年司法的原则是对符合规定的少年提供照顾、保护及在道德、精神和身体全面发展的机会。"任何未满16周岁的少年都不应当被看作罪犯对待或考虑,更不应当像一个罪犯一样被逮捕、起诉、定罪或惩罚。"[①] 所以,对于那些罪错少年,国家应当介入并确立对此类少年的监护,使他们在类似家庭的氛围中得到看护和训练。

---

① Tuthill, R. S., History of Chicago Children's Court, 转引自 David S. Tanenhaus & Steven A. Drizin, "'Owing to the Extreme Youth of the Accused': The Changing Legal Response to Juvenile Homicide", *Journal of Criminal Law & Criminology*, Vol. 92, 2001, p. 641。

在这种保护理念下少年司法也显示出强烈的对罪错少年的保护色彩，一方面，少年司法管辖权扩大，从原来只关注由成年人实施构成犯罪，而由少年实施因责任能力欠缺不构成犯罪的少年犯罪走向更广阔的少年问题，如身份犯罪本身并没有触犯刑法，少年法院对这种行为进行干预，就可能使该少年受到比犯罪少年更为严厉的对待。另一方面，少年司法中出现了浓厚的民事建构色彩，少年法庭不受正当程序条款的限制。[①] 20世纪60年代以前，美国法院未考虑赋予涉案少年程序权利，因为法律认为少年法院本身是一个温情的家庭，法官代表权威的父母，涉案对象仅仅是犯了错误的儿童，所以没必要所谓的程序保护，不需要大动干戈，少年司法程序对少年犯罪事实、不法事实进行辨认，并进行社会调查，以评估少年的危险性和需要帮助的程度，整个过程都在亲和的家庭氛围中进行，目的是为解决少年问题。再一方面，少年法院对于少年事件采取不公开审理的方式，对问题少年的信息是绝对保密的，不允许除了问题少年及其父母、受其影响的人或被害人、缓刑官、法官等参与听证。

（二）强调对罪错少年的矫正而非惩罚

早在1870年，美国辛辛那提监狱大会上，改革者提出监狱的目的在于对罪犯进行矫正，矫正的对象是犯罪人而非犯罪，主要目标是对受刑人的道德更新，监狱的最高目标是犯人的改善，而不是施加报复性的痛苦。[②] 根据少年的身心发展特点，对罪错少年的矫正是教育性、训练性的而非惩罚性的。矫正时间不能事先限定，而是尽量延长，美国多数州都允许法院对问题少年持续监督到21岁时为止。为了更好地实现这一目标，被判监禁的罪错少年与成年人分别关押，犯罪少年、不良少年和受害少年分类处理，比如严重的犯罪少年需要接受封闭的训练，身份犯罪的不良少年根据其行为则被禁止拘押。

三 保护理念的困境

对罪错少年的保护而非惩罚的理念持续了半个多世纪，尽管取得了

---

① 赵国玲：《未成年人司法制度改革研究》，北京大学出版社2011年版，第21页。

② Champion, D. J., *The Juvenile Justice System: Delinquency, Processing, and the Law*, Upper Saddle River, NJ: Prentice Hall, 1998, p. 364.

一定的成功，但是其过于理想化的问题还是遭到了学者和一些公众的批评。

（一）范围过宽

公众认为，少年法院对逃学、不服从父母管教等身份犯罪的管辖太过宽泛，身份犯罪并没有触犯刑法，少年法院对其干预可能使他们受到比犯罪少年更为严厉的对待，而且会导致少年矫正机构过于拥挤，从而破坏其矫正的效果。更为糟糕的是，到底什么是身份犯罪，法律上没有给予明确的定义，导致少年法院法官对进入少年法庭的罪错少年进行行为裁决时同时扮演了一个道德的裁决者。

（二）程序过松

在六七十年代前，少年法院的角色是权威长者，少年司法程序越非正式越能体现出家庭的氛围，也就越能给罪错少年保护，因此少年的律师辩护权、获得书面控告权、反对自供其罪权、上诉权都被认为小题大做、没有必要的程序。实际情况是，这些缺乏保护色彩的程序给罪错少年带来了难以承受的后果。对罪错少年的保护理念在缺乏程序保护的实际操作中失去了价值和意义，"他们既没有得到给予成年人的保护，也没有得到为少年提供的热心照顾和更生保护"。①

（三）流于形式

少年法院在整个司法系统的地位较低，从业人员的专业水平也较低，在 1963 年的统计中，只有 12% 的法官是全职的，90% 的法官将一半以上的时间和精力用在其他事务上，加之财政不足，少年司法流于形式。美国犯罪学家科恩发现，少年法庭的听证不过 10—15 分钟，资源匮乏导致少年法院不是考虑少年需要什么而是考虑他们获得什么。少年法院法官的职业道德在逐步下降，他们流于形式的仪式化决定带给罪错少年悲剧性的后果。

（四）效果悲观

20 世纪 60 年代，学者对罪错少年矫正的效果提出质疑。保护理念倡导的是对罪错少年的照料、看护、训诫，然而实际情况是罪错少年并未

① Senna, J. J., *Juvenile Law: Cases and Comments*, St. Paul: West Pusbishing Campany, 1992, p. 107.

得到应有的保护，"中途之家不是一个温暖的家，感化院的陋室也不是少年梦中的卧室"。①

　　司法实践证实少年司法的矫正效果欠佳，最典型的事件是"马丁森炸弹"。该事件讲述了 1966 年纽约矫正犯罪人特别委员会资助马丁森作为首席犯罪学家的研究小组开展一项评估研究，该研究对 1945—1967 年进行的 213 项评估研究的结果进行调查和反思，1970 年得出研究结果为矫正个案没有一个成功，"除了极为个别和罕见的例外，对少年的改善和再社会化对于再犯没有任何可见的积极影响"。② 这个报告在某种程度上宣告了少年司法保护理念的无效。加之当时的美国正值人权运动、发展运动等，少年犯罪和不法行为激增，半个多世纪保护理念引领的少年法院束手无策，人们对保护理念产生不信任。

第二节　责任理念的介入

　　20 世纪 70 年代以后，少年保护理念在世界范围内受到质疑，少年责任理念应运而生。少年责任理念，是指少年司法制度的主要任务是让罪错少年对其不法行为后果承担认知、消除甚至接受惩罚的责任。与以往保护理念相比，保护理念强调少年利益和行为人的人格特征，责任理念关注少年的行为和后果，强调社会安全及受害人的保护和赔偿。

一　责任理念的产生

　　责任理念的产生离不开公众的过度焦虑和担忧，也离不开政客的恶意利用。由于大众传媒为追求新闻的轰动性和高收视率，对少年谋杀、抢劫等暴力罪错行为过度报道，使公众产生认知偏差，即认为社会公共安全正在受到不知罪错的少年的破坏，那些以保护理念为主导的少年司法太纵容罪错少年，所以要求政府采取强硬手腕处理这些问题少年。略带煽风点火性质的报道让少年司法不得不面对很大压力。此时，一些政

---

①　Empey, L. T. & Stafford, M. C., *American Delinquency: Its Meaning & Construction* (3nd ed.), Belmont, California: Wadsworth Publishing Company, 1991, p. 337.

②　Ibid., p. 370.

客为了捞取政治选票，甘愿被民意绑架，迅速做出修改少年司法的行为，加重对罪错少年的惩罚。

在理论界，随着矫正理念的逐渐退潮，实证主义犯罪学理论日渐式微，古典犯罪理论以新的面貌重登历史舞台。实证主义犯罪学认为，罪错少年是环境或遗传等无法控制的因素造成的，他们对自己的行为不应当承担责任，相反国家应该给予帮助。新古典主义犯罪学则否认了犯罪人与非犯罪人在本性上的区别，认为在没有法律等外部制约条件下人都会做罪错行为。而且马丁森炸弹证明了国家改造罪犯是失败的，所以矫正的重点不应该是人而是人的犯罪行为。这样，功利主义和报应主义兴起。功利主义主张通过惩罚达到威慑和保护公共安全的目的，报应主义主张采用威慑手段进行对等惩罚。他们对少年司法产生了重要影响，如降低少年刑事责任年龄、消除少年法院滥用权力和保护少年的利益、惩罚犯罪人而不是治疗、身份犯罪非犯罪化。

二 责任理念的表现

我国学者赵国玲认为，西方少年司法的责任理念主要表现在两个方面：恢复性司法和惩罚模式。恢复性司法在 20 世纪 80 年代提出，90 年代付诸实施。恢复性司法，是在犯罪发生后优先考虑对犯罪造成的损失加以补偿从而追求正义的一种选择。恢复性司法注重的是关系的修复和损失的赔偿问题，通过界定犯罪的损害、受害人—加害人的和解、加害人的赔偿将特定的纠纷进行解决。

惩罚模式的兴起是由于矫正实践的失败。代表人物戴维和威尔逊认为，罪错少年与成年犯罪人都是理性和负责任的，都应当受到惩罚。惩罚有两种模式：报应与功利。在惩罚模式下，少年司法加重了对暴力犯罪、惯犯和涉及毒品的犯罪惩罚，甚至对罪错少年执行死刑。而且，少年法院创设了混合量刑制度，对犯罪少年判处成年人刑罚。

保护理念中，罪错少年的信息是受保护的，在责任理念下，罪错少年的信息保护弱化，表现在 1977 年的 Oklahoma Publishing Co. v. District Court 一案中，美国最高法院认为，将在公开程序中采集的犯罪少年的信息加以发表，是不应当加以禁止的，从而推翻了地方法院禁止发布的命令。

保护理念下，罪错少年的定罪量刑期限不定，导致罪错少年处理轻重的不平衡，助长了少年司法机构滥用权力的现象。责任理念下定期刑的引入缩小了少年法院法官的自由裁量权，防止了对犯罪少年处理不平等的现象，更好地贯彻处罚与行为对等的责任原则。

保护理念下，少年司法程序是非正式的民事程序设计，责任理念则加强了对罪错少年的程序保护，比如 1967 年的 In re Gault 一案中，被告罪错少年有获得书面指控、律师辩护、与证人对质以及反对自控其罪的权利。责任理念使少年司法审理程序和成年人的刑事司法程序差别性越来越小，法庭的对抗性特点明显。而且少年法院放弃了对实施重罪的犯罪少年的管辖权，将其移送到成年刑事法院，这样罪错少年有可能遭到更为严厉的惩罚，比如少年法院无法判处的死刑、无期徒刑。少年法院对于管辖权的放弃，使罪错少年失去了少年司法特有的保护，罪错少年被当作成年人一样送入成年人刑事司法体系接受成年人的处罚，凸显了责任理念。

第三节 关怀理念的融合

以往罪错少年的理念主要强调对少年的保护，这是建立少年司法制度的初衷，突出体现在国家亲权、教育刑和儿童特别保护上。后来，20世纪 50 年代开始，少年司法制度开始出现"倒退"，甚至出现了"硬化"趋势，"严惩"的刑事政策使责任理念盛行。如今，经过深刻的历史变迁，本书认为，当前的少年司法理念应该走向关怀，以关怀为主流，实现对罪错少年真正的引导和帮助。

一 关怀理念的提出

责任理念使少年司法理念发生了一些微妙的变化，打破了保护理念一统天下的局面，形成了以保护为主、责任为辅的少年司法理念。责任强调惩罚，保护强调矫正，然而无论是保护理念还是责任理念，都更加关注国家权力和公众权益，强调法律、行政手段管理和控制罪错少年，防止罪错少年危害公共安全和社会秩序，哪怕是保护理念，也是在维护社会公众长久安全的限度内给予罪错少年改正的机会，给予适当的保护。

比如加拿大1982年通过的《青少年犯罪者法案》则在强调罪错少年对自己的犯罪行为承担必要的责任，当然罪错少年也获得与成年人相同的程序保护，并根据罪错行为的严重性科处刑罚，同时有权利获得刑事法院没有的帮助和服务。总之，对暴力犯罪和惯犯的处遇则以责任优于保护的理念为指导。哪怕是1985年通过的《联合国少年司法最低限度标准规则》（以下简称《北京规则》）第5.1条就明确规定，少年司法制度应强调少年的幸福，并应确保对少年犯做出的任何反应均与罪犯和违法行为情况相称，强调在罪刑均衡的前提下关注少年的保护。

对于一般少年的不法和犯罪行为，则以保护理念为主，只是如今的保护与最早的保护在贯彻执行时尚有不同的理解。在20世纪上半叶少年法院崇尚父权般的干预，让问题少年在家庭或生活中得不到的正当满足得到满足，如今的理论界和实务界则认为，少年司法不必要干预，而是将罪错少年交给社会福利部门，以免给罪错少年打上耻辱的烙印。在保护理念指导下，罪错少年的身份犯被排除出少年司法领域，而是进入了社会和健康服务领域。再者，少年事件尽可能在社会内部进行反应和消化，减少国家正式机构干预，即对罪错少年国家尽量不干预，而是采用转处或者非监禁刑的方式处理。犯罪少年应被安置在能够提供保护和照顾的家庭、学校和结构中，少年法院配有各种替代性措施，包含看护令、缓刑、社会服务令、对受害人的赔偿等。《北京规则》对于非监禁刑给予高度评价，认为国家不干预是对少年儿童最好的政策。

少年司法的主导理念究竟在保护与责任理念中如何平衡成为理论界与实务界都必须要面对的问题。理念是少年司法的目标、方向，是少年司法的根基，我国的少年司法应继承和发扬保护理念和责任理念的优点，改进其缺点，引进新的更高级的理念——关怀理念。关怀理念超越了保护理念和责任理念，将两种理念进行了融合，既有效地实现了我国少年司法一贯的"双向保护"原则，即保护少年和保护社会，又突破了刑事司法的性质。少年司法脱胎于普通刑事司法，所以必然以保护社会作为刑事政策目的。关怀理念则脱胎于教育学，所以必然以关怀少年作为目的。尽管保护少年和保护社会保持平衡是主流观点，但是在我国少年司法制度中，应以关怀理念为主导，注重少年权利和义务，从关怀人的角度关注、照顾和帮助罪错少年，让其自由发展，获得幸福。

二　关怀理念的超越

关怀理念超越保护理念和责任理念，实现了保护理念和责任理念的平衡。关怀理念与保护理念不同，保护理念的低级目标是保护罪错少年，然而高级目标是保护社会。关怀理念的目标只有一个就是少年，将罪错少年作为一个人，一个需要关心和帮助的人。犯罪学界肯定罪错少年的特殊性，认为大部分罪错少年正处于从童年期向成年期过渡的中间阶段，其生理、心理特点决定了罪错少年容易受社会不良因素的影响，成为社会问题的反应者，社会弊病的受害者，他们需要的是国家和社会的关怀和帮助，而非简单的保护。

20 世纪 70 年代后出现了责任理念，目的是让罪错少年对社会承担责任，为其罪错负责。责任理念的出现是少年司法制度为了保护社会做出的妥协，是对保护理念下的少年司法矫正效果失望的应对。本书提出关怀理念，超越保护理念，融合责任理念。在关怀理念指导下保护罪错少年，这种保护是高级的保护，而非低级的保护。所谓高级的保护，是真正从少年成长出发，从少年本身出发，为了少年，而非为了政治目的或社会安全所采取的行政手段，这不是简单表层的保护，而是发自内心的关心和挂念，是触动灵魂的关怀。关怀者与被关怀者所建构的是一种平等的你与我的关系，是尊重和理解的保护。低级的保护，是传统少年司法所倡导的保护，是单向的保护，是一厢情愿的保护，这种保护带有成人强加的味道，以成人的眼光看待少年，以成人的心灵感受少年，所以提出的对少年的保护，是一种不平等的关系，是权威性的保护。

关怀理念超越保护理念，但包含保护理念，实际在一些涉及保护理念的规则中透射的是浓厚的关怀之情。第二次世界大战之后，少年成长得到国际社会的共同关注，一些带有明显关怀色彩的国际公约相继出台。《儿童权利公约》《联合国少年司法最低限度标准规则》《联合国预防少年犯罪标准规则》（以下简称《利雅得规则》）、《保护被剥夺自由少年规则》等。这些少年司法准则高举着保护少年的旗帜，充满了对少年的关怀。如《北京规则》第 5.1 条：少年司法制度应强调少年的幸福。

关怀理念超越责任理念，但也包含责任理念。责任理念的目的是保护社会安全，让罪错少年承担应负的社会责任。关怀理念构建对罪错少年的关怀，这种关怀是一种关系，是少年与社会的接触，是少年作为被关怀者与成人社会作为关怀者的关系，这种关怀充满了尊重和理解，充满了共情和温暖。在关怀理念中既有关怀者的关心和保护，也有被关怀者的感知和体验。而且在关怀理念中作为被关怀者的罪错少年的感知、体验和回应关怀的能力尤其重要。强调罪错少年感知和回应关怀的能力本身就是对社会的负责，承担着维护社会公共安全的义务。以往责任理念过分强调使用刑事或者行政或者两者都严惩的手段让罪错少年知错改错，以便维护对社会和社区的安全、利益以及受害人的保护和赔偿，强调罪错少年的罪错行为，忽视罪错少年作为人的自身特点。关怀理念从罪错少年本身出发，真正关心罪错少年，关注罪错少年，关切罪错少年的整体性发展，最终达到罪错少年能够重返社会，被社会接纳，顺利实现再社会化，成为合格的社会建设者。当罪错少年圆满完成再社会化时，也就实现了对社会公共安全负责的目标。

罪错少年的预防与矫正理念关系着其目标与方向，也决定着其成效与影响。我国理论界和实务界一直强调"双向保护"原则，即保护少年与保护社会的原则。然而不能忽视的是我国少年司法制度孕育于普通刑事司法，不可避免地具有刑事性质，所以我国少年司法实际是以保护社会为目的。随着近些年来少年罪错案件的增多，尤其是少年暴力恶性犯罪的突出，导致社会公众或者有些司法实务工作者从保护社会的角度提出"严打犯罪"的铁腕政策建议，对犯罪少年实施报应主义或者威慑主义的处理。本书认为，这种严惩的处理是极其不当的，本书主张，我国罪错少年预防与教育的指导理念是关怀，是从人性的角度提出的融合保护与责任理念的高级理念，从根基上最大化地实现对少年尤其是罪错少年的关心，宽容而不纵容，实施保护的同时也不忘记少年自身的责任，从而最大限度地保障社会安全。

第 二 章

关怀理论的概念与演绎

关怀理论具有深远的历史渊源，应时代而生，顺时代而发展。在东西方璀璨的关怀思想照耀中，关怀逐渐发展成为一种伦理，并超越自身女性主义的局限，带来伦理学的转向。[①] 关怀理论历经不断修正，跨入道德教育领域，超越传统道德教育哲学，因其鲜明的时代性和创新性获得了跨国界、跨文化的接受[②]，成为当今世界著名的道德教育理论。

第一节　关怀理论的建立与发展

20 世纪 70 年代以来，西方伦理领域发生了重要的范式转换：开始由特殊性的伦理规律转向寻求普适性的伦理——关怀伦理学。关怀伦理的核心概念是"关怀"（care），翻译成中文有关心、关切、爱护、照顾等意思。关怀伦理学起源于女性主义伦理学。女性主义实质是以女性的视角看待人与事，女性主义伦理学则起源于 19 世纪末的法国，后流传至英美等世界各国。1995 年联合国第四次妇女大会之后，我国开始使用这一概念。[③]

关怀伦理具有深远的历史渊源，只是早期伦理学家们并没有用关怀这个概念，而是采用博爱、仁爱、慈悲、人道等概念。在东方思想史上，以儒、墨、道、佛为代表的中国传统文化中渗透着深邃的关怀伦理思想。

---

① 关怀伦理经历了不断修正，超越了女性主义伦理学自身的局限，成为当今伦理学的发展趋势，带来伦理学在研究方法和研究内容上不同于以往的研究范式，此为转向。

② Smart, B., Facing Modernity: Ambivalence, Reflexivity and Morality, CA: Sage Publications, 1999, p. 206.

③ 肖薇：《女性主义关怀伦理学》，北京出版社 1999 年版，第 3 页。

在西方，以柏拉图、亚里士多德为代表的古希腊思想家系统阐述了正义伦理，而以奥古斯丁、托马斯·阿奎那等为代表的基督教思想家则发展了仁爱伦理。关怀伦理的最终建立是在当代西方女性主义伦理学，而且一直被认为是来自这一伦理学。

一　中国古代的关怀伦理思想

关怀伦理虽然由当代西方女性主义思想家提出并受到广泛关注，不过中国古代思想中也蕴含着丰富的关怀伦理思想。在中国古代，儒家的仁爱、墨家的兼爱、道家的泛爱和佛家的慈爱等思想观念均透射着浓厚的关怀色彩。①

（一）儒家的仁爱

仁是儒家思想的核心，作为调节人际关系的行为准则，与孝道、忠恕思想集中体现关怀伦理。"樊迟问仁，子曰爱人"。② 虽"泛爱众"，但爱人有差序等级之分，"自亲始"，"以物待物，不以己待物，则无我也"。③ 这种关怀伦理思想是以家族亲亲为根基，以亲疏远近、尊卑贵贱的宗法等级为原则，根植于传统社会的等级制的人伦关系。

如何实施仁爱？儒家主张推己及人，所谓"夫仁者，己欲立而立人，己欲达而达人"④，此为忠；"己所不欲，勿施于人；在邦无怨，在家无怨"⑤，此为恕。二者合之即为忠恕之道。忠恕之道的本质是设身处地，感同身受，用自己的心灵去感受他人的心灵，并以此作为道德是非判断的标准。忠恕之道使仁爱超出家族，扩展到了更大的社会范围。

孟子发扬了孔子"仁者爱人"的思想，将仁的思想上升到人性的高度，认为人有"不忍之心"，即恻隐之心。"无恻隐之心，非人也；无羞恶之心，非人也；无辞让之心，非人也；无是非之心，非人也。恻隐之心，仁之端也；羞恶之心，义之端也；辞让之心，礼之端也；是非之心，

①　沈晓阳：《关怀伦理研究》，人民出版社2010年版，第4页。
②　《论语·颜渊》。
③　《二程遗书·明道先生语一》。
④　《论语·雍也》。
⑤　《论语·颜渊》。

智之端也。"① 仁爱根植于人性，是人性固有的特性，所以要培养仁爱，必须从内部世界入手。正所谓"尽其心者，知其性也，知其性，则知天矣"。② 尽心、知天和知性统一。宋明理学将仁提高到天理或良知的高度，进一步深化了仁爱的内涵。

总之，"仁"之关怀是广博之爱，是人性之自然，是差等之爱，具有超越历史时空的恒常价值，反映人文关怀与自然关怀、关怀伦理与德性伦理的内在统一，是人类的永恒追求，有仁才有温暖和幸福。

（二）墨家的兼爱

墨家也讲关怀，但是墨家的关怀更强调兼爱、强调义利结合。兼爱是墨子思想的中心。面对当时社会动荡，墨子认为原因是不相爱，解决办法就是兼相爱、交相利。"视人之国若是其国，视人之家若是其家，视人之身若是其身。"③ 兼爱就是没有差等之爱，没有亲疏之别，没有远近之分，对一切人无所不爱。这种兼爱的思想是建立在平等观念基础之上的。墨家的兼爱是为利服务的，兼爱是手段，利益是目的。儒家主张重义轻利，墨家主张义利统一。从关怀伦理的角度讲，主张义利统一实质是把关怀伦理的内在情感和动机转化为实际的行动和效果，但是对关怀的内涵有极大的模糊性，导致兼爱有很强的功利主义。

值得关注的是，墨家的关怀伦理思想注重关系。比起儒家注重单方面对他人之爱来讲，是历史的进步。"爱人者，人必从而爱之利人者，人必从而利之。恶人者，人必从而恶之；害人者，人必从而害之。"④ 这种关系也是西方关怀伦理学的重要思想。只是墨家对关系的看重，从根本上是为利服务的，具有强烈的功利主义色彩。

综上所述，墨家和儒家在关怀伦理上有显著差异，儒家主张差等仁爱，墨家主张平等之爱；儒家主张重义轻利，墨家主张义利合一；儒家强调单向付出，墨家强调双向联系。

（三）道家的大爱

儒家和墨家的关怀伦理思想都体现了把关怀作为一种社会道德规范

---

① 《孟子·公孙丑上》。
② 《孟子·尽心上》。
③ 《墨子·兼爱中》。
④ 同上。

的观点，道家则反对道德规范，反对束缚，主张自然关怀和生命关怀。

老子和庄子的哲学思想主要是道。道是本体，是宇宙万物的根源和本根。"道生一，一生二，二生三，三生万物。"① 由于道是超验的精神实体，是无，所以"天下万物生于有，有生于无"。② 据此，老子提出天道无为的思想。"道常无为而无不为。"③ 所谓无为就是顺应自然。对自己不要太关注忧患得失，不要太关注利益满足，应做到"见素抱朴，少私寡欲"。④ 要尊重他人的自由，不干预。"我无为而民自化，我好静而民自正，我无事而民自富，我无欲而民自朴。"⑤ 良好的人际关系应该是"相濡以沫，不如相忘于江湖"。⑥ 对待万物，主张泛爱万物，天地一体。"道大，天大，地大，人亦大。……人法地，地法天，天法道，道法自然。"⑦ 人类不应损害自然万物，而应关爱自然万物，避免人类行为的失当带来人类自身生存的困境。

总之，道家反对各种物质欲求和社会规范，反对对人自身和自然万物的干预和束缚，关怀人的自由，关怀世界万物的本真，要求顺应人性、顺应自然万物，这是一种大爱的关怀思想。

（四）佛家的慈悲

佛教源从古印度，自公元 1 世纪传入中国，得到了中国传统文化儒家和道家思想的滋养，形成了中国化的佛学思想。佛学有两大流派，大乘和小乘。乘是运载的意思，比如佛法普度众生，像舟和车一样能载人由此岸到达彼岸。大乘能普度无量众生，着重利他度人，小乘能度少数众生，着重自度。

佛教把现实生活看作是一切苦难的根源，通过对世间苦难的分析，生成了四圣谛，谛是真理的意思。四圣谛即苦谛（苦难的本真）、集谛（苦难的原因）、灭谛（苦难的解脱）和道谛（解脱的路径），蕴含着浓

---

① 《老子·四十二章》。
② 《老子·四十章》。
③ 《老子·三十七章》。
④ 《老子·十九章》。
⑤ 《老子·五十七章》。
⑥ 《庄子·大宗师》。
⑦ 《老子·二十五章》。

厚的生命关怀思想。这种关怀是慈悲。

慈悲是大乘佛法的根本，是梵文 Maitri-Karuna 的意译，意思是佛、菩萨给予众生安乐，助众生摆脱苦难。给予安乐是慈，怜悯其苦是悲，二者合称慈悲。① 慈悲有三层次，生缘慈悲、法缘慈悲、无缘慈悲。生缘慈悲是缘众生起慈悲心，法缘慈悲是缘无我之真理起慈悲心，无缘慈悲是缘法空起慈悲心。无缘是最高级别的关怀，是无条件、无分别的关怀。人因为"有别心"，陷入苦海，"心生则种种法生，心灭则种种法灭"，要得到彻底解脱，就必须具有无分别的般若智慧，具有无分别心的平等慈悲，即为大慈大悲、同体大悲。

从佛家的慈悲精神，可以看出其关怀伦理既关注自身，也关注他人，"自度度他，自觉觉他"。追求关怀的崇高性，"难行能行，难忍能忍"②，注重关怀的自觉性，"明心见性，见性成佛""佛向性中作，莫向身外求"③，倡导自性自度。

综上所述，在中国传统文化中蕴含着丰富的关怀伦理思想，儒家主张爱有差别，墨家主张爱无差别，道家主张大爱无形，佛家主张慈悲为怀。就其内容来说，儒家关怀道德，墨家关怀利益，道家关怀自然，佛家关怀灵魂。它们互相独立，相得益彰，形成了丰富的关怀思想。

二　西方当代关怀理论的形成

关怀理论作为一个女性伦理学诞生于 20 世纪 70 年代的美国，是 19世纪女性主义运动发展的产物。女性主义运动可以分为早期女性主义运动和新女性主义运动。早期女性主义运动主要是关注平等权，要求女性价值在社会公共领域中，如政治、经济和职业领域中能得到充分的体现。新女性主义运动是 20 世纪 60 年代之后，女性主义者开始超出女性体验的不平等的狭隘观点，从社会意识形态的视角分析两性差异，提出女性在语言、法律和哲学方面所遭受到的性别歧视，强调女性不是要像男人那

---

① 沈晓阳：《关怀伦理论》，人民出版社 2012 年版，第 18 页。
② 赵朴初：《佛教常识问答》，上海辞书出版社 1999 年版，第 55 页。
③ 《坛经·第三疑问品》。

样，而是要发展一种新的为女性专有的语言、法律、哲学和神话。① 换句话说，不是要像男人那样在职业、教育上享有平等或认为女性在生物学意义上优于男性，而是要承认性别差异，承认女性最有价值的特征是关怀②，代表理论是关怀伦理学。所以，关怀伦理学是在第二次女性主义浪潮中被提出的女性主义伦理学理论。

（一）关怀理论形成的历史背景

19 世纪中叶出现的女性主义运动在女性参加反对奴隶制的斗争中发展起来。③ 1840 年，伊丽莎白·凯蒂·斯坦顿和卢克丽霞·莫特等女性组织代表被取消参加第一次国际反奴隶制大会的资格，引起了她们对自身权利的思考。1848 年 7 月 19 日至 20 日，在纽约的塞内卡福尔斯的"社会、公民、宗教状况以及女性权利"大会上通过了一个宣言，宣言指出："我们坚持这些真理是不证自明的：所有的男女生来都是平等的，造物主赋予女性某种不可剥夺的权利；这些权利包括生存权、自由权以及追求幸福的权利。"标志着美国女性主义运动的诞生。④

塞内卡福尔斯会议的精神（主张男女平等，保障女性权利）迅速在美国传播，经过了几十年的努力，美国女性获得了与男性平等的政治权利。⑤ 之后，女性问题仿佛从政坛和理论界消失了，女性的兴趣转移到婚姻家庭，很多青年女性认为婚姻家庭比独立的事业和平等的权利更重要，贤妻良母是女性的追求，家庭是女性最好的归宿，女性的最高价值和唯一责任是实现女性的本性，即神秘感、直觉性。第一次女性主义运动消退。

1963 年，美国自由主义女性主义者贝蒂·弗里丹出版了《女性的奥秘》，书中明确指出所谓"女性奥秘"实质是附加在女性身上的一条无形的精神枷锁，使女性自觉不自觉地按照社会赞美的目标塑造自己，追求完美的女性气质，成为家庭中"快乐的天使"。⑥ 然而女性依然苦闷和抑

---

① John Lechte, *Fifty Key Contemporary Thinker*, Routledge, 1994, p. 159.

② Judith Evans, *Feminist Theory Today*, SAGE Publications Ltd., 1995.

③ 肖薇：《女性主义关怀伦理学》，北京出版社 1999 年版，第 62 页。

④ 同上书，第 63 页。

⑤ 同上。

⑥ 同上书，第 64—65 页。

郁，却不知道为什么？这是女性的奥秘。假如一个女性有问题，她就归因到自己身上，她会为自己的郁闷感到羞愧，但由于闭锁在狭小的家庭生活中，无法弄清事情的真相，无法得到真正的解脱。

1966 年，美国全国妇女组织成立，弗里丹担任第一任主席。她向各个领域的性别歧视发起了挑战，但是却不被关注，会后，女性在芝加哥和纽约成立了自己的组织。这次运动为关怀伦理学的产生奠定了良好的社会和政治基础。使女性理论的研究走出了单子研究的范式，将男女个体的关系演变为男女群体的关系，从自我走向他我，从个人走向群体。这次运动直接促发了关怀伦理学的诞生。使女性在批评性别歧视的基础上独立建构自己的理论，使关怀伦理学研究从经验走向实证，从常识走向科学。

（二）关怀理论建立的学科背景

关怀理论是新女性主义运动的产物，超越了第一次运动中女性伦理学的局限，不再坚决要求以男性的德性要求女性，片面追求两性平等，而是用女性帮助伦理学，让伦理学成为拥有男性和女性的完整伦理学。

关怀伦理学的发展离不开哲学、心理学的支持。在哲学上，法国女性主义哲学家西蒙波伏瓦的《第二性》为关怀伦理学的发展奠定了哲学基础——存在主义。波伏瓦认为，"女人不是天生的，而是造就的。生理、心理和经济上的命运不能决定女性的出现，是文明造就了女性"。[1] 女性总是处于动态发展变化之中，女性是历史建构的，"对于我们来说，这是有价值的世界，为了寻求价值，女性应得到应有的社会尊重"。[2]

在心理学上，对弗洛伊德、埃里克森、皮亚杰和柯尔伯格四位心理学家的反思与批判为关怀理论的诞生提供了坚实的理论基础。[3] 弗洛伊德的精神分析作为关怀伦理学批判的主要对象，促进了关怀伦理学的产生。弗洛伊德认为超我是道德的化身，因为"阉割焦虑"，男孩的恋母情结逐渐消失，代表道德规范的超我逐渐形成；女孩没有这个焦虑，所以女性

---

① Frazer, E., *Ethics: A Feminist Reader*, Blackwell Publishers, 1993, p. 194.

② ［法］西蒙娜·德·波伏瓦：《女性的秘密》，晓宜、张亚莉等译，中国国际广播出版社1988 年版，第 36 页。

③ 肖薇：《女性主义关怀伦理学》，北京出版社 1999 年版，第 85—108 页。方红：《吉利根的道德心理学思想研究》，硕士学位论文，南京师范大学，2006 年。

的道德水平没有男性高。① 吉利根否定了女性不如男性的观点，提出关系在女性道德发展中有重要意义。而且她从弗洛伊德的理论中发现了女性体验爱的永恒主题，发现了差异导致联系的思想。埃里克森提出人一生的道德发展是连续的、分阶段的。发展的任务完成与否标志着道德品质的优劣。17 岁后人生进入青年期，道德发展任务是建立自我认同。青年后期体验亲密感，避免孤独感。埃里克森继承了弗洛伊德认为的女性天生有缺陷的观点，认为"解剖就是命运"，女性的生理结构决定了女性心理功能的局限。女性通过男性认同自己，因而女性是缺乏智慧和勇气的。吉利根看到了关系在道德发展上的意义，但不同意男性的道德发展是基于与世界的关系，女性的道德发展是基于亲密关系的观点②，而且不认同女性对自己的认同来自与他人亲密关系。

让·皮亚杰（Jean Piaget）是发生认识论的创始人，他提出："一切的道德都是一个包括很多规则的系统，一切道德的实质是个人学会去遵守这些规则。"③ 道德发展是一个由他律走向自律的过程，或者说由约束走向自觉的过程。公正感是自觉的结果，是互相尊重和团结的结果。皮亚杰主要研究了男孩的游戏，在观察了女孩的游戏后，皮亚杰轻率地下了结论——"女孩的法律意识不如男孩"。男孩对规则特别执着，女孩对规则较为宽容，更愿意破例。吉利根认为这是一种偏见，认为女性对情感的敏感和关怀的品质是非常有价值的。"女性道德发展不足"的判断不是女性自身真正的不足，而是女性对道德的认识及其道德发展与男性不同。

卡罗尔·吉利根（Carol Gilligan），这位哈佛大学教育研究院的教授，是关怀伦理学的著名代表人物，《不同的声音——心理学理论与女性发展》也是当代关怀伦理学的经典著作。吉利根批判了当代心理学家以男性思维建构女性道德发展的观点，批判对女性道德发展的偏见，她提出，以往的道德发展仅仅关注男性，忽视女性，把男性的道德发展看作人类

---

① 肖薇：《女性主义关怀伦理学》，北京出版社 1999 年版，第 87—89 页。
② 同上书，第 94 页。
③ 肖薇：《女性的道德发展——吉利根的女性道德发展理论评述》，《中国人民大学学报》1996 年第 6 期。

的道德发展，把女性道德发展的不同看成是发展的失败。吉利根建构了
基于女性思维的道德发展理论，一种强调责任、关系、关怀、情境的关
怀伦理学。这种伦理学强调道德问题不是来自竞争，而是来自责任，道
德问题解决需要情境思维和关系思维，而非抽象思维和孤立思维。关怀
伦理的核心概念是责任和关系，公正伦理的核心概念是权利和准则。

在批判了心理学对女性道德发展的偏见后，吉利根建构了关怀伦理。
她认为，道德问题是关系问题，关系需要声音。声音是一种关系的表达，
是理解心理、社会和文化秩序的新钥匙。[①] 女性的声音反映了女性道德发
展的轨迹，反映了道德发展上以关系解决道德冲突的方式。她认为，有
道德的人是一个帮助他人的人；有道德的人，是在不牺牲自己的情况下
履行对他人义务和责任的人。男性的道德基于保护自我权利，以自然法
和社会契约论精神建立道德原则和道德准则，以逻辑推理进行道德选择
和道德判断。女性的道德基于关系的责任，以沟通和理解进行道德选择
和判断，建立起一个关系责任圈。

吉利根批判地借鉴了四位心理学家的道德发展理论，通过访谈发现
了女性使用一种不同于男性的自私和责任的道德语言，使用的是一种实
现关怀、避免伤害的语言。认为冷漠是不道德的，关怀是道德的。通过
自私、责任、应当、应该、更好、正当、罪恶和善良这些语言，吉利根
创造性地提出了关怀伦理发展的三水平论。第一个水平是自我保存的倾
向，关怀自我，应当与欲望混合，使用自私的语言。第二个水平是自我
牺牲的善，关怀他人，应当与欲望分离，使用责任的语言。第三个水平
是非暴力的善，关怀自我和他人，应当与欲望融合，关怀成为一种普遍
的规则，成为自我选择的伦理，成为一种禁止伤害的责任。综上所述，
吉利根的关怀伦理是女性摆脱传统压抑的道德判断而发出的对自我、他
人、关系的责任之后的禁止伤害的声音，是关怀的责任，是一种新的
伦理。

三　诺丁斯的关怀理论

美国当代著名的哲学家、教育家内尔·诺丁斯教授是关怀伦理学的

---

① 肖薇：《女性主义关怀伦理学》，北京出版社 1999 年版，第 100 页。

一个重要代表人物。她从伦理学的角度对关怀伦理进行了系统论述，并将关怀伦理应用到学校的道德教育实践中。她对关怀伦理的建构和逻辑演绎，对整个伦理体系的彻底的修正，带来了伦理学在研究方法和研究范式上的转向。

（一）关怀的复杂解读

关怀（Caring），意为关心、关爱、照顾、爱护、帮助及牵挂等。德国哲学家马丁·海德格尔（Martin Heidegger）认为，关怀是人的存在方式。关怀包含普通关怀与专业关怀两种。普通关怀是人类一种天性的表现，存在于日常生活中；而专业关怀是具有支持性、关心性的专业助人行为，满足服务对象的需要，改善其生活条件，促进其发展。①

诺丁斯认为关怀是教育的根本，一切教育都离不开关怀。关怀和被关怀是人类的基本需要。没有关怀，我们无法生存。在人生的每一个阶段，都需要关怀，需要被理解、被接受、被认同。

关怀到底是什么？对于关怀的含义，诺丁斯给予了详细的阐述，首先她采用现象学的方法对关怀的含义进行了描述。然后对关怀提出了自己的理解。诺丁斯认为关怀是一种关系。她反对常识性的理解——"关怀是一种美德，是一种个人品质"。当我们说"他是一个关怀别人的人"时更加突出的是关怀作为美德的含义。诺丁斯认为，过分强调关怀是一种美德是不正确的，如果过分强调关怀的德性，则会忽视被关怀者的心理感受，忽视关怀的本质，也无法解释现实中很多时候所发生的关怀者的关怀没有被认可的现象。如教师关怀学生，但学生抱怨没有人关怀他们；家长关怀子女，子女感觉受到忽视或者压迫。所以诺丁斯对关怀的理解是首先将关怀作为一种关系。在 Caring（1984）中诺丁斯将专注和动机移位作为关怀者的心理特征。专注是指关怀者对被关怀者的全身心地投入和无条件地接受。当一个人真正关怀另一个人时，就会认真地去倾听他、感受他。② 而当产生了愿意帮助这个人的意愿，心理就处于动机

---

① Idvall, E., Rooke, L., Hamrin, E., "Quality Indicators in Clinical Nursing: A Review of the Literature", *Journal of Advanced Nursing*, Vol. 25, 1997.

② ［美］内尔·诺丁斯：《学会关心——教育的另一种模式》，于天龙译，教育科学出版社2003年版，第24页。

移位状态了。动机移位是一种动机能量流向他人的过程。诺丁斯认为关怀是融入式的接受，而不是推己及人式的投射。诺丁斯不同意《牛津大词典》中将"Caring"解释为"Empathy"，认为 Emapthy 的特征是投射性，而 Caring 的特征是接受性。诺丁斯认为的关怀不是将自己投射到他人身上，以己推人，而是融入入己式地和他人一起观察和感受，即关怀性同感（feel with），诺丁斯称为"专注"。此外，诺丁斯还特别强调关怀的行为性、理性和感性的融合性特点。

作为一种关系的关怀，诺丁斯强调被关怀者的反应。当关怀者付出关注和动机移位时，被关怀者接受、确认和反馈，这时关怀关系建立了。如果用公式表示就是"A—B、B—A"。二者是相互作用的。而且诺丁斯认为，被关怀者的反馈似乎是最重要的。

其次，诺丁斯认为关怀是一种能力。这种能力可以帮助人们建立关怀的关系，或者帮助人们关怀世界。诺丁斯认为在教育领域中，教师作为关怀者，不仅关怀学生，付出情感，而且有责任帮助学生发展关怀能力。海德格尔认为，关怀是生命中最真实的存在，是无法避免的，甚至认为人之所以成为人的标准是关怀。现实是并非所有人都具有关怀能力。

（二）关怀是教育的首要目标

诺丁斯在《关怀：伦理和道德教育的女性路径》中提出关怀是对于精神上的煎熬或专注（Engrosssment）。关怀意味着和一种负重的心理状态。当关怀者在感情上渴望或者喜欢某人时，他也是关怀他的，这里关怀与尊重、接纳、靠近有相同意思。诺丁斯反对将敷衍和勉强的不自主的被动的关怀称为关怀。诺丁斯认为关怀意味着对某人或某事负责，包含其利益、促进其发展。①

诺丁斯认为教育在某种程度上是道德的，是整个人类共同体的事业，旨在提升受教育者的道德水平，使人们能够与他人道德地相遇。提出教育的首要目的是维持和提升关怀，传统的以训练智力为主的智力性教育不是教育的目标和领域，理性主义只有为更高的教育目的——关怀服务

---

① Noddings, N., *Caring：A Feminine：Approach to Ethics & Moral Education*, Galifornia：University of California Press, 1986, pp. 23－24.

才是有价值的。

教育要培养关怀者。所谓关怀者应该具有保护和提升自己内在以及与他相遇的人们的关怀的能力。换句话说，就是要培养有能力关心人、爱人也值得人爱的人。诺丁斯批评现在的教育是近乎残忍的学术训练，失去了对人类全面素质和能力的尊重。她指出，教育要围绕关怀来组织，关怀自己，关怀他人，关怀与自己有关系和没有关系的人，关怀动物、植物和周围环境，关怀知识等。[①]

人生的目的是快乐和生存吗？A. S. 内尔（A. S. Neill）认为："生活的目的是发现快乐。教育应该是生活的准备。"[②] 诺丁斯认为，关怀关系是人类基本的现实和基本目的。如果一个人封闭于关怀关系之外就失去了为"人"和"存在"。生活的目的不是自我实现或者规避痛苦和困难寻求快乐，也不是为一个生活做准备，更不是为了到达精神的彼岸，生活的目的是关怀。

关怀是教育的首要目的。传统道德教育的目的是让人产生伦理行为。所谓伦理行为是基于关怀做出的内在的行为，它不完全等同于基于规范做出的道德行为，伦理行为的产生既不是来自心理上的性向也不是来自直觉。道德品行植根于指导正确的人类行为的信念。做出伦理决定的能力和愿望是承诺和选择的产物。[③] 诺丁斯认为唯有关怀的信念，唯有关怀者和他者的真实的相遇和连接，才会有承诺和选择，而每一个承诺和选择都会维持、提升或削弱关怀型的我们。

（三）关怀教育的内容

关怀教育的内容主要是教育学生学会感受关怀和关怀他人。诺丁斯主张教育不仅仅是理性教育，更是一种情感教育。关怀教育的核心是关怀的体验，是关怀的情感，但不单单是情感，还有关怀的思维。关怀教育是理性和感性的融合。所以关怀教育的内容应该是关怀理性和关怀感性的教育，具体应包含关怀认知、关怀情感、关怀意志、关怀态度和关

---

① ［美］内尔·诺丁斯：《学会关心——教育的另一种模式》，于天龙译，教育科学出版社1999年版，第64页。

② Neill, A. S., *Summerhill School*, New York: Hart Publishiing Compay, 1960.

③ Rubin, L., *Introduction to the School's Role as Moral Authority*, Washionton, D. C.: Asociation for Supervision and Curriculum Develpoment, 1977, p. 2.

怀能力。

1964—1971 年，英国麦克菲尔等对英国 13—18 岁的学生进行了三次大样本的调查研究，目的是了解青少年心中的别人对自己的好或者不好的事件。结果显示，青少年认为的"对人好"主要是关心人的事情；反之则是对人不好。麦克菲尔据此推论，以关怀为核心的道德行为是学生的基本需要，教育的首要职责是满足学生的这种关怀需要。他还提出，关怀是一种自我强化行为，不仅利他而且利己。道德教育的首要目的是把个体从自我中心、自恋、自私和暴戾中解救出来。[①]

（四）关怀教育的方法

诺丁斯认为，如果想让每一个孩子学会关怀，就必须首先给予关怀，即首先让孩子体验到关怀。诺丁斯从长期的关怀实践中总结出四种关怀教育的方法，分别是榜样、对话、实践和认可。[②]

1. 榜样

榜样是关怀教育的关键因素。诺丁斯主张教育的目的不是让学生记住原理并应用原理解决问题，不是教给学生进行推理，而是教给学生如何在自己的社会生活里维持和提升关心。关心他人的能力高低或许取决于有多少被关怀的经历。[③] 即使是一个婴儿，虽然可能无法给予关怀，但他可以做出反应，成为一个会反应的被关怀者。

不论在我们的生命中遇到谁，我们首先是关怀者或者被关怀者，而不是一个角色。教师不是一个角色，成为一名教师就意味着进入了一种特殊的专业的关怀关系之中。在这种关系中，教师不可避免地成为榜样，成为关怀者与他人相遇。教师作为关怀者专注于被关怀者并且对被关怀者的目标有动机移位，这种动机移位是无条件地积极关注和接纳，对于被关怀者而言，教师是在场的，是输送动机能量的。这种关注不是迷恋，不是难以抑制地"想着别人"，而是保持自身的主体性"我"，与同样作为主体的被关怀者"你"相遇，是尊重或关

---

① 黄向阳：《德育原理》，华东师范大学出版社 2000 年版。

② Noddings, N., *The Challenge to Caring in Schools*, Teachers College Press, 1992, p. 23.

③ ［美］内尔·诺丁斯：《学会关心——教育的另一种模式》，于天龙译，教育科学出版社 2004 年版，第 32 页。

注，而不是"我"与"它"的主客体关系，被关怀者是"你并且充满了苍穹"。①

教师首先作为关怀者，为学生提供关怀的示范，他不是学生日常活动的监督者，而是学生行为规范的示范者。通过关怀学生的发展，向学生展示如何实施关怀。所以，当教师在课堂上提问学生时，他不仅仅是接受回答而是在接受学生；他不是在寻求"答案"，而是在实施关怀。他作为关怀者不是放纵的，而是有目的地引导和影响学生。他为学生呈现"实在的世界"，使学生学会作为伦理行动者做出自己的选择和判断。教师作为关怀者对学生进行引导，学生作为被关怀者、被影响者在关怀关系中建立起对教师的信任和钦佩，进而愿意接受教师的影响和教诲，在面对学习内容和学习任务这些客体时，学生就会自己作出自己意志的选择。布伯曾提出教师要有包容的能力，米尔顿·梅洛夫强调关怀的二元性②，意思是，教师感同身受学生，用学生的眼光看世界，用学生的心灵感受世界，仿佛教师融入学生这个主体之中，但仅仅是仿佛，教师仍然是独立的主体，教师有自己独立的感觉和动机，教师接受学生的动机和态度，但是并没有放弃自己的动机和态度，学生在接受包含的过程中学会关怀。

强调教师的榜样作用，同时意味着教师有更大的责任。教师担负着建立关怀关系的责任，也承担了辅助引导学生，提升其伦理道德的责任。在关怀关系中，学生与教师是合作的关系，体验到关怀的快乐，提升了被关怀者的能力。作为教师不仅呈现给学生所接触和相遇的世界，还教会学生在关怀世界中如何获得其能力。教师对待生活的态度，对待学生的态度都会成为学生学习的内容。当学生觉察出教师的关怀并给予回应时，他传达给了教师最需要的使关怀得以持续的最宝贵的东西。

关怀是一种关系，处于关怀危机的现代学校需要拓展建立这种关系，需要改变学校的结构和教学使关怀得以滋养，最终建立关怀型社会。建立关怀关系离不开关怀者和被关怀者，学生作为被关怀者发挥的作用尤

---

① ［美］内尔·诺丁斯：《关心：伦理和道德教育的女性路径》（第二版），武云斐译，北京大学出版社 2014 年版，第 132 页。

② Mayeroff, M., *On Caring*, New York：Harper & Row Publisher, 1971, p. 3.

其重要，他对教师的尊重，他充满活力的发自内心的快乐显示了他接受了教师的关怀，他对教师的尊重和理解表征了他接受教师的关怀，这种接受和直接回应会维持教师的关怀动机，使关怀关系继续。如果作为被关怀者的学生拒绝来自内心的"我必须"关怀的声音，他的内心就会出现矛盾和冲突。在关怀关系中，被关怀者很少回应、否认关怀者的关怀，使关怀者的关怀成为一种负担，关怀失去应有的快乐和活力，关怀消退。当然，诺丁斯提出，她不是建议学生更多地回应教师，而是建议学校要重新设计，使关怀者有机会去关怀并在被关怀者那里完成关怀，如运用奖励和表扬、采取经济鼓励等项目。

2. 对话

关怀伦理来自女性的作为关怀者的伦理自我。关怀者最重要的是给被关怀者提供建立和保持关怀关系的基础，这个基础就是对话。作为滋养关怀伦理理想的重要方式——对话，是建立关怀关系的有效路径。

格鲁梅特曾批评了学校的"失败"，她解释"学校是从我们爱和努力工作于其中的真实生活环境中分割出来的仪式中心，我们用所有华丽的期望去装饰它，却成为了负担，爱和所有的努力过于贫乏无法承载它们"。① 因为学校中遍及敌意的对话。

对话必须是平等的。如果对话发生在学校，任何想对话的学生的感兴趣的理智的话题都可以被讨论，如上帝、性、杀戮、爱、恐惧、希望和仇恨等问题。学校应该鼓励学生进行价值的讨论，应该成为批判和检验价值、信念和思想的场所。对话不是刻意的交流，而是当学生需要和教师沟通和交流时，教师保持专注和倾听。关怀理论并非主张教师和每个学生建立深层的、持久的花费时间的个人关系，只需要面对寻求对话的学生保持无条件的积极关注和倾听。对话可能是一次随意的聊天，也可能是一次没有答案的讨论。真正的对话是开放的，不知道对话结果的。如果教师或者父母提前作出了关于对话结果的决定，如明确告诉学生或者子女"我们将要怎么做，为什么这么做"，这种对话是无效的、不真切的。

---

① Grument, M., Conception, Contradiction and Curriculum, *The Education Feminism Reader*, 1994, pp. 149 - 170.

　　对话是双方共同追求理解、共情和欣赏的过程。① 对话的氛围可以是轻松活泼的，也可以是严肃紧张的；可以偏重结果，也可以看重过程。无论形式如何，对话是关怀者和被关怀者之间的一次探寻，一次共同心灵的探索，一次协同的心灵共振。通过对话，双方都表达了自己的心声，获得了思想和情感甚至是价值观的共享。通过对话，双方不仅交流了信息，沟通了情感，甚至获得了对自己和他人的觉知，建立起人际关系。对话把人们联系在了一起，使关怀关系的建立有了可能。关怀的前提是关注，而关怀的基础是了解他人的需要。这既需要知识和技能，更需要态度等个性心理倾向。通过专注和倾听，通过接受他人，感其所感，透过对方的眼睛看世界，透过对方的耳朵聆听世界，通过对方的心灵感受世界，而并未失去自己的眼睛、耳朵和心灵，自己变成了二位一体的人。

　　对话时，关怀者全身心地投入其中，被关怀者可以接触到关怀者，即对话具有可及性。一个不可及的人是不会与他人产生真正对话的，即使对方就在身边，但是因为自己的不在场，对话停留在形式上。正如埃尔·马塞尔（Gabriel Marcel）所言："当我与一个不可及的人在一起时，我意识到对于这个人来说，我是不存在的；我只是在与自己独处。"②

　　所以，真正的对话突出相遇的接受性，对话的互融性。在我—你关系中，他人绝不是一个被研究的对象或者一度有待被同化我们认知结构中的数据，"他是独特的、连续的、是充满苍穹的那个你"。③

　　家庭和学校教育对于关怀理论至关重要，如果父母不能或者不愿意与子女进行对话，教师就成为最佳的替代者。通过教师与学生的对话，帮助学生感受到温暖、接纳、信任的积极情感，感受到在关怀的关系中与他人相遇的愉悦，感受到倾听、分享和回应的能量。而不是如今学校里所发出的"批评""批判"等命令式话语。所以，诺丁斯建议在小学教育阶段，教师与学生至少在一起三年，以便有足够的时间建立深层的关怀关系，提供基本的信任和真实的对话。高中教育阶段，教师负责一

① ［美］内尔·诺丁斯：《学会关心——教育的另一种模式》，于天龙译，教育科学出版社2004年版，第33页。
② Blackham, H. J., *Six Existentialist Thinkers*, New York：Harper & Row, 1959, p. 80.
③ Buber, M., *I and Thou*, New York：Charles Scribner's Sons, 1970, p. 59.

群学生某个科目的整个高中学段，以便教师在学生需要的时候能够有机会提供辅助和引导。通过对话，培养人接受关怀的能力和关怀他人的能力。

如此，当下的师生关系问题的解决有赖于传统师德的影响，更重要的在于师生关怀关系的建立。① 教师关怀的最佳表现方式是真心的包容式辅助与引导。我们与之相遇、引导的每个个体都应当得到我们的关怀，建立起师生间的"我—你关系"，而非冷淡的"我—他关系"。关怀型师生关系使学生体验到充分的尊重和自主，体验到与教师合作的愉快和和谐，这会充分调动起学生的"效能动"（Robert White 的术语），并提升学生的道德理想。②

3. 实践

关怀不仅仅是一种知识，更是一种能力，一种美德。教育的目标是维系和提升关怀关系。为了实现这个目标，我们就需要实践关怀。关怀来自实践，生成于实践，关怀的态度、观念和能力都在实践中形成。所以，如果我们希望有道德地生活，有道德地相遇，关怀地交往，那么我们就需要有练习关怀技能的机会，在实践关怀时发展关怀的态度和关怀理想。

关怀的实践不是自动出现的，而是由学校安排的。学校必须提供给学生在关怀中共同努力的机会，比如帮教师分发作业，帮老师做项目，帮助遇到困难的同学渡过难关等。不论学生在哪里，做什么，都可以作为学习者参与到关怀实践中。

学校倡导关怀实践，而不是刻意培养学生关怀技巧，重要的是培养学生具备关怀态度。学生不需要把关怀作为职业来学习，只要自己擅长的方面，自己就可以成为这方面的教师，通过关怀培养他人的关怀理想。关怀实践就是我们的日常生活。诺丁斯反对将关怀专业化，她认为那样会大大限制关怀的领域，缩小关怀的效力。关怀应该是所有人都参与的

---

① 刘国强：《道德教育须情智双彰：从美国当代道德教育反思》，香港中文大学出版社2006 年版。

② Noddings, N., *Education for People：A Caring Alternative to Character Education*, Teachers College Press, NY, 2002, pp. 165 – 178.

实践活动。学生不应该为他们所获得的关怀机会索要报酬，而应该担负起和教育者平等的责任，共同实施关怀实践，维持和提升社会的关怀。如果关怀成为"有偿工作"，关怀实践则是失败的，关怀共同体则会迷失。但这并不是排斥专业领域的关怀，如果正确地转向专业领域获得有偿工作，就是对过去关怀行为的肯定和尊重，所以，从这个角度说，应该扩大关怀志愿者的范围，稳定地、负责地缩小专业"助人者"的领域。①

在实践关怀方面，诺丁斯认为目前的学校教育存在一个难题，即按照传统的分数所划分的等级体制。如果把关怀实践计分的话，就失去了关怀本身的意义，学生可能为了分数而彼此竞争；如果不给关怀实践计分的话，又面临被忽视的危险。总之，学校按照现在的奖惩等级制度管理，很难保证关怀实践的效果，难以给学生提供关怀的体验。

诺丁斯基于关怀实践，提出改革学校结构。她认为，在设计关怀项目时，首先要考虑的是发展关怀伦理。基于这个设想，诺丁斯不建议设立初中，原因是设立初中等于把这些正在快速发展社会意识（比如同情心）的年轻人分离开，阻碍了他们成为关怀者的潜能。解决办法是建议把七年级作为小学阶段的"终点经验"，父母、教师和学生都参与到关怀的最佳发展决定中，而不是学术加速的决定中。八年级作为高中年级的导入，同样关注关怀的最佳发展。在七八年级阶段，精心设计关怀型活动，让学生充分有机会实践关怀，体验关怀。通过让学生学会自己"凝视客体"，学会进入关系，生成对关系的感知，让客体知识自动浮现，从而实现对智力的接受。

为了让学生与作为"你"的科目相遇，学校需要重新设计所有课程领域，使其包含经验，包含吸引和愉悦学生的内容。当学生参与到这些经验时，他们会经历各种情感，实现与科目的连接和智力的发展。

4. 认可

认可的意思是肯定。如果我们对被关怀者进行"善的动机"归因，我们就是在认可他，在接受他。在教育中，我们需要为学生呈现作为伦理的和智慧的他自身身上所具有的伦理力量，也需要为学生揭示毁灭这种力量

---

① ［美］内尔·诺丁斯：《关心：伦理和道德教育的女性路径》（第二版），武云斐译，北京大学出版社2014年版，第141页。

的东西。在诺丁斯的关怀教育中，她着重阐述了对学生和教师的认可。

即使是不具备逻辑推理的幼儿，也有着核心的伦理理想。幼儿在面对被欺负的情境时，会痛苦地喊叫，这是初生的伦理理想——同情心的表现。如果在日常生活中，家长或者教师毫无理由地施加痛苦，儿童就会认可这种行为。所以，儿童应该被温柔地亲切地对待，他应该看到充满关怀的行为。诺丁斯认为道德是习得的，道德教育的唯一方式鼓励和提升他已经具有的基本的同情心和关怀感，并以反思和承诺来肯定。所以，道德教育要通过适宜的创造性的行为干涉儿童，为儿童提供关怀的榜样，对儿童进行最佳可能性归因。

所谓进行最佳可能性归因，其实就是一种积极的归因方式。在对被关怀者进行归因时，归因到积极的个人品质，为被关怀者未来发展的可能性提供条件。关怀者看到被关怀者身上的闪光点，鼓励它并放大它。我们没有必要为所有的人建立一个期望，但是我们应该努力争取为与我们相遇相识的人建立一种伦理理想，在他的身上发现不能被轻易发现的优点，真诚地肯定和赞美这个优点，而他也认可我们所发现的东西。

认可不是虚幻的、空想的，而是基于连续性的现实关系之上的人类最可爱的功能，也是建立在一种深刻关系之上的爱的行为。认可的建立离不开对话和实践。唯有通过对话和实践，才能建立真实的认可，否则简单地对被关怀者抱有高期望不是认可，是产品控制。为了认可，关怀者必须看到被关怀者做了什么，接受关怀者的感觉。出于感觉和动机，关怀者作出最佳归因。因此，认可是现实的。但认可也是理想的，是建立在培养和提升关怀伦理理想之上的对积极心理品质的肯定和赞扬。

认可不等同于不能有谴责和惩罚。我们做出道德行为是因为我们可以叩问关怀理想，而且这个理想是自我的一部分，我们可以激活它。[1] 当我们的行为不能符合自己的道德理想时，我们会体验到内疚感，这种内在的感觉在伴有关怀分析时，就有助于引发补偿行为。羞耻感是与认可完全对立的一种感觉，羞耻感可能引起怨恨、愤怒甚至拒斥。[2] 卡罗尔·

---

① ［美］内尔·诺丁斯：《始于家庭：关怀与社会政策》，侯晶晶译，教育科学出版社 2006 年版，第 210 页。

② Williams, B., *Shame and Necessity*, Berkeley：University of Clifornia Press, 1993.

吉利根也曾经指出羞耻感有损自尊，如果经常感到羞耻，体验他人痛苦的能力就会渐趋丧失，且引发暴力。① 所以，关怀教育要尽量帮助学生理解和体验认可，避免让学生在公开场合自感羞耻。

现实的教育评价导致了作为关怀者的教师和作为被关怀者的学生在归因时出现了困难。评分使关怀者的认可受到破坏，使学生和教师之间出现了矛盾和冲突。在评分侵入下，教师成为主体，学生成为客体，教师评分为了让别人了解学生的发展，而不是帮助学生更好地了解自己，所以评分及分级制度损伤了关怀关系的建立。唯有教师和学生一起合作建构一个目标时，任何评价都是对教师和学生两者的评价，教师才可能不断认可自己评价的能力，并考虑把学生当作主体进行智力和伦理评价，认可真实发生。

为了提升教师的伦理理想，他们也需要认可。作为被关怀者的学生在关怀关系的建立中扮演着重要角色。没有学生回应和认可，教师的关怀就会成为负担，关怀将不会发自内心，关怀关系将不会维持和长久。当然作为教师需要在更大的教育范围内接受认可，而不能仅仅满足于短暂的学生的认可，尤其是当学生的认可是功利的、虚假的时候，需要教师认真追问和探寻学生身上的最佳可能性。

第二节　关怀理论的反思与批判

关怀理论源于女性主义伦理学，产生于西方女性主义运动，建构于女性的视角，强调人的情感、关系、责任，流行于西方女性主义伦理学，甚至写作关怀伦理成为一种小工业。②

一　关怀理论的现状、超越与局限

（一）关怀理论的现状

最早提出关怀理论的是美国的卡罗尔·吉利根，她反思科尔伯格的

---

① Gillgan, C., *In A Different Voice*, Harvard University Press, 1993, p.235.

② Jaggar, A.M., *Feminist Ethics*: *Projects*, *Problems*, *Prospects*, Gouls, C.C. Feminist Ethics. Lawrence, KA: University of Kansas Press, 1991, p.83.

道德认知论，提出了不同于科尔伯格的伦理学——关怀伦理。吉利根认为人类社会存在两种不同的伦理——公正伦理和关怀伦理。内尔·诺丁斯将关怀伦理进一步完善，不仅系统阐述了关怀的含义和意义，而且对关怀的结构进行了深入分析，提出关怀有两种，一种是自然关怀，一种是伦理关怀。伦理关怀是以自然关怀为基础，并以实现自然关怀为目标的付出努力的关怀。诺丁斯不仅在理论上发展了关怀，而且在实践中将关怀应用到教育中，形成了著名的关怀教育，对关怀教育的目标、内容和方法进行了系统分析。

　　琼·C. 特朗托反对将关怀伦理与女性性别联系起来的观点，她试图建立一种超越性别的关怀伦理，因此，特朗托把关怀放在政治中进行考察。认为关怀伦理是一种情境伦理，关怀的内容有两个：一是关怀的方向是向外的，是对自身以外的人事物的朝向；二是关怀将以行为作为最终表现。关怀不仅仅是理性的关切，一种德性，而是出于生活中的能动的关切。关怀是一种实践，一种意向。关怀的行为由四个阶段构成：关心、照顾、给予关怀和接受关怀。[①] 特朗托还提出了关怀与公正不是对立的观点，"没有关怀的概念，公正也是不完整的"。[②] 萨拉·拉迪克在关怀伦理的建构中以女性思考将关怀伦理关系模式化和具体化。

　　上述几种理论向我们展示了关怀伦理的发展，使我们能够较全面地理解关怀伦理的现状。如今影响最为广泛的、应用价值最大的应当是诺丁斯的关怀伦理学。她的理论在伦理学界和道德教育界都产生了极大的影响。以关怀为目标和指导思想的教育即关怀教育成为新世纪非常有特色的教育理论。道德情感和道德实践成为关怀教育的重要内容。

　　20 世纪六七十年代，英国出现了以关怀为核心的道德教育改革运动。艾克菲尔（P. McPhail）在中学德育中设计了以关怀体谅为核心的道德教育课程体系，配备了系统的关怀教育教材，向学生呈现形态各样的人际情境和社会情境，教学生学会关怀。该课程认为关怀人和体谅人是道德

---

　　① 肖薇：《女性主义关怀伦理学》，北京出版社 1999 年版，第 167—169 页。

　　② Tronto, J. C., *Moral Boundaries*, New York：Routledege, Chapman and Hall, Inc., 1993, p. 175.

的基础和核心。

英国的教育改革后来影响了美国，诺丁斯本身的关怀教育思想也促进了美国关怀教育的开展。美国的大学开设了关怀性教师培训计划，知名网站以"关怀"冠名，家庭教育也更多关注父母对子女的关怀。关怀课程以培养学生关怀观念和能力为目标，通过体验关怀、实践关怀、建立和维持关怀、持续不断的反思和改进的四阶段法进行关怀教育。

随着 1989 年"学会关心"教育理念的兴起，我国近年来对关怀教育的理论和实践研究也日益增多。理论研究方面，班华教授提出"'学会关心'是一种教育理念，也是一种教育模式；帮助学生学会关心有两条策略，即营造关心，践行关心"。① 实践研究方面，主要是形式多样的关怀教育实验基地，如江苏省无锡市扬名小学的"学会关心"七情境法，培养学生道德思维和道德情感。江苏省吴江实验小学的四关心研究（关心健康、他人、环境、学习），江苏省扬中实验小学的班级模式关心研究等培养学生关心品质。

（二）关怀理论的超越

关怀理论的超越主要体现在四个方面，分别是：①超越性别，寻求普遍；②超越单子自我，追求关系自我；③超越彼岸，追求生活；④超越形式，追求意义。

1. 超越性别，寻求普遍

关怀理论的产生和兴盛，不仅唤起了女性的道德意识和道德情感，而且将伦理学从男性世界引入到包含女性世界在内的两性世界中，从性别的视角将关怀与伦理学联系起来，使伦理学开始关注女性，关注不同于弗洛伊德、皮亚杰或科尔伯格所描述的道德和发展趋势。②

传统的伦理学往往被男性的研究所主宰，女性的研究一直处于被忽视和边缘化的境地。心理学家吉利根最早提出了女性具有不同于男性的道德发展路线——关怀，拥有强调责任、关系和情境的关怀伦理。这种伦理不强调竞争的权利，而重视责任的义务。当一个人只关怀自己时，这是关怀的最低水平——自私；当关怀他人不关怀自身时，这是关怀的

---

① 班华：《在关心性关系中学会关心》，《思想理论教育》2005 年第 9 期。
② Gillgan C. , *In A Different Voice*, Harvard University Press, 1993, p. 19.

第二水平——责任；当自私和关怀平衡兼顾时，进入关怀的第三水平，此时非暴力和非伤害成为道德判断的普遍原则。

吉利根在面对关怀与性别的问题时出现了自相矛盾之处，她认为关怀并非是女性特有的，她仅仅是解释女性的道德发展不同于男性而已。与之同时代的关怀伦理学家——诺丁斯，早期十分明确地认为关怀是女性道德发展的特点，女性比男性更倾向关怀伦理，认为女性对道德问题的解决依赖于情境，基于关怀而非推理和判断，注重情感体验和他人需要。关怀与女性的联系也得到了弗吉尼亚·赫尔德（Virginia Held）和萨拉·拉迪克（Sara Ruddick）的支持。拉迪克把母子关系作为伦理关系的模式，期望通过母性的关怀塑造世界。

关怀理论自诞生之日起，备受关注和争议，曾一度陷入性别的关怀伦理学在批判中不断得到发展。琼·C. 特朗托（Joan C. Tronto）试图超越性别来建构关怀伦理学理论，她从社会历史和政治背景中研究关怀伦理，她反对吉利根、诺丁斯等把关怀伦理学作为一种女性道德，认为那样反而是加重了女性道德的无力感。特朗托提出自康德的理性伦理诞生之后，注重情感和情境的关怀则被认为是低级的伦理，私人生活领域的狭隘伦理，将会无法超越这些边界。因此，关怀伦理学必须切断关怀与女性的联系，超越性别。因为强调道德上的性别差异就意味着女性在道德上处于劣势，从历史的角度上也的确证实了把关怀和女性等同起来的后果是女性理所应当地接受自己是"第二性"，将认同自己服从或者不确定的社会地位。特朗托建立了一种不同于吉利根、诺丁斯等的关怀伦理模式，把关怀作为一种政治理想和政治策略来实施。"只有在我们把关怀理解为一种政治观念时，才能在我们的文化中，改变关怀以及从事关怀的人们的地位。"[1]

关怀伦理的性别属性问题成为两种关怀伦理模式的根本分歧，也导致了两种不同的关怀伦理思想。吉利根和诺丁斯等的关怀伦理是置于心理学、伦理学和哲学领域中的，特朗托的关怀伦理学是置于政治学的。[2]前者以道德情感为基础，后者不涉及道德情感。但是两种模式促进了关

---

[1] Joan C. , *Chapman and hall*, Inc. Tronto：Moral Boundaries, Routlege, 1993, p. 157.

[2] 肖薇：《关怀伦理学的两种模式：性别与超越》，《妇女研究论丛》1999 年第 2 期。

怀伦理的发展和完善，使关怀伦理虽然建立在女性伦理基础上，但是却超越了性别界限，成为两性伦理。关怀伦理不仅仅释放了女性的道德声音，更代表了男性和女性之所以为人的本质。诺丁斯认为："女性主义者是关怀的最坚强的提倡者，关怀的核心观念可以追溯到女性的相关经验……如果女性和男性都共享关怀的快乐和任务的话，他们同样可以享受更丰富的生活。"① 当今，关怀伦理不仅带来了伦理学的转向，而且也带来了教育学、心理学的转向。重视女性的道德情感，研究女性的道德发展，尊重女性的需要，超越性别的界限，在全社会倡导关怀，让青少年懂得和学会关怀，这是对以往以男性道德为主要和全部的道德的超越。

2. 超越单子，追求关系

无论是柏拉图还是康德，都把人作为一个单个的人进行研究，认为人是自私的，当个人的利益遭到损害时，调节这种单子利益冲突的有效路径是公正。诺丁斯等的关怀理论则从伦理学角度出发，认为人是关系中的人，人是关系自我，"一个关系，它是有机的，处于不断流动中，是情感和意义的中心"。② 诺丁斯的关怀理论回避了人性之争，而以一种辩证的历史唯物主义观点界定和解释人，体现了马克思关于人的本质的思想。

所谓"人的本质"就是指人区别于其他一切事物的根本属性。存在主义认为，人先于本质存在。亚里士多德认为，人的本质是政治性，即人是公民。黑格尔认为人的本质是思维，"我与思维是同样的东西，或更确定地说，我是作为能思者的思维"，即人被规定为普遍的思维本质。黑格尔的哲学实质是化为逻辑学的神学的思辨表达③，在根本上是"主客颠倒"，是"人的本质异化的产物"，必然使人的存在沦为"逻辑范畴这种底部上的华彩"④，导致人的现实性的丧失。

---

① Barry Smart, *Facing Modernity*, SAGE Publications, 1999, p. 5.

② Noddings, N., *Starting at Home: Caring and Social Polity*, University of California Press, 2002, p. 99.

③ 《费尔巴哈哲学著作选集》（上卷），商务印书馆 1984 年版，第 103 页。

④ 贺来、张欢欢：《人的本质是一切社会的总和意味着什么》，《学习与探索》2014 年第 9 期。

超越黑格尔的关键是实现"神本学"向"现实的人"作为基石的"人本学"的转向。费尔巴哈认为"旧哲学认为只有理性的东西才是真实的和实在的东西，新哲学认为只有人性的东西才是真实的实在的东西；因为只有人性的东西才是有理性的；人乃是理性的尺度"。[1]"人只因为它是感觉论的有生命的最高级，是世界上最感性的，最敏感的生物，而有别于动物。""人的本质是感性，而不是虚幻的抽象、'精神'。"[2] 费尔巴哈进而提出人的本质是感性的"类本质"，个人"不能超越他的类的法则和绝对的本质规定"，类是"一种内在的、无声的、把许多个人纯粹自然地联系起来的普遍性"。[3]

无论黑格尔主张的"理性人"还是费尔巴哈提倡的"感性人"，其根本的思维方式是人的本质是所有生命个体所共有的普遍本质。施蒂娜认为，黑格尔和费尔巴哈都把人的本质抽象化，混淆了人的存在和人的本质，作为"本质"而存在的人不是人的"实在"，仅仅是人的"灵魂"。施蒂娜以"自我的实体化"反对人的普遍本质的灵魂，认为"一切其他事物对我皆无，我的一切就是我，我就是唯一者"。[4] 这种过分强调个体自我的观点同样遭到质疑和批判。

如何协调人的类本质和个体化自我的矛盾？马克思认为以往哲学把人归于某种抽象的"普遍本质"或者把人等同于"无所依存、自因自足"的自我，实质是从"实体主义"思维定义人，将人作为单子我进行规定。他认为费尔巴哈的"人"是从上帝引申出来的，是带着神学光环的抽象的人，虚无的人，人来自现实，离不开现实。人不是孤立的、抽象的个体，"人的本质不是单个人所固有的抽象物，在其现实性上，它是一切社会关系的总和"。[5] 人的本质不在生活之外，就在生活之中，在可感知的、发展的社会关系之中。对人本质的解读实现了虚无缥缈的"实体思维"向客观存在的"关系思维"的转向。在社会关系中探究人，在人类赖以

---

① 《费尔巴哈哲学著作选集》（上卷），商务印书馆 1984 年版，第 180—181 页。

② 同上书，第 212—213 页。

③ 《马克思恩格斯选集》（第 1 卷），人民出版社 1995 年版，第 60 页。

④ ［德］麦克斯·施蒂纳：《唯一者及其所有物》，金海民译，商务印书馆 1989 年版，第 5 页。

⑤ 《马克思恩格斯选集》（第 1 卷），人民出版社 1995 年版，第 60 页。

生存的境遇中寻找人。关系是关怀最根本的表现形式，关怀的本质是关系，一种联系和相遇，正是因为这种联系和相遇的普遍性，关怀本身根植于人类生活，所有人都希望被关怀。[①] 关怀是关系，是对人之为人的实体主义思维方式的超越。关怀理论从人与人的关系中界定人，从关系而不是实体角度对现实的人进行规定，消融了虚幻的普遍人和孤立的单个人，把人与社会、人与生活、人与他人统一起来，倡导关系型自我、关怀型自我。总之，关怀伦理不是对于人性的简单描述，而是包括对于人生存状态和生活意义的深刻反思，体现了自由和秩序平衡的价值尺度，为人们追求和创造自己的生活意义奠定了价值支点。

3. 超越理性，追求情理相容

早在苏格拉底、亚里士多德等人那里，理性伦理就在伦理学中占据统治地位。诺丁斯认为关怀的意志、倾向性或关怀动机应该处于伦理关系中的首位。[②] 诺丁斯赞同休谟对德性的论述，她认为德性的动机来自感受。自然关怀是一种自然、本能的状态，社会关怀则是一种高级的人类所特有的状态。社会关怀最终的目的是获得本能的自然关怀。这种关怀不单单是情感的，也是理性的，但不全是理性的或者情感的，理性的关怀告诉了人们关怀的目的，情感的关怀是关怀的核心，是关怀的动力和源泉。

因此，关怀伦理是在关系自我的基础上，对道德情感的重视，对传统道德认知的超越。香港刘国强教授指出："关怀模式的发展，最重要的是带出了情感在道德与道德教育的重要性，亦加强了道德在人际关系中所显现的意义。"但是关怀理论并非单纯地只讲情感忽视理性。而对于关怀与理性对立的错误认识却成为许多学者攻击关怀理论的一个矛头。

康德的道德哲学崇尚理性，反对感性，他强调善良的意志和理性的能力。在《实践理性批判》中系统阐述了唯有理性才是普世原

---

① Noddings, N., *Starting at Home：Caring and Social Polity*, University of California Press, 2002, p. 11.

② Noddings, N., *Educating Moral People：A Caring Alternative to Character Education*, Teachers College Press, 2002, p. 15.

则的观点。而诺丁斯批评了这种唯理论，认为康德的所谓善良意志和既定原则实质是只对自己负责的道德个人主义，是对关怀理性的践踏。①

康德的理性主义没有带来人们生活的日益美好，这也成为理性主义遭到质疑的原因之一。叔本华认为，理性的功能是有限的，因为认知的主体参与其中。世界有两部分，表象世界和意志世界。而意志世界是人类生活的主要世界，但意志世界主要是天才人的意志世界而已，所以叔本华认为要放弃意志，保存自我。实质上，叔本华用消极被动的意志为个人的外在追求设置限制，他建构的是个人生存的非理性主义，但并没有提及关怀。

尼采的生存哲学为人们继续批判理性提供了路径。"上帝死了"使人为彼岸世界而努力变得毫无意义和价值。人转而寻求现实世界的支柱，寻求强人意志。尼采认为，生命意志是表现、释放、改善和增长自在生命力的意志，即权力意志或强力意志，而人是权力意志的表现，这种极端个人主义的意志是一种以人的非理性的生命为出发点的道德原则。但尼采蔑视道德情感，他认为如果贵族放弃自己的特权，使自己成为道德情感的牺牲品，那就是堕落。

萨特的存在主义虽然关心情感，但是他所关心的主要是负性情感，如恐惧、烦恼。存在主义主张人的存在先于本质，人只能自己选择去创造自己的本质。基于自由的选择是人摆脱负性情感的唯一方法。

正是基于上述几种非理性和个人意志观点的启发，尤其是布贝尔的关系论和吉利根的关怀情感论促进了诺丁斯在反对理性主义、科学主义的时候，将感性和理性很好地融入关怀之中。诺丁斯的关怀理论回避了人性本善或本恶这一争论不休的问题，转而提出新的人性观——关怀型自我。人是关怀关系中的人，人在与自己、他人相遇中完成自我的建构。关怀根植于自我之中，如果情理相融的关怀需要没有得到满足，自我将不得安宁。

关怀具有理性和情感的双重属性，关怀不单单是知识和分析，更重要的是感受和情感。但感受和情感不是关怀的全部内容，但却是最根本

---

① Noddings, N., *Philosophy of Education*, Colorado, Westview Press, 1998, p. 141.

的内容。在其参编的"*Care Giving*"一书中收录了 K. Waerness（1966）的一篇文章"The Rationality of Caring"。[1] 情感是关怀最重要的内容，在关怀的第一步关注即接受阶段，情感是主要状态，之后进入动机移位阶段，如何做到满足他人需要则需要理性参与。对于关怀，单纯的不合时宜的情感投入或者冷冰冰的抽象思维都是有害的，关怀的理性与情感的融合造就了智慧的情感和关怀的理性。[2] 在教育中，应该理性地关怀学生的生长，合理拒绝学生不合理的要求，阻止那种没有敬畏之心的狂妄和贪婪。

4. 超越现实，追求意义

关怀理论回归现实生活本身，但是又超越现实生活，这种超越不是回归到彼岸，而是在追求现实生活的意义。

意义蕴含于人的本质之中，意义追寻体现了本真德育的关怀和超越，使人在规定中建构自我和生活，彰显生命价值。关怀理论注重人的生活，注重生命价值，关注人之为人、人之成人的需要和动力。每一个青少年都有生存的权利，这种生存的权利以基本的生活保障为前提。每一个青少年有受保护的权利，意味着他们需要得到尊重，免受歧视、剥削和失去保护。青少年还有发展的权利，他们有权利接受教育，有权利享受到能促进其身体、心理、精神、道德和社会发展的生活条件。青少年还有参与的权利，参与社会生活，对影响他们的一切事件发表自己的意见。

旨在促进每一个学生的成长是当前我国教育改革与发展的根本理念与立场。[3] 然而在青少年的生长中，授受的德育并不能激发人之成人的动力。青少年对自身觉解的不成熟和对道德教育的肤浅认识，使德性之知情意的引导变成了形式的德育。欣赏、情感、关系式的关怀教育对消解"主知主义"的缺陷，达到"人之在场"的德育起到了积极的作用，关怀

---

[1]　Waerness, K., The Rationality of Caring. Gordon, S., P. Benner, N. Noddings, *Care Giving*: *Readings in Knowledge*, *Practice*, *Ethics and Politics*, Philadelphia: University of Pennsylvania Press, 1996, pp. 231 –255.

[2]　Noddings, N., *Caring*: *A Feminist Approach to Ethics and Moral Education* (2 ed.), University of California Press, 2003, pp. 32 –37.

[3]　张夫伟、张红艳：《公民意识与学校生活建构》，中国社会科学出版社 2015 年版，第 54 页。

教育超越了"何以为生"的知识传授，向人澄清了知识和本领背后蕴含的"为何而生"的道德价值，实现了人之精神的关怀和超越。青少年正处于主体意识凸显和精神迷失中，迫切需要对生命和生存价值确证，而关怀意义的价值真正实现了人对社会、自己和他人的理解。

关怀理论认为，人是社会的人，是关怀中的人。人的存在不是动物式的存在，而是意义的存在。关怀是人根本的存在方式，关怀是人之为人的意义所在。意义的向度是做人所固有的，是人的精神支柱。精神是人真正的本质。探求有意义的存在是人之生命实存的核心，是人之为人的本质。

人的类特性和意识性决定了人必然寻求生存的理由，这是人进行意义追寻的根源。人在"是其所是"和"不是其所是"的矛盾中，在"自在存在"和"自为存在"的张力推动下生成和发展。因为人的脆弱，人必然会寻找生存的理由，意义是人生存的根本需要。人需要在意义表征的理解之维和价值之维中找到个体存在的价值。关怀是人存在的意义所在，关怀从根本上为人的价值创造了活动和为人的"自由自觉的活动"提供了意义指引。关怀作为一种道德情感，一种道德理念，一种德性追求，反映着人的精神实质，推动着人的主观实在从外部客观实在中分化出来，生成"人"的精神世界。道德源自精神世界对现实世界的关系性把握，其外在表现形式是道德价值体系和道德规范。关怀伦理作为关系性伦理，作为意义伦理使个人与他人、物质与精神、当下与未来的关系在道德的视域中得到协调和运行。当下现实总会不能满足人的需要，人的需要就会不断超越既有束缚和桎梏，关怀作为人存在的意义会引领人的超越过程，为其提供价值指引，为人之为人和人之成人提供依据。由此，无论是应然的道德内涵，还是实然的意义指向，都在道德之维和意义之维中体现着关怀，确证着关怀。关怀建构起人的精神家园，决定了人超越肉体的存活，实现意义存活。人是关怀性存在，没有了关怀，人便失去了存在的意义和价值，人的存在必须以关怀性存在为根本前提。关怀凝聚着人的生存智慧，体现着人对生命活动和周围环境的认识，表现了人对真、善、美的价值追求和评价向度。关怀会通过接受、认同和内化的方式转化成为人之德性，对人的生存、发展进行价值引导。它是善的精神定式，提升着人的意义层次。

　　关怀伦理提醒着人类不断体验、反思、评价和超越既定规定，没有关怀意义的公正伦理只能是空洞的教条和干瘪的规则，难以调动人的情感和意志，唤醒人的自觉，难以丰盈人的德性，提升人的境界。关怀反映了人对意义的把握，体现了人对现实世界的超越，指向生活，指向人如何为人的建构。它不仅规约了人之存在之底，也开启了道德追求之顶！它是不同于公正伦理的高端伦理、柔性伦理。它伴随着人生命活动的变换、生活阅历的丰富、道德修养的提升而不断绽放，这是每个个体在其生命活动中，以整个认知、情感、意志、行为、信念全神贯注投入和理解的生命本真。

　　关怀召唤着人生命本质力量和当代教育的本真回归。关怀理论超越了传统道德教育的既定程序和指令，使道德为人服务。关怀教育是人对工具束缚的抗拒，是人生命本质力量的觉醒，是对生命意义、生命价值、生活质量的追求，是道德教育本体和方法的革新，它促进了教育对真实生活的接纳，恢复了教育的德性，唤醒了人的主体性。体现了本真的关怀教育把人从道德的守护者变成了道德的生成者，使人的生长脱离规则与规范的桎梏，自觉地追寻存在的价值。在关怀伦理指导下，公正伦理才能真正为生活服务。关怀理论对于伦理学范式的转化，根本在于转换了分离式和功利式的思维方式，使个体意识到关系和奉献，体味生命的价值，关注自己的道德品质，成为自主关怀生命意义的丰富的人。

　　德国哲学家马丁·海德格尔（Martin Heidegger，1962）将关怀描述为人类的一种存在形式。[①]他认为，关怀是人最深刻的渴望。我们每时每刻都生活在关怀之中，它是生命最真实的存在。关怀来自生活、回归生活。关怀伦理是人在实实在在"过"生活中生成的。关怀遵循人的生活，体现了人对生活的反省，反映了生命的意义。关怀将人的意义在生活之中实现，生活把人塑造成"是其所是"的现实状态，而人却依靠自我塑造"非是其所是"的理想状态，在更高的层次上建构自我和美好生活。关怀伦理使人在各自生活的建构中，在关怀关系的互动中成为独特的个

---

① ［美］内尔·诺丁斯：《学会关心——教育的另一种模式》，于天龙译，教育科学出版社1999年版，第24页。

体，在实在生活的状态中，以自我的价值观、道德情感和道德思维塑造着生活的面貌，超越着当下生活，改善着人之德性。关怀伦理植根于个体多彩的生命，启迪着个体思想的共鸣，绽放着生命的意义，拒绝着道德教育的唯理性和工具性，唤醒着个体道德的自觉，成就着人如何生活的意义。

（三）关怀理论的局限

休谟在其《人性观》中提到："任何重要问题的解决关键，无不包括在关于人的科学中间；在我们没有熟悉这门科学之前，任何问题都不能得到确实的解决。"[1] 历史仿佛真的走到了一个让人性越来越远离人自身的阶段：有道德的人，懂关怀的人，越来越不自主地让步于那些目标狭隘的自私者。工具理性和功利理性的霸权地位将人的道德天平打翻，将人性遮没在了没有灵魂的阴影下。

诺丁斯的关怀理论发展到今天，应用到社会各个领域中，尤其是学校教育中。诺丁斯的伟大之处在于，她的理论来自生活、来自对人的思考，对教育本体论的思考。将少年罪错预防从无意识到有意识，从不自觉到自觉，从生理的自制到心理上的自觉。但是就像任何理论有超越，也有界限。诺丁斯的关怀理论具有自身的界限，具体表现在它的超思辨性、作为女性伦理的特殊性两个方面。

1. 关怀理论的思辨性

关怀理论的来源和建构具有极强的思辨性，尽管心理学家吉利根曾经做过一些访谈，提出了关怀伦理的三阶段论，诺丁斯通过自己的教学实践和观察丰富和完善关怀理论。但是综观关怀理论，发现理论带有极强的思辨性，缺乏可重复验证的科学依据。而且关怀理论的来源一直备受争议。这也是许多学者曾经提出的共同疑问。

关怀理论来源于女性，关怀理论的提出者和完善者主要是女性学者。这不得不使以男性为主的学者对关怀理论的正当性产生怀疑。甚至有学者认为关怀理论与女性的受压迫地位密切联系。"女性的一些品质——如关怀和爱等，都是奴性心理的表现。"[2] 按照这种说法，女

---

[1] ［英］休谟：《人性论》，商务印书馆1997年版，第6—8页。

[2] Noddings, N., *The Challenge to Care in Schools*, Teachers. College Press, 1992, p.24.

性是受男性压迫的人，所以不会被动接受关怀者的角色，因此才会产生关怀理论。关怀是否是女性的应然道德还是实然道德，成为关怀理论正当性的关键。澄清这个问题，需要进行大量科学的关怀实证研究。综观国内外，却很少能发现关怀理论的实证研究，关怀的生理基础和生理机制、关怀的结构、关怀的内容、关怀的影响因素、关怀的发展趋势等都未得到明确的验证，以诺丁斯关怀理论为指导的关怀量表匮乏。

2. 关怀理论的理想化

诺丁斯认为关怀有两种，自然关怀和伦理关怀。自然关怀是原始的、最初的、不需要付出努力的关怀，如母亲对孩子的关怀，这是一种直接的与生俱来的关怀感觉或情感。自然关怀中"我想要"和"我应当"混在一起。伦理关怀是在自然关怀基础上建立起来的，是需要付出努力的"我应当"的关怀，这是一种对最美好自我以及具有这种美好自我的感觉[①]，来源于对关怀和被关怀体验的记忆。

诺丁斯还提出关怀是我们的存在方式，是所有人的需要，我们要关怀身边的人，关怀陌生人，关怀植物、动物，关怀与我们有关或者无关的人。本书承认关怀是我们的一种存在方式，但是按照诺丁斯的说法，超越时空距离，关怀与我们有关或者无关的人、事和物是不太现实的。而且本身诺丁斯认为关怀从根本上是一种关系，是关怀者和被关怀者的互动，是建立在对被关怀者需要的关注基础上的。但是对于不认识的陌生人来讲，对于无关的人来讲，又如何了解他们的需要，又怎样收到他们的回应呢？所以，诺丁斯认为要将关怀的范围拓展到一切有关或者无关的人身上，是理想化的理论，毕竟对于那些我们不知道的人来说，我们是没有道德上的责任的。但在关怀教育中，教育学生成为关怀的人是必需的。

诺丁斯对关怀和关怀教育进行了研究，她指出教育的根本在于关怀性，一切教育行为和内容均应具备关怀性，教育的目的是培养有关怀能

---

① Noddings, N., *Caring: A Feminine Approach to Ethics & Moral Education*, University of California Press, 1984, p. 80.

力的人①，而目前关怀教育缺失较严重，不仅在家庭、学校如此，社会领域更是如此，这进一步会增加青少年发展的风险因素，破坏青少年发展中的保护资源，导致青少年出现心理行为等问题，有的甚至走上违法犯罪道路。所以少年罪错预防之关怀教育这一主题有着鲜明的时代性。

二 关怀教育的现状、问题与价值

20世纪七八十年代，内尔·诺丁斯创立了关怀教育理论，并提出关怀教育的四个路径：榜样、对话、实践、认可。② 对教育工作者而言，关怀教育的核心思想是以人为本，以关怀对象或学生为本，在实际教学中强调关心、爱护、尊重和理解学生，培养学生的主体意识，促进其全面发展。对学生而言，学生既要学会关怀自己，构建自我形象，又要学会与他人建立关怀关系③，尽可能地感受他人需要并关怀他人。关怀教育对我国的教育改革起着重要的导向作用。根据关怀教育的理论与实践研究，提出反思和批判。希望针对关怀教育的基本特征和问题，通过关怀教育与传统教育对比分析，重构当代学校教育的价值取向——关怀，实现学校教育整体转型。

（一）关怀教育的现状

关怀教育的价值取向主要是关怀，强调人人都有关怀和被关怀的需要，尤其是被关怀需要是人的一种存在方式。关怀教育的提出不仅带来了思想方式的转变，更带来了教育实践的转变。关怀教育的价值取向是兼顾个人价值和社会价值，它既不同于以往的传统教育以社会价值为取向——目标是培养社会的建设者，也不同于张扬个性为主的个性教育。关怀教育既注重关怀自我，也注重关怀身边的人，关怀动物植物等一切人和物。关怀教育是不带任何政治色彩的教育，它直接为人服务。在当

---

① Noddings, N., *Caring: A Feminine Approach to Ethics & Moral Education*, University of California Press, 1984, pp. 1 – 4.

② 石中英、余清臣：《关怀教育：超越与界限——诺丁斯关怀教育理论述评》，《教育研究与实验》2005年第4期。

③ 袁丽：《论关怀主义教育哲学的教师观及其对教师教育的影响》，《教师教育研究》2013年第11期。

前，当受教育者自身的心理需要和个性生长被忽视、抹杀甚至剥夺的时候，关怀教育成为教育改革的必然和应然趋势。

我们可以感受到时代转型带给学校教育和家庭教育等一系列的冲击和打击。当代的学校教育、家庭教育与社会时代紧密相连，转型期的问题让教育者不得不思考和重建教育自身价值的必要性。从当前关怀教育的理论与实践研究看，主要体现在以下几个方面。

1. 关怀教育类型丰富

关怀教育已经涉及教育的许多领域。从学科领域看，当前有许多学科，包括自然科学、社会科学等都在积极引进关怀教育思想，实践关怀教育。从关怀教育的方法看，学者们引进和创造了许多的教育教学模式，有些模式已经卓有成效。如今，关怀教育在我国已经形成了一种辐射学前教育、初等教育、中等教育、高等教育和职业教育的新型教育特色，而且开发了分层次、分阶段的关怀教育方法。

在学前阶段中，通过亲子乐园、互动游戏等向幼儿传播关怀教育的理念。在初等和中等教育阶段，根据"当前少年儿童严重缺少'心中有他人'的仁爱意识"[1] 现状，学校承担起培养学生现代人格的重大使命，将关怀教育融入中小学日常教育工作中，关注学校与学生发展的差异性与多样性，以"学校和学生为本"；[2] 关注学校与学生发展的变化过程，尊重学生主体地位，侧重引导，杜绝强制灌输，注重关怀教育的渗透与学生内心体验的激发；重视教师专业素养的培养和提高，基于儿童的向师性和模仿性特点，要求教师以身作则，深入指导并树立榜样和模范，建立"关怀型"师生关系；[3] 积极利用儿童身边的榜样力量，营造关怀的校园文化氛围，促进其对儿童关怀品质潜移默化的影响；[4] 强调政府的领导和管理职责，鼓励支持学校围绕关怀组织课程，为关怀教育的实施创造条件；增强家校联合，倡导家庭教育的关怀理念和关怀型亲子沟通和对话。

---

① 马东贤：《小学生仁爱品性缺失的现状与反思》，《上海教育科研》2007 年第 4 期。

② 段宝霞、李晓栋：《关于中小学校教育督导中体现人文关怀的思考》，《教育探索》2016 年第 5 期。

③ 李明铭：《关怀取向：课程实施的一种新视角》，《教育理论与实践》2012 年第 25 期。

④ 邢思珍：《诺丁斯关心理论对小学德育的启示》，《教学与管理》2009 年第 6 期。

在高等教育阶段，将关怀理念融入学校课程目标和课程体系中，扭转唯智教育弊端；设置关怀为主题的课程内容，将"学会关心""人文关怀"纳入教学内容，提升学生的关怀认知，启发学生的道德认知和道德情感；① 将对话和合作应用到日常教学活动，平等对待与关怀学生②，建立平等民主的师生关系，重视寓情于理；改革落后的机械性评价机制，注重学生体验，理解学生思想，加强关怀实践，满足学生的社会化需要，摒弃不切实际的功利性教育；③ 完善现代大学制度建设，营造关怀环境，丰富大学校园文化，创新关怀教育模式；④ 利用多种途径和方式，开辟更多交往空间，如合理利用网络的隐匿、交互、开放等特点，加强师生间沟通，构建关怀的循环网络。⑤

在职业教育中，利用多种教学策略提高关怀教育的效果，搭建关怀教育实践平台。⑥ 探索关怀教育的"两课"模式，提升教师的关怀素养，充实关怀教学的内容。⑦ 尊重和接受职业教育学生，善于发现并及时表扬其优点，帮助他们建立自信。用心灵交流、尊重、赞美、激情来唤醒中职学生的内在动力，促使其自我发展。⑧ 合理解决班级内部纠纷，并指导学生学会妥善处理同学间的矛盾问题。将关怀教育落实到日常生活中进行。综上所述，在中等教育阶段，高等教育阶段和职业教育阶段都有丰富的教育成果。

但是，关怀教育自提出至今，我们发现关怀教育虽然在不同学段、

---

① 吴威威：《回归生命个体的人文关怀——高校道德教育的人本取向》，《江苏高教》2012年第5期。干旭：《高校思想政治教育人文关怀缺失问题探析》，《理论前沿》2008年第12期。

② 刘淑琪：《关怀教育理论融入现代课程发展的策略探析》，《佳木斯职业学院学报》2016年第8期。

③ 陈淑丽、柏杨：《融入人文关怀：大学生思想政治教育的诉求与实现路径》，《中国教育学刊》2013年第11期。

④ 孟超：《高校思政教育融合人文关怀的对策研究》，《湖南城市学院学报》（自然科学版）2016年第5期。

⑤ 吴威威：《回归生命个体的人文关怀——高校道德教育的人本取向》，《江苏高教》2012年第5期。李颖、付红梅：《高校"基础"课实践教学中关怀型师生关系的构建》，《湖南社会科学》2014年第5期。

⑥ 陈燕、葛炜、宁香香、张琪：《高职护生人文关怀教育实践》，《护理学杂志》2015年第12期。

⑦ 郑重：《高职院校德育中的关怀教育探析》，《教育与职业》2009年第17期。

⑧ 魏振英：《关怀教育理论下的中职生培养探究》，《中国校外教育》2016年第8期。

不同领域得到广泛应用和推广，但是研究都相对零散，形式多样，缺乏神韵。真正的关怀教育是从关怀理念到关怀实践的全面改革。在学校教育、家庭教育和社会教育的各个环节渗透，与教育教学活动融合。尤其是真正在教育目标层面上，领会关怀教育的真谛，而不是标新立异，追求花样。有些关怀教育缺乏自己的理解和判断，缺乏对教育的系统建构，因而也就无法凸显关怀教育的灵魂。

2. 关怀教育关注了需要但深度不够

目前关怀教育的开展，更多是以研究单位组织和发动，对学校教育进行试点改革。虽然具有研究的价值和专业性，但是推广和利用的价值受到很大限制。如果实施关怀教育是由政府购买服务的形式，站在宏观的立场上，对关怀教育的主要实践基地——学校和家庭进行统一规划和最优化设计，或许关怀教育能真正深入到学校生活和家庭生活中。当前的关怀教育还没有能深入到学校教育和家庭教育内部，还没有直面现实的学校生活，还没有能替代现在的课程教育。所以我们应该更多关注关怀教育的渗透性和深入性，帮助学校吸收、消化关怀教育的思想，积极进行学校教育的改革和家庭教育的变革。

（二）关怀教育的问题

1. 关怀教育理论研究丰富但是实践研究薄弱

关怀教育是诺丁斯将关怀理论应用到教育中的成果。自产生已经有几十年的历史，我国引入关怀教育思想后，曾经得到包括朱小蔓、石中英等教育家的关注。理论研究成果相对较丰富。而且许多学者也开创了关怀教育实验，还有一些学者对关怀教育思想进行了深入的理论研究和初步的实践研究。综观关怀教育成果，更多地集中在关怀教育的价值、意义和目标等方面。关怀是人类的基本需要，也是一种存在形式。因为有了关怀，人才能真正称其为人，失去了关怀，人与人之间可能就变得冷漠，社会也会变得缺少人性。尽管关怀教育的理论研究已经非常深刻，但是关怀教育的实践研究方面还有待加强。尤其是在关怀教育实验方面。到目前为止，在我国依然没有专业的关于关怀教育或者青少年关怀发展量表，对于青少年关怀的实证研究也仅仅是采用问卷的方式开展调查，数据的统计与处理停留在百分比的解释上。关怀理论在教育中的应用甚至不如在护理研究中的应用。目前，所能找到的关怀量表更多来自护理学研究领域。青少年关怀教育缺乏有效的测量工具，也在一定程度上阻碍了关怀教育的开展。

2. 关怀教育在普通青少年和犯罪青少年中都相对不足

关怀教育的应用最早来自对普通青少年的教育实践。诺丁斯通过自己对普通青少年的观察和调查发现，教育在考试与竞争中逐渐失去了自身宝贵的价值取向。学生被淹没在分数和考试的唯智教育中，学生的需要和心理生长得不到关注，学生抱怨没有人关心他们。所以，诺丁斯认为教育要关心学生，关心应该成为教育的根本目的，成为教育的品质，成为教育者和受教育者的品质。唯有在这种关心的氛围中，学生才真正愿意接受教育，愿意聆听教育者的教诲。但是尽管诺丁斯将关怀放在整个教育领域，甚至超出教育的领域，进入社会生活各个领域，但是在现实中，我们仍然可以感知到关怀的匮乏和不足。在山东烟台、济宁对1100名普通青少年的问卷调查和访谈中也发现了学生在抱怨关怀缺失的问题，甚至有学生说出"现在都是应试教育，哪有关怀"的话语。

对于问题青少年的关怀教育则相对薄弱。成功的经验多是根据其特殊心理与行为特点，加大政策倾斜和法律保障的力度，建立学校、家庭、社区和社会"四位一体"的特殊教育支持网络。[1] 对问题青少年出现的不良行为，不能简单粗暴地批评，而是通过倾听，找出不良行为背后的原因，运用心理疏导引导青少年走出误区，促进其向良好方向发展。接纳和认可问题青少年，培养他们积极心理品质和社会适应能力。[2] 通过非歧视交流和分享个体经验，引导问题青少年从讲述和对话过程中学习关怀的精神。[2]另外还有其他方法如建立个人成长档案、开展合作性游戏、情景剧表演、利用网络平台开展关怀教育活动等等。对于犯罪青少年的关怀教育则融合在矫正教育的心理矫正中，倡导公平、公正、平等地对待犯罪青少年，接纳和包容他们，使之感受到关怀的力量。通过深入了解

---

① 赵斌、王琳琳：《论特殊教育从人文关怀到行动支持走向》，《中国特殊教育》2013年第1期。

② 李丹：《积极心理健康教育在犯罪青少年中的应用研究》，《中小学心理健康教育》2014年第23期。

其生长背景，关心犯罪青少年的情感及信仰。通过归因训练，使犯罪青少年对外界环境有正确的认知。① 借助角色扮演、换位思考，让犯罪青少年体验被关怀者与关怀者的角色差异，培养自己的关怀品质。

犯罪青少年的矫正教育是一个系统性的复杂工程，最根本、最重要的应该是实施关怀教育。犯罪青少年虽然逐渐得到了社会越来越多的关注，但是他们得到的更多的是物质的关怀和照顾，对于心理的关怀还远远不够。尤其是那些接受监禁矫正教育的犯罪青少年，他们每天在高墙筑起的"学校"中接受再社会化，他们期待着通过劳动和改造可以更早地回归家庭和学校。在一周的生活中，他们有一天时间是参加思想教育训练的，这一天可以不用劳动。而且监禁矫正机构也在积极倡导关怀教育思想，为这些青少年准备了亲情见面和与家人写信服务。通过访谈了解到，有相当一部分犯罪青少年对家人探视的渴望，但是家人却迟迟没有来看他们。尽管监禁矫正机构为其提供了通道，但是家长的不配合却使部分青少年得不到这份可贵的家庭关怀。

（三）关怀教育的价值

关怀教育是一种使人成为人，使人知道何以为人、以何为人的教育。近代社会以对人的尊重和解放为特征，尤其强调对人理性的尊重和解放，"我思故我在"在经过了康德和黑格尔的论证后，理性的地位更加牢固。然而教育是面向人的教育，情感是人的根本，没有情感，人即使有再高的理性，可能也不会被人称为人。20 世纪 60 年代以来，实证主义主宰社会科学领域，侵入教育领域，导致教育出现科学化倾向，道德教育也未能幸免，道德教育被称为知识性的教育。"任何可设想的科学的陈述，凡是不能由感性的经验证实或否定的，就把它看作是无意义的不予承认，凡是能够由感性经验证实或否定的，就把它看作有意义的予以承认。"② 知识是客观的、精确的，排除个人主观性的，德育也是知识性的，德育就是传授德育课程的过程。在这种科学化的道德教育中，道德失去本来

---

① 冯延龙：《马加爵事件的另类思考：高校中的关怀伦理》，《教育与职业》2004 年第 23 期。

② ［美］怀特：《分析的时代：二十世纪的哲学家》，杜任之译，商务印书馆 1981 年版，第 208 页。

的价值，失去了生活的味道。

社会学家马克斯·韦伯曾说"现代社会区别与传统社会的两个基本特质，就是理性化和理性化导致的祛魅"。工具理性不断扩张和主宰，人成为工具的奴役，一切成为满足人需要的手段。"物质和精神失衡的20世纪，教育的基本特征是功利主义，其目的是唯经济功利，其手段是唯工具理性。"[①] 在这种工具理性的统治下，道德教育这种直接关涉人的价值观和精神世界，直接关系人的道德品质和价值定位的活动也成为服务经济利益或其他利益的工具。德育成为经济、政治的工具，成为应对检查的工具，连学校中最纯洁和最重要的师生关系也变成了职能化的关系，失去了原本的情感相融，心灵碰撞，失去了德性的共生共长，也失去了温暖和谐的师生关系。关怀教育正是在这种时代背景下得到了教育界的关注。关怀教育将教育的价值取向拉回到关怀人的目标上，将教育回归到生活中，为了生活而教，为了教育而生活。生活是教育的源泉和根基。回归生活、回归人生长的关怀教育挽救了被工具理性侵蚀的教育，将教育自身的精神意蕴表征出来。人不再是被动地服从于工具的奴隶，而是有着内在精神需要的自主的人，是主动寻求精神发展的人，关怀教育就是使人成为人的过程。关怀教育既然是使人成为人，成为什么样的人是关怀教育的目标。发展人的关怀意识，培养人的关怀态度，锻炼人的关怀能力，使关怀成为人的信仰，做关怀型关系的人既是个体自我健康生长的需要，也是时代发展的深切呼唤。

少年罪错研究的一条主线是预防研究。基于本书起点问题，少年罪错预防是广义的预防，既有学者普遍关注的再犯罪预防，也有一般预防和临界预防。一般预防和临界预防应该成为少年罪错预防的重点和关键。要真正实现超前预防和临界预防。在少年罪错预防中最关键的因素是关怀。少年罪错预防关怀理念深深植根于生理学、教育学、心理学、社会学、法学等各学科理论之中，没有任何一个研究和评价可以脱离其理论的外衣。关怀理论强调关系性、强调关怀体验和感受，尊重人的尊严，关注人的内心。少年罪错预防的关怀理念具有应然性和实然性。

---

① 鲁洁：《教育的返本归真：德育之根基所在》，《华东师范大学学报》（教育科学版）2001 年第 4 期。

第三节　关怀理论对少年罪错预防的启示

罪错少年是问题青少年的一种，也是最不容忽视的一个群体，而问题青少年是世界关注的焦点，是各学界研究的热点。问题青少年是指10—25 岁的与家庭、学校和社会不能保持良好的适应，违背社会规范及触犯法律的青少年。从严重程度角度讲有边缘青少年、违规青少年、违法青少年和犯罪青少年。从涉及青少年活动领域划分为四种类型，有学习问题青少年、生活问题青少年、职业问题青少年和人格问题青少年。

美国问题青少年教育专家史蒂夫·马里奥蒂曾经讲到问题青少年急需社会的帮助和保护。德国刑事社会学派为未成年人司法改革运动提供了先进的理念：惩罚一个未成年人有可能会导致其再次犯罪，而放弃对其惩罚，则很有可能会阻止其再次犯罪。[1] 德国立法者以此为基础，颁行了《少年法院法》，成为德国未成年人司法制度诞生的重要标志。我国著名的青少年研究专家单光鼐先生曾在 1994 年《中国青年发展纲要》中提出对青少年发展的"偏离与吸纳"问题，后来单先生进一步提出"发展与保护"的理念，指明中国转型期青少年研究的新方向。这与诺丁斯倡导的"关怀理论"思想一致。

美国教育研究协会终生成就奖获得者——内尔·诺丁斯，是女性伦理理论发展的贡献者，也是当代关怀伦理理论的主要倡导者之一。20 世纪 70 年代末 80 年代初她不仅从伦理学层面把关怀伦理系统化，而且还从教育学层面把这一理论实践化。她的关怀德育论成为美国重要的道德理论之一，既超越了传统道德教育哲学，又因其鲜明的时代性和创新性获得了跨国界、跨文化的接受。[2] 诺丁斯理论的哲学思想对重构我国转型期问题青少年的教育矫正关怀研究具有重要的理论与实践意义。

一　时代呼唤关怀，问题青少年更需要关爱

任何思想，都处于一定的时空中，是时代的产物。同样，诺丁斯的

---

① Albrecht, H. J., Youth, Justice in Germany, *Crime & Justice*, No. 31, 2004.

② Smart, B., *Facing Modernity: Ambivalence, Reflexivity, and Morality*, CA: Sage Publications, 1999, p. 206.

教育思想也是时代的产物。① 20 世纪 70 年代，美国家庭结构急剧变化，导致儿童青少年的家庭关怀缺失，问题青少年增多。问题青少年是指 10—25 周岁的，在个人与社会情境的相互作用下，自身成长和发展出现了心理、道德和行为问题，与社会主流价值观念和道德法律规范不相适应的青少年。包括心理障碍青少年、品行不端青少年、行为失范青少年。当这些青少年的教育矫正失去了家庭有力支持时，社会呼吁教师承担起"替代性父母"的职责，可一度注重标准化步骤的程序教学扼杀了教师的关怀能力。另外，经济效益至上的新道德现象引发了个人主义、道德意义的丧失。查尔斯·泰勒认为挽救现代性之隐忧的方法是真实和理性，诺丁斯认为是关怀伦理学。关怀（Caring）是一种专注或全身心投入的状态，是一种精神上的责任感、担心感和挂念感。关怀的基本含义是关心，关怀的本质是一种关系，关怀的重要内容是关怀情感。关怀伦理则是一种融合关怀认知、关怀情感、关怀行为和关怀意志为一体的高端伦理，是一种属于生活世界的柔性伦理，也是一种德性伦理。在国内"Caring"有两种译法，关怀和关心。译为关怀，强调的是这个词的动作性以及伦理性；译为关心，强调的是关系双方的平等与情感性。本书采用第一种译法。

关怀和被关怀是人类的基本需要，是人类的一种存在形式，是生命最真实的存在。我们需要被他人关怀，我们更愿意接受关怀。当我们生活在一个充满关怀的环境中时，我们会体验到幸福和生活的意义。如果这个世界缺少了关怀，我们可能无法生存，甚至无法成为一个完整的人。② 在人的一生中，我们都需要关怀他人，也需要被他人关怀；我们需要理解他人，也更需要被他人理解。诺丁斯强调"学会关怀"对生命成长具有不可忽视的意义，她说："我们需要这样一条线索，它能够贯穿起生命最本质的部分，连接那些我们真正重视的东西——激情、态度、连

---

① 侯晶晶：《内尔·诺丁斯关怀教育理论述评与启示》，博士学位论文，南京师范大学，2003 年。

② ［美］内尔·诺丁斯：《学会关心——教育的另一种模式》，于天龙译，教育科学出版社 2004 年版，第 1 页。

续性、忧患和责任感。"① 关怀是处于关系之中的生命状态，是贯穿"生命本质"的"线索"。但是就是这样一种基本的人际需要在现在的社会情境中却无法得到适当的满足。我国正处在进一步深化经济体制改革，推进社会转型的时期，城市化和工业化曾经一度狂飙急进，城市人口数量快速增长，城市规模迅速扩大，传统的城市社区遭到前所未有的破坏，城市社会秩序受到干扰，"城市病"出现。② 正是有了对"城市病"的切身体验，社会各界积极投身于城市问题研究中。社会解组、道德失范、犯罪低龄化等现象成为人们共同关注的社会问题。目前，我国城市化进程的现状有点类似于"二战"之后的美国，当时正是由于"城市社会的激烈变迁带来了新的社会问题"。③ 美国社会学家以学者特有的敏感性审慎地对美国城市化进程中的病态社会现象予以诊断，如越轨、帮会、堕落、自杀、家庭解组等。④ 时至今日，处于社会转型期的当代中国社会更是深受其害，越轨、犯罪等一系列社会问题成为危害我国城市社会良性运行的毒瘤。

我们需要内尔·诺丁斯这位伟大的教育家、哲学家的关怀思想来反思我国社会转型期出现的一系列社会问题。诺丁斯认为"现行的品德一直要教导我们成为什么，却忽略人与人之间最重要的关怀与关系"。⑤ 我们现在的社会发生了很大的变化，这种变化遍及人们生活的各个领域，从工作方式到家庭结构，从居住环境到休闲娱乐等都在改变，其中最重要的变化或许是家庭。离婚率的攀升导致家庭结构的重组，家庭结构的不稳定使家庭功能无法有效实施。许多违法犯罪青少年的生活史表明，他们的家庭存在严重的问题，或者是单亲家庭，或者是矛盾和冲突严重的家庭。这样的家庭未能对青少年进行健康的社会化教化，青少年在家庭这个人生第一个重要的社会化场所中未能习得基本的社会规范，获得

① ［美］内尔·诺丁斯：《学会关心——教育的另一种模式》，于天龙译，教育科学出版社2004年版，第64页。

② 张鸿雁：《侵入与接替——城市社会结构变迁新论》，东南大学出版社2000年版，第24页。

③ 同上书，第31页。

④ Short, J. F., "The Social Fabric of the Metropolis: Contributions of the Chicago School of Urban Sociology", *Contemporary Sociology*, Vol. 241, 1972.

⑤ 班华：《"学会关心"——一个重在道德学习的德育模式》，《教育研究》2003年第12期。

健康的人际交往技能和社会生存能力。社会化是一个人从"生物人"向"社会人"转变的过程，是一个内化社会价值标准、学习社会角色、适应社会生活的过程。问题重重的家庭让处于成长期的儿童青少年体会不到来自父母的关怀和温暖，他们也就不会懂得关怀，不会去关怀自己，更不会去关怀他人。他们最大的抱怨就是"没有人关怀我们"。[①] 当这种体验同样存在于学校中时，会产生更强大的破坏力。因为他们感觉自己被排斥在家庭和学校之外，没有人关注他们，没有人在乎他们，他们像浮萍一样四处游荡，内心是那么孤独和失落，有时候他们会认为周围人对他们充满敌意和厌恶。然而，大多数家长和教师都在认真地履行抚养和教育职责，并且他们声称心里装着孩子，关心学生，为了孩子的一切辛苦劳作。但是孩子和学生却在抱怨长辈和老师不关心自己。在关怀缺失下，边缘青少年逐渐演变成问题青少年，问题青少年又逐渐演变为违法犯罪青少年。

从 19 世纪后半期到 20 世纪初，少年罪错这一社会现象在西方国家逐渐增加，成为难以医治的"社会病"，特别是"二战"以后，这一现象急剧上升，危及了国家安全和社会稳定，与环境污染、毒品泛滥一起被称为"世界三大公害"。美国研究者指出少年罪错呈现上升趋势，美国少年司法体系负担过重。每年警察逮捕 220 万名青少年，有 170 万名转介到少年法庭，估计有 10 万名被关押在监狱和拘留设施。[②]

我国青少年占全国人口近半数，其中 18 周岁以下的未成年人约有四亿，占全国总人口的 1/3 以上。但是中国社会正处于急剧的社会变迁中，改革也进入攻坚期和"深水区"，国际形势复杂多变，中国青少年正处在发展机会与发展问题同时增长的时期。少年罪错总数虽然出现逐年下降趋势，但 14—18 岁的未成年犯罪却呈上升趋势，犯罪低龄化成为少年罪错的一个新特点。正如我国社会学家费孝通先生直言："目前导致大混乱的民族和宗教冲突充分反映了一个人类心态失调的局面，世界正进入更

---

① Comer, James P., "Is 'Parenting' Essential to Good Teaching?", in *NEA Today*, Vol. 6 (January 1988), pp. 34–40.

② Thompson, E. L., *Childhood Trauma and Juvenile Delinquency: Does Timing of Posttraumatic Stress Disorder Mediate the Association?* Washington: Georgetown University, 2012, pp. 3–4.

大规模的战国时代，这个时代呼唤一个新的孔子，他将通过科学，联系实际，为人类共同生存下去寻找一个办法。"① 所以为了更好地担负起时代赋予我们的重任，为犯罪青少年寻找到"新的孔子"，使犯罪青少年受到良好的教育矫正和管理，打破"犯罪青少年向犯罪成年人的转化，轻微犯罪向严重犯罪转化"的恶性循环，帮助犯罪青少年回归正常的生活世界，学会解决生活中的问题，改变错误的生活方式，提升他们对生活的认识、态度、价值观等。② 关怀或许可以为问题青少年的教育矫正找到一条更有效的路径。

二 关怀是一种关系，问题青少年教育矫正更需要真诚的互动

内尔·诺丁斯认为关怀的本质在于关怀方和被关怀方的关系，这种关系依赖于关怀方全身心地投入和被关怀方的接受和认可。当被关怀方没有感受到被关怀时，关怀关系没有建立。我们用 A 和 B 表示关心关系，不论是 A（关怀者）还是 B（被关怀者）都必须奉献。所以关系是关怀的根本。③ 人作为关怀的主体，情感和意义的中心，处于不断的流动中。马克思认为，人是个体、群体、类三种存在形态的统一，是一切社会关系的总和。人不可能脱离他人而独立存在，人只有在关系中协调发展，才称得上自由、全面、充分的发展。诺丁斯认为，我们不仅要关怀自己，还需要关怀他人，关怀身边最亲近的人，关怀与自己有各种关系的人，关怀与自己没有关系的人，关心动物、植物和自然环境，关怀人类创造出来的物品，以及关怀知识和学问。④ 德国哲学家马丁·海德格尔认为关怀是一种存在形式，是人对其他生命所表现的同情态度和做事情时严肃态度。海德格尔对关怀的广泛的定义在今天仍然有现实意义。但在诺丁斯的教育哲学思想中，关怀被赋予了独特的内涵。在她的理解中，关怀

---

① 佚名：《费孝通说：这个时代需要一个新的孔子》，《社会纵横》1992 年第 5 期。

② 鲁洁：《再论"品德与生君"、"品德与社会"向生活世界的回归》，《教育研究与实验》2004 年第 4 期。

③ Noddings, N., *Starting at Home：Caring and Social Policy*, Berkeley：University of California Press, 2003, p. 19.

④ ［美］内尔·诺丁斯：《学会关心——教育的另一种模式》，于天龙译，教育科学出版社2004 年版，第 3 页。

是处于关系之中的一种生命状态，不是一套具体的行为方式。"关怀是一种关系"，它最基本的表现形式是连接或相遇，特征是相互性。① 不论是付出关怀，还是接受关怀，任何一方出现问题，关怀便不存在。

作为一种关系，关怀者要做的是关注被关怀者。关注是指关怀者对被关怀者的开放的全身心的投入和接受。当关怀者真正关怀被关怀者时，就会倾听他，愿意接受他传递的一切信息。在关怀和被关怀者的联系中，关怀者会特别专注于陌生人的需要，并能感受到助人的愿望，这就完成了动机移位。被关怀者则对关怀采取接受、确认和反馈的态度，关怀关系完成。正如教师对学生的关怀，教师作为关怀者，会对被关怀者有期望，"当我们讲话时，我们希望听者的反应能够与我们的情绪一致"。② 总之，关怀是一种接触，一种交流。成熟的关系是相互作用的，关怀者和被关怀者可以互换位置和角色。从这个哲学思想出发，本书认为关怀是一种关系，是一种人际互动，如果没有人际接触就不可能有关怀的存在，或者那不是真实的关怀。如果我们要表达我们的关怀，就需要和被关怀者接触，关注被关怀者，而且愿意帮助他，而被关怀者也能感受到这种关怀并反馈出来。被关怀几乎是人类普遍的愿望，每个人都希望被他人接受，每个人都在以不同方式表达这种内在的需要或者愿望。

关怀是一种关系，一种能力。当把关怀作为一种社会美德时，特别强调关怀关系的创建与维持。③ 所有有认知能力的人都在关怀着人或者事物，是人之所以为人的标志。换言之，如果一个人特别冷漠，对人对事都不关注，他不能称为真正意义上的人。作为人，就需要学习关怀的技能，具备关怀的能力。现在无论是在学校还是家庭中，又有多少问题青少年学会关怀，懂得接受和主动回应关怀呢？

不容忽视的是，我国当前的社会结构妨碍了关怀关系的建立，外在的是人情淡漠、人际冷漠、人心冰凉，但是内心对关怀的需要却超过了

① Noddings, N., *The Challenge to Care in Schools* (1nd ed.), New York: Teachers College Press, 1992, p. 17.

② Noddings, N., *Critical Lessons: What Our Schools Should Teach*, England: Cambridge University Press, 2006, p. 108.

③ Noddings, N., *Educating Moral People: A Sympathetic Alternative to Character Education*, New York: Teacher College Press, 2001, p. 15.

以往任何时候，所以现在人们更多的是对过去人情味浓厚的生活的怀念和对现在冷漠与无情的抱怨。"老人摔倒无人扶"已经基本成为普遍现象，因为众多关怀者由于给予关怀而被伤害，身心受到摧残，"关怀带来了社会风险"，关怀引发了敲诈和勒索。处于青春期的青少年的价值观受到挑战。本书认为，关怀是一种关系，这种关系离不开关怀者的责任和牵挂，更离不开被关怀者的认可和接纳。一般来说，关怀者之所以付出关怀，不仅仅是一种美德的流露，而是内心强烈的社会责任感的表达。一个有责任感的人才愿意关怀他人，才敢于关怀他人，才能关怀他人。所以针对问题青少年这个特殊群体的教育转化，应该注重从关怀关系的建立入手，教师和家长等关怀者给予青少年恰当的科学的关怀，在真诚的交流和沟通中得到被关怀者的信任和接纳，激发起被关怀者的关怀情感，培育其关怀责任和关怀能力，在"我—你"关系中塑造关怀德性。

三　尊严和幸福是问题青少年教育矫正的归宿

关怀的核心是尊严和幸福。[1] 尊严是一个人超越现实世界的自我成熟的人格，是一个人的精神支柱和精神动力。关怀虽然含有怜悯之意，但是必须是以平等的态度尊重他人的尊严，尊重他人的自由权利。自由是人格的本质所在，是人的尊严所在。黑格尔认为，人的本质是人格，人格是自由。自由是心灵的最高定在。所以我们要尊重人的尊严，守护住人的自由，不断提升人作为自由人存在的意识，不断促进人追求人的高尚性。

幸福是"理论或沉思的思想活动"（亚里士多德），是"价值的创造"（Tsunesaburo Makiguchi），是基督徒的"高峰体验""超自然感"，是人类"发现的兴趣"（诺丁斯）……诺丁斯认为历史上众多关于幸福的定义都是规定性定义，抑制了创造幸福生活的动力。她认为，幸福没有定论，幸福生活没有模式，只有"我们一直在寻觅着这种幸福"才是幸福的真意。[2] 她指出，幸福伴随着"快乐"，但并不仅仅是快乐。幸福是

---

① 王星明：《教育的人性：关怀与爱——关于诺丁斯关怀教育理论的哲学思考》，《学术界》2009 年第 3 期。

② Noddings, N., *Happiness and Education*, England：Cambridge University Press, 2003, p. 16.

存在的幸福，"是合乎德性的实践活动"，是德性的幸福。在社会生活中，人们应当充分地启发生命体验尊严和幸福感。学校教育以人的生活为目的，人的生活以幸福为目的，所以教育以幸福为目的，而不是成为通往上流社会的阶梯。成功也不以金钱和权力来衡量，而是用是否建立关怀的关系，与地球维持一种意义连接来衡量。

幸福与关怀互为手段和目的。关怀是幸福的手段，因为如果不能体验关怀、理解关怀、感激关怀和回报关怀[1]，就不能有真正意义的幸福。幸福的前提是某些重要需要的满足。幸福来自生活，来自善良、和谐、美好的生活。在人类生活的私人、公共和职业领域中都潜藏着幸福，只要我们用心去发现，就一定可以找到自己的幸福。[2]

对问题青少年的教育矫正就是要引导和启发个体找到自我的尊严，在追求现实生活幸福的同时，努力实现德性的幸福。问题青少年之所以成为问题，根源或许在于他们在缺乏爱与关怀的成长环境中，没能建立起与主流社会规范和道德要求一致的心理和行为模式，导致尊严和幸福感不足或缺失。现在我们会经常看到低龄校园暴力的报道，感叹学校作为重要的社会教化机构，没有能够真正和最有效地发挥它的积极作用，所有学生在考试这个唯一的指挥棒下接受统一的标准化课程。教育正在经历一个非人化的变化，教育的工具性取代了教育的目的性。查尔斯·塞尔伯曼说："未来我所需要的并非是成堆的知识分子，而是大量受过教育的人——会感觉、会行动也会思考的人。"他指出，重智主义不能有效抵御道德沦丧[3]，而道德教育却可以化作精神品格引领人生。道德教育的核心是关怀，关怀的基础是尊严的呵护，"在我们的教育因过于迎合竞争的现实而失去了必要的理想呵护的时候，仍不忘提升我们的生命状态，让我们从一种事实性的、技术性的存在之中，走向一种精神性的、艺术性的生命存在方式……让我们勇于从周遭各种现实压力的挤迫中，找到

---

① 郭娅玲、匡思蕾：《"关心性"关系的建立——诺丁斯关怀道德教育理论的核心》，《湖南师范大学教育科学学报》2013 年第 6 期。

② 郝林晓、折延东、龙宝新：《论迈向幸福的教育——诺丁斯的幸福教育观探微》，《比较教育研究》2013 年第 12 期。

③ Silberman, C., "Crisis in the Classroom", *Teachers College Record*, Vol. 72, 1970.

自我生命发展的方向"。①

四 平等与理解是问题青少年教育矫正的立足点

诺丁斯反对控制哲学，主张共同的人生和责任，认为"关怀者"与"被关怀者"地位平等。关怀不是单方的付出，而是双方的参与。虽然表面上看起来被关怀者属于弱势地位，需要关怀者的帮助，但关怀者也需要被关怀者的肯定和鼓励，被关怀者的反馈对于关怀者同等重要，而且在关怀中常常随情境变化发生关怀者和被关怀者角色互换的情况。诺丁斯主张融人于己的接受式关怀，反对"推己及人"式的投射式关怀。② 通过成熟的人际关系如师生关系、亲子关系等发现关怀都是平等的。在这些关系中，如果一方希望成为关怀者，另一方想当然地将被关怀视为自己的权利，而不履行回应的义务，那么这种关系就会出现问题。尤其是在家庭和学校里面的关怀无论是在应然层面还是实然层面都是平等的关系，问题青少年并非自然被动地扮演被关怀者。问题青少年渴望与社会的连接，渴望关怀，但是他们的渴望表达似乎在文化上更易于被他人接受。我们都希望问题青少年能够得到有效的教育矫正，顺利回归社会，所以父母或学校或司法实务部门的工作者自然地成为付出关怀的一方，同时，采用强制的手段矫正问题青少年，效果并不理想。

另外，对问题青少年的教育矫正不能忽视问题青少年背后的社会因素。平等与理解的匮乏成为现代家庭关系破裂、问题青少年剧增的重要因素之一。首先是夫妻关系的不平等。随着女权主义的不断广泛传播，很多年轻女性转变自己的性别角色认同，不再把婚姻放在人生首位，他们不再感受嫁人成家的压力，而是感受一种为了职业成功而放弃婚姻的压力。其实，尽管是职业女性，也时常会感受到来自社会的不平等的两性关系的压力，性别角色不平等导致了夫妻关系的不平等。其次，亲子关系的不平等。许多现代女性可能克服多重动机冲突后，选择做职业女性而放弃家庭生活，但是在放弃的背后，她们可能面临更多的孤独和偏见，为了消除这种负性情绪的困扰，女性可能会寻觅一种亲子连接。社

---

① 刘铁芳：《当代教育的形上关怀》，《高等教育研究》2007年第4期。

② 侯晶晶：《关怀德育论》，人民教育出版社2005年版，第61页。

会学家和心理学家分析认为，少女怀孕生子的一个重要原因是她们渴望建立一种亲密关系。一个婴儿代表着某种特殊的连接，一种亲子之间永远的连接。但是，或许她们并不知道，哪怕亲子关系这种似乎牢固不可破的关系也可能被其他社会经济因素所破坏，甚至摧毁。我国目前留守儿童问题就是鲜明的写照。留守儿童因为长期远离父母，得不到关怀需要的满足，更享受不到父母的平等对待和对内心孤独的理解，许多留守儿童出现性格孤僻、自卑、少言少语等社会退避性行为。久而久之，就可能发生心理或行为问题，甚至是越轨行为，成为问题青少年。因此，对由于缺乏家庭平等和理解氛围的问题青少年，教师要格外关注，在学校承担起一个关怀者的责任。平等对待这些青少年，不是以教育者的身份而是以关怀者的身份进入到这种特殊的关怀关系中，给予他们充分的理解和肯定。任何人都需要至少一种平等而牢固的关系，这种平等关系能保证个体在其他不平等的关系中进行关怀与被关怀的交流。

诺丁斯曾提出科尔伯格的道德认知理论带来的是一种冷冰冰的思维训练，而关怀理论的提出带来的是一种充满了平等与理解的温暖的情理交融的新方法。这些新方法如榜样、对话、实践和认可均以平等和理解作为立足点。学校和家庭也需要在这一思想指导下对问题青少年进行道德思维和道德情感的培养和塑造。我们需要记住的是：不论我们在生命中做什么，或者遇到谁，我们首先并且总应该是关怀者或被关怀者。尤其是在如今竞争日益激烈的时代，当问题青少年的家庭关怀萎缩时，教师只有通过平等与理解的关怀行为，才能真正打开问题青少年的封闭的内心，帮助他们疏导消极的情绪，改变错误的社会认知，矫正不良的社会行为。

诺丁斯坦言她的理论受到马丁·布贝尔和卡罗尔·吉列根的影响。布贝尔认为人际关系是一种"对话"关系，在交往过程中，彼此应该尊重，把对方当成一个"人"，而不是一件东西。吉列根则在《一种不同的声音》中描述了女性的道德推理方式，她指出女性在进行道德推理时强调关怀关系，围绕所爱的人发表自己的观点。诺丁斯借此进一步区分了正义伦理和关怀伦理。她指出，正义伦理是以普遍的道德原则为基础进行抽象逻辑分析；而关怀伦理是以关系和感情为原则对事件发生的情境进行具体分析。本书认为关怀伦理是超越正义伦理的高端伦理，它以正义伦理为基础和前提，是伦理之"应当"。因此，在问题青少年的教育矫正中，应重点对矫正对象进行关怀伦理教育，以平等的非选择性关怀方式，给予问题青少年关怀体验和关怀能力培养，同时辅助正义伦理教育，帮助问题青少年建构完整的伦理。

另外，需要特别强调的是问题青少年的关怀教育是双向的，不仅仅是平等和理解问题青少年，另外还应当关注问题青少年作为被关怀者的责任，即对关怀的感受性和对关怀做出反应的能力。一个人体验关怀只是激发其作为关怀者或被关怀者的关怀情感，而理解关怀则是提高关怀者或被关怀者的关怀能力的有效方式。理解关怀者是建立理解关怀的基础，也是培养被关怀者接受和回应关怀的一种能力。如果被关怀者不理解关怀者，他就不可能理解其关怀行为和关怀动机。狄尔泰曾说："自然需要证明，而人需要理解。"人与人之间的联系只有靠理解才能把握。被关怀者与关怀者的关系也只有靠理解才能建立。在关怀的过程中，教师或父母如果不理解被关怀者，而是把自己的意志强加给被关怀者，势必会导致"关怀"的缺失，被关怀者不但体验不到关怀，反而体验到一种压迫甚至是厌恶感。诺丁斯强调，只有关怀者与被关怀者相互理解，才能让双方在"关怀性"关系中都有收获，这样"关怀"行为就会得到强化和维护。

诺丁斯的关怀理论被当代西方女性主义思想家广泛提倡，而且在我国教育界也引起了较为广泛的关注，它与我国古代传统儒家仁爱思想、墨家的兼爱思想、道家的思想和佛家的慈悲思想相契合，尽管有学者提出诺丁斯的关怀理论并不完全适应中国道德教育的需求，认为受传统儒家伦理影响的中国现代社会和学校道德教育缺失的不是关怀而是正义[1]，但是诺丁斯的关怀理论的确在我国当年社会情境下具有特殊的借鉴意义。我国学者石中英教授曾这样评价诺丁斯的关怀伦理学，认为它超越了传统理性伦理、普通化伦理、单子自我。[2] 目前金钱至上的价值观导致道德

---

[1] 苏静：《仁爱与关怀——儒家的仁爱教育思想与诺丁斯的关怀教育思想之比较》，《比较教育研究》2007 年第 4 期。

[2] 石中英、余清臣：《关怀教育：超越与界限——诺丁斯关怀教育理论述评》，《教育研究与实验》2005 年第 4 期。

滑坡和人文关怀的缺失，人际关系的冷漠和人性的扭曲。不良的文化情境与激进的城市进程交互作用，为当代青少年的成长带来了前所未有的冲突和挑战。如果说 30 年前我国青少年发展的主题是"偏离"，那么现在的主题应该是"关怀"。

诺丁斯的关怀理论充分体现了当代青少年发展的方向。理论的重要价值就在于它正视了我国现代教育中存在的问题，主张教育要回归生活，教育要培养具备关怀能力和关怀情感的人。这在经济时代对于引领人性向善、引导社会向善、引导健康的社会精神面貌具有重大影响。这是使人获得真正幸福的生活哲学。著名教育学家茨达齐尔也说过："幸福不仅仅是占有物质，而是个人创造力、公正诚实、爱和友情、在茫茫人世中特立独行、与自然和谐相处，是问心无愧地为自己、社会以及全人类尽最大的努力。"①

20 世纪 90 年代初，联合国教科文组织提出了"学会关怀：21 世纪的教育"，并指出：学会关怀，是使年轻人具备进入 21 世纪生活的条件，也是教育应努力达到的目标。人本身就有一种追求美好、渴望关怀、期盼自然和真实的本性。人活着需要强大的信念支撑，尤其是对成长中出现困难和障碍的问题青少年，他们更需要能够鼓舞他们向善的标杆，需要能够引发他们精神发育和成长的生存智慧。诺丁斯的关怀理论以其独特的思想为问题青少年教育矫正开辟了一条新道路，为最大限度地实施"儿童利益最大化"提供机会。综观我国，目前青少年问题层出不穷，价值虚无主义和去道德化现象冲击着我们的精神世界。为了保护青少年的合法权益，促进他们的健康成长，预防和矫正问题青少年，我们需要诺丁斯的哲学思想，需要关怀，关怀自己，关怀他人，关怀社会，关怀国家，积极促进教育和社会的人性化发展走向，实现教育的根本目的。

---

① ［奥］茨达齐尔：《教育人类学原理》，李其龙译，上海教育出版社 2001 年版，第 25 页。

第三章

关怀理念下少年罪错预防的
生理学基础

第一节　快乐中枢

关怀是一种积极的情绪体验，关怀是一种温暖、舒适的感觉。这种感觉让人舒服，让人感受到满足和快乐。关怀作为一种快乐的情绪体验，有其生理机制——快乐中枢（pleasure center），这个快乐中枢位于下丘脑。

20 世纪 50 年代，美国心理学家 Olds（1954）发现了啮齿动物下丘脑和边缘系统中存在"快乐中枢"。他采用老鼠作为实验对象，在老鼠的下丘脑背部埋上电极，另一端与电源开关的杠杆相连。老鼠只要按压杠杆，下丘脑就会受到一个微弱的刺激。老鼠经过反复学习，逐渐形成了操作性条件反射。似乎按压杠杆获得电流对脑的刺激引起了快乐和满足，老鼠就不断按压杠杆，通过自我刺激追求快乐，直到精疲力竭、昏昏欲睡为止。由此推断，老鼠的下丘脑存在一个快乐中枢。后来有研究者把"自我刺激"的方法应用到人类身上，发现人类也存在快乐中枢，是丘脑下部（hypothalamus）、前扣带回（anterior cingulate）区域。采用电刺激法刺激人类丘脑下部、前扣带回时，人会面带微笑，表现出高兴的样子，而且自我报告感觉良好（Routtenberg，1978）。

快乐中枢的发现为人际交往的原因提供了一些神经科学证据。人际交往的神经基础或许是快乐感受。当某种人际交往带给人快乐和满足的感受后，人就会继续和维持这种交往，以获得持续的快乐感受。关怀正是一种愉快的体验，关怀的神经基础或许存在于快乐中枢中。

前额皮层是负责社会认知和社会控制的中枢，无论对普通青少年的脑发育研究还是对犯罪青少年脑损伤研究都支持了前额皮层发育不成熟是少年罪错的重要原因。前额皮层在 25 岁左右才基本发育成熟，而与犒赏有关的快乐中枢（如边缘系统）发育却很迅速。所以对于青少年而言，皮层下边缘系统的发育成熟与前额皮层的发育迟滞的不平衡持续在整个青春期。[1] 这使青少年的情绪与行为控制能力相对较低，容易出现暴力、成瘾等危险行为，甚至导致犯罪。前额皮层发育迟滞是少年罪错的重要原因，但是目前对于快乐中枢的激活水平在普通青少年和犯罪青少年身上是否有显著差异尚未有足够证据证明。通过功能影像学研究发现，犯罪青少年的杏仁核、眶额皮层、岛叶、扣带回等脑区结构异常。Cope 等比较了杀人犯罪青少年、非杀人犯罪青少年与普通青少年灰质体积的变化，发现杀人犯罪青少年的杏仁核、海马、前扣带回、额上回等脑区灰质体积缩小。[2]

而且通过对犯罪青少年的前期调查研究发现，犯罪青少年的快乐感和幸福感显著低于普通青少年。犯罪青少年自我报告在其生长经历中，体验到更少的关怀，快乐感和满足感更少。

第二节　镜像神经元

20 世纪 90 年代意大利神经科学家 Rizzolatti 在恒河猴大脑皮层外侧前额叶 F5 区和顶下小叶 PF 区发现了镜像神经元[3]，2010 年电生理学证明了人类大脑皮层中同样存在镜像神经元。[4] 镜像神经机制伴随着镜像神经

---

[1] Huizinga, M., Dolan, C. V., V. D. M. Mw, "Age-related Change in Executive Function: Developmental Trends and a Latent Variable Analysis", *Neuropsychologia*, Vol. 44, No. 11, 2006.

[2] Cope L. M., Ermer, E., Gaudet, L. M., et al., "Abnormal brainstructure in Youth Who Commit Homicide", *Neuroimage Clinical*, Vol. 4, 2014.

[3] Lamm, C. & Majdandžić, J., "The Role of Shared Neural Activations, Mirror Neurons, and Morality in Empathy-A Critical Comment", *Neuroscience Research*, Vol. 90, 2015.

[4] Mukamel, R., Ekstrom, A. D., Kaplan, J., et al., "Single-neuron Responses in Humans During Execution and Observation of Actions", *Current Biology*, Vol. 20, 2010.

元和镜像神经系统的研究被应用到相关领域中。①

镜像的意思是映射。镜像神经元是大脑皮层中一种特殊的感觉——运动神经元，它能把动作知觉和动作执行进行匹配，同时具有动作观察和动作执行两种功能。② 为什么我们能情不自禁地关怀他人，感知他人的情绪体验？原因就在于我们有一个镜像机制。"镜像机制存在于情绪的大脑中枢。确凿的证据表明情绪的综合与控制的脑结构，如杏仁核、前扣带回等区域存在镜像机制，其将情绪体验和情绪观察匹配。提供了对他人情绪的直接的、第一人称式的理解，'你的疼痛就是我的疼痛'。"③ Singer 等（2004）的实验也证实，似乎观察者和行动者之间有一种共享的神经激活。④ 这种共享的神经激活"促进了对他人情绪体验的理解"。⑤

关怀不仅仅是一种情感，但它最重要的是一种情感、一种温暖的快乐体验。关怀者的关注和动机移位直接映射了心理学中的共情（empathy）机制。共情是与他人分享意识经验和情绪感受。唯有共情，我们设身处地、感同身受他人的世界，理解他或她行动的原因⑥，关怀得以发生。而"位于大脑皮层，与行动意向、体觉加工相关的镜像神经元使得

① Hunnius, S. & Bekkering, H., "What Are You Doing? How Active and Observational Experience Shape Infants' Action Understanding", *Philos Trans R Soc Lond B Biol Sci*, Vol. 369, No. 1644, 2014. Lacoste-Badie S. & Droulers, O., "Advertising Memory: The Power of Mirror Neurons", *Journal of Neuroscience, Psychology, and Economics*, Vol. 7, No. 4, 2014. Brucker, B., Ehlis, A. C., Häußinger, F. B., et al., "Watching Corresponding Gestures Facilitates Learning with Animations by Activating Human Mirror-neurons: An fNIRS Study", *Learning and Instruction*, Vol. 36, 2015.

② Kilner, J. M., & Lemon, R. N., "What We Know Currently about Mirror Neurons", *Current Biology*, Vol. 23, No. 23, 2013. Gallese, V., Rochat, M., Berchio, C., "The Mirror Mechanism and Its Potential Role in Autism Spectrum Disorder", *Developmental Medicine & Child Neurology*, Vol. 55, No. 1, 2013.

③ Ferrari, P. F. & Rizzolatti, G., "Mirror Neuron Research: The Past and the Future", *Philosophical Transactions of the Royal Society* of London, Vol. 369, No. 1644, 2014.

④ Singer, T., Seymour, B., Doherty, J. O', et al. "Empathy for Pain Involves the Affective But Not Sensory Components of Pain", *Science*, Vol. 303, No. 5661, 2004.

⑤ Trilla, G. I, Panasiti, M. S., Chakrabarti, B., "The Plasticity of the Mirror System: How Reward Learning Modulates Cortical Motor Simulation of Others", *Neuropsychologia*, Vol. 70, 2015.

⑥ Corradini, A. & Antonietti, A., "Mirror Neurons and Their Function in Cognitively Understood Empathy", *Consciousness and Cognition*, Vol. 22, No. 3, 2013.

人类具有了'读心'能力"。① 镜像神经元像某种神经"WiFi"②，在不同的个体之间架设了一个沟通的"神经桥梁"③，通过这个桥梁，"你的行动变成我的行动，我感受到你做的事情。理解他人的行动并不总是需要思考和揣测"。④

　　镜像神经元还是关系的生物基础。关怀是一种关系，是关怀者和被关怀者构成的关系，这种关系离不开关怀者的共情，也离不开被关怀者的回应。关怀的内涵决定了人类的连接和相遇，通过沟通和交往组成社会。但人们通过怎样的方式进行连接？我们怎样知晓他人？尤其是怎样知晓"他心"（other minds）是个值得研究的问题。与"身心分裂的二元论相反的是，镜像系统在本质上是关系性质的，它在各个具身化的自我之间形成了一种可能的联系，并启示我们心智/大脑在本质上是社会性的，与其所处的环境和群体背景形成紧密联结。个体并非社会的'原子'，相反，个体在许多方面是围绕其周围人际世界的'反射镜'"。⑤ 镜像神经元在感知和思维方面具备精确匹配性质，使人类具备社会互动、理解他人的思维、反省等能力。⑥ 总之，镜像神经元以自身的图式理解他人的意图，为与他人的连接和相遇提供了一条直接的神经通路。⑦

　　关怀是人存在的一种方式，也是一种生存的需要。人类会自觉不自觉地关怀自己和他人。是因为"镜像神经元把观察到的动作的视觉

---

① Pitts-Taylor, V., "I Feel Your Pain: Embodied Knowledges and Situated Neurons", *Hypatia*, Vol. 28, No. 4, 2013.

② Molnar-Szakacs, I., "From Actions to Empathy and Morality-A Neural Perspective", *Journal of Economic Behavior & Organization*, Vol. 77, No. 1, 2011.

③ 叶浩生：《镜像神经元的意义》，《心理学报》2016 年第 4 期。

④ Keysers, C., *The Empathic Brain: How the Discovery of Mirror Neurons Changes Our Understanding of Human Nature*, Amsterdam: Social Brain Press, 2011, 19.

⑤ Schermer, V. L., "Mirror Neurons: Their Implications for Group Psychotherapy", *International Journal of Group Psychotherapy*, Vol. 60, No. 4, 2010.

⑥ Oberman, L. & Ramachandran, V., "The Simulating Social Mind: The Role of the Mirror Neuron System and Simulation in the Social and Communicative Deficits of Autism Spectrum Disorders", *Psychological Bulletin*, Vol. 133, No. 2, 2007.

⑦ Standish, P., The Vocabulary of Acts: Neuroscience, Phenomenology, and the Mirror neuron. Smeyers, P. & M. Depaepe (Eds.), *Educational Research: The Attraction of Psychology*, Netherlands: Springer, 2013, pp. 105 – 118.

分析同观察者自己的动作直接联系，使得外部社会世界通过个体本身内部动作知识而变得有了意义"。① 因此，有了镜像神经元这种社会关系的"硬连线"（hard-wired）基础，关怀成为可能。

总之，人类通过镜像神经元这个"神经桥梁"使关怀具有了神经基础和可能，让个人自身的界限拓展，让个人不再是封闭的"孤岛"，而是一个心灵敞开的群体成员，将单个的个体变成了关系的个体、关怀的个体。

第三节　积极情绪的脑机制研究

情绪是人在各种需要满足与否的情况下产生的主观体验、生理反应和外部表现。关怀是一种积极的道德情绪。道德情绪，是个体对自己或他人进行道德评价时产生的内心体验。② 积极情绪是一种正性情绪或具有正效价的情绪。Russell 认为"积极情绪就是你做事顺利想微笑时的那种好的感受"。Fredrickson 认为"积极情绪是个体对自身有意义事情的即时反应，是一种短暂的愉悦"。Lazarus（1991）提出"积极情绪就是在目标实现过程中取得进步或得到他人积极评价时所产生的感受"。Richard 等认为积极情绪是与接近行为相伴随的主观体验。孟昭兰（1989）认为"积极情绪是与个体需要满足相联系的愉悦的体验"。本书认为，积极情绪就是一种愉悦的体验，是一种包含着愉悦体验、表情、评价，特别是行为计划和激活等多种成分的有意识的过程。总之，积极情绪就是个体内心感觉好的体验③，愉悦的感受。④ 如快乐、兴趣、满足、爱、自豪、

① Casile, A., Caggiano, V. Ferrari, P. F., "The Mirror Neuron System: A Fresh View", *The Neuroscientist*, Vol. 17, No. 5, 2011.

② 王云强：《情感主义伦理学的心理学印证》，《南京师范大学学报》2016 年第 6 期。

③ Russell, J. A. & Barrett, L. F., "Core Affect, Prototypical Emotional Episodes, and Other Things Called Emotion: Dissecting the Elephant", *Journal of Personality and Social Psychology*, Vol. 76, No. 5, 1999.

④ Lazarus, R. S., *Emotion and Adaptation*, New York: Oxford University Press, 1991, p. 114.

感激①、希望、期望、惊讶、欣慰等。② 关怀是一种包含关注、温暖、亲切、同感的正性的积极的道德情绪。③

目前已有研究证明，左侧前额叶皮层是趋近行为和积极情绪的生物学基础④，左半球感知积极情绪⑤，前部参与体验积极情绪⑥，相应的脑区有前额叶皮层（prefrontal cortex）⑦、前脑皮层下前部的伏隔核（nucleus accumbens）⑧、基底神经节（basal ganglia）⑨、杏仁核（amygdala）⑩、腹侧黑质（ventral pallidum）⑪、扣带皮层（cingulate cortex）、隔区（spetum）。⑫

---

① Fredrickson, B. L., "What Good are Positive Emotion?" *Review of General Psychology*, Vol. 2, 1998.

② 郭小艳、王振宏：《积极情绪的概念、功能与意义》，《心理科学进展》2007 年第 5 期。王艳梅、汪海龙、刘颖红：《积极情绪的性质和功能》，《首都师范大学学报》（社会科学版）2006 年第 1 期。梁宁建：《心理学导论》，上海教育出版社 2011 年版。

③ 为了研究的需要，本研究在情感和情绪上不作区分，根据语境使用两个术语。心理学对情感的研究也统一到情绪中。

④ Sutton, S. K. & Davidson, R. J., "Prefrontal Brain Asymmetry: A Biological Substrate of the Behaviora Approach and Inhibition Systems", *Psychological Science*, Vol. 8, No. 3, 1997.

⑤ Davidson, R. J., "Parsing Affective Space: Perspectives from Neuropsychology and Psychophysiology", *Neuropsychology*, Vol. 7, No. 4, 1993.

⑥ Cacioppo, J. T. & Bemtson, G. G., "Relationship between Attitudes and Evaluative Space: A Critical Review with Emphasis on the Separability of Positive and Negative Substrates", *Psychology Bulletin*, Vol. 115, No. 3, 1994.

⑦ Berridege, K. C., "Pleasures of the Brain", *Brain and Cognition*, Vol. 52, No. 1, 2003.

⑧ Ashby, F. G., Isen, A. M., Turken, U., "A Neuropsychological Theory of Positive Affect and Its Influence on Cognition", *Psychological Review*, Vol. 106, No. 3, 1999.

⑨ Phan, K. L., Wager, T., Taylor, S. F., "Functional Neuro-anatomy of Emotion: A Meta-Analysis of Emotion Activation Studies in PET and fMRI", *Neuro Image*, Vol. 16, 2002.

⑩ Beridge, K. C., Comparing the Emotional Brains of Human and Other Animals, Scherer JK & Goldsmith H (Eds.), *Handbook of Affective Science*, New York: Oxford University. Morris, J. S., Frith, C. D., Perrett, D. I., et al., "A Differential Neural Response in the Human Amygdala to Fearful and Happy Facial Expressions", *Nature*, Vol. 383, 1996.

⑪ Yang, T. T., Menon, V., Eliez S. S., et al., "Amygdala Activation Associated with Positive and Negative Facial Expressions", *Neuro Report*, No. 13.

⑫ Burgdorf, J., Panksepp, J., "The neurobiology of Positive Emotions", *Neuroscience & Biobehavioral Reviews*, Vol. 30, No. 2, 2006. Schwartz, S., Ponz, A., Poryazova, P., "Abnormal Activity in Hypothalamus and Amygdala during Humour Processing in Human Narcolepsy with Cataplexy", *Journal of Neurology*, No. 2, 2008.

　　Ashby 的神经心理学确立了多巴胺是积极情绪促进认知的重要神经递质,额叶、前扣带回及眶额皮层等的激活是积极情绪促进认知的脑机制。[1] 积极情绪可以拓展人的瞬时知行资源,扩展瞬间思维活动序列,拓宽注意范围。[2] 积极情绪还可以促进联系感、促进创造性问题解决[3],缩短解决问题的时间[4]。此外,积极情绪还具有促进认知灵活性、影响注意和决策等认知过程的作用。

　　① 张玉静、崔丽霞:《积极情绪的认知促进效应及其神经机制》,《首都师范大学学报》(社会科学版) 2012 年第 5 期。

　　② Fredrickson, B. L. , "The Role of Positive Emotions in Positive Psychology: The Broaden-and-build Theory of Positive Emotions", *American Psychologist*, Vol. 56, 2001.

　　③ Mikulincer, M. & Sheffi, E. , "Adult Attachment Style and Cognitive Reactions to Positive Affect: A Test of Mental Categorization and Creative Problem Solving", *Motivation and Emotion*, Vol. 24, 2000.

　　④ Isen, A. M. , Daubman, K. A. , Nowicki, G. P. , "Positive Affect Facilitates Creative Problem Sovling", *Journal of Personality and Social Pschology*, Vol. 52, 1987.

第 四 章

关怀理念下少年罪错预防的
心理学基础

第一节　精神分析理论

精神分析又称为心理分析，产生于19世纪末20世纪初的奥地利，由维也纳医生弗洛伊德始创。在现代犯罪学的历史上，精神分析的理论曾一度占据主导地位，20世纪中期以后，虽然其他犯罪心理学理论逐渐成为主流，但是精神分析理论对于少年罪错却有着独到的见解。

犯罪学的精神分析理论，是以弗洛伊德的精神分析理论为基础发展起来的，所以本节也将以弗洛伊德为代表的古典精神分析理论作为分析对象。从这个观点出发，理解关怀理论所主张的关怀是人人都有的一种需要，一种生的本能，这种本能给人以力量，关怀也是一种超我，是一种良心的体现。关怀带给人满足、肯定和快乐的感觉，而人的潜意识也是追求快乐的。只是现实中存在种种束缚和限制，关怀这种积极的冲动和愿望可能会被压抑和抗拒，人可能会失去生存的动力，甚至迷失自己，做出不道德行为甚至犯罪行为。

一　性本能

弗洛伊德认为性本能似乎是一切活动的动力源泉。它的发展会经历五个阶段，每个阶段都以性本能的满足为特征，如果满足受阻，就会出现固着或者倒退，形成情结（complex），使个人在潜意识中体验到很深的罪恶感，引起一系列行为。在后期理论中，弗洛伊德发展了本能的观点，认为本能有生的本能和死的本能，生的本能直接来自性本能，代表爱和建设的力量。死的本能使人退回到前生命状态，向内表现为自我惩罚，向外表现为攻击、破坏、杀害等行为。

关怀理论虽然不主张泛性论，但是却接受弗洛伊德的生的本能的观点。生的本能带给人爱的力量，关怀作为一种生的本能的表现，带给人无限正能量，使人能明白何其为人和为何为人。关怀理论反对严厉的惩罚和公开的否定，因为那样只会导致愤怒和敌意，导致攻击和破坏。

二 关怀与犯罪

（一）罪恶感与犯罪

弗洛伊德认为，罪恶感和焦虑感导致了犯罪，为了接受惩罚，消除这种负性情绪困扰，恢复善恶平衡，一些人会实施犯罪。而罪恶感的产生来源于过度型超我（overdevelopment supergo），过度型超我使个体产生了持久的罪恶感和焦虑感，因此他们希望通过接受惩罚消除罪恶感和恢复适当的善恶平衡。[①]

罪恶感是犯罪因果关系中的重要因素，甚至代替了其他因素。关于罪恶感与犯罪的关系，我国学者李玫瑾教授曾在论述意结类犯罪特征时提到过，只是李教授认为是意结可能导致愤怒感迁怒于人而犯罪，也可能导致罪恶感出现然后为了消除罪恶感而犯罪。她认为许多扭曲的变态犯罪常常是意识抑制的问题，即在意识清晰的状况下对自己的部分心理内容不知或者因为意识冲突导致的自我觉知困难，最常见的表现是具有正常心理能力的人对自己实施的犯罪行为原因说不清楚，或者旁观者对其犯罪动机不能理解。[②] 根源在于他们具有潜意识中的心结，这种心结是自己不敢、不能、不愿意承认的但却是内心渴望的欲望。潜意识中的不道德欲望（通常是性本能）被意识中的道德法官所抑制，出现了真实内心的意识被阻滞的现象，从而引发了有因不自知或不想自知而迁怒于人

---

① Vold, G. B., Bernard, T. J., Snipe, J. B., *Theoretical Criminology* (4th ed.), New York: Oxford University Press, 1998, p. 93.

② 李玫瑾：《犯罪心理研究——在犯罪防控中的作用》（修订版），中国人民公安大学出版社 2010 年版，第 133 页。

的愤怒或者是罪恶感。意结的出现离不开创伤性刺激源和特定经历。如果在个体的生长中有位真正关心他的人能及时地关注他内心的冲突和负性情绪的困扰，能无条件积极接纳和关注他，愿意辅助和引导其渡过心理困难，帮助其宣泄愤怒或者消除罪恶感，或许犯罪行为就不会发生。所以建立关怀型社会是社会和时代的呼唤，是青少年健康生长的需要。唯有关怀，人们才能建立起信任并互相支撑。因为关怀的需要是一种基本的人际需要，人人都渴望被接纳、被尊重、被关心。一旦关怀者真心付出关怀，被关怀者肯定和接纳关怀，关怀的关系建立，冲突和误会避免，心理和行为问题也会较少发生，就算是发生问题，在关怀氛围中也更容易解决。

（二）自卑感与犯罪

奥地利精神病学家阿德勒认为，人人都有向上意志（will-to-above）或者权利意志（will-to-power）、自卑情结（inferiority complex）和过度补偿（over-compensation）。当这种向上意志受到阻碍时，自卑感出现，为了克服自卑感，产生了过度补偿行为即犯罪。所以，犯罪的心理原因是深深的自卑感或自卑情结。[①] 对孩子冷酷无情（不关怀）或溺爱（关怀过度）都会导致孩子产生自卑情结。他们缺乏对人际关系的恰当的认识和处理人际冲突及挫折的能力，一旦进入社会，得不到家庭中那样的关怀时，就会因为持续不断地受挫产生被人忽视或轻视的感觉，自卑感油然而生。[②]

有自卑感的人一方面自我评价会低，另一方面又会极力掩饰自己的自卑和缺陷，试图通过补偿超越别人，追求优越。良好教育、健康的身体和优越的社会经济地位都可以帮助个体克服较轻的自卑感，避免过度补偿行为，但是对于那些受到错误教育的社会经济地位低的人来说，可能会出现过度补偿行为以达到内心的平衡，而过度补偿行为往往是违反社会规范的不良行为甚至是犯罪行为。

阿德勒对于犯罪学的最大的贡献是发现了自卑感与犯罪的关系。当人持续体验自卑感时，可能就会形成缺陷人格，在这种人格特征之上激

---

① 吴宗宪：《西方犯罪学史》（第二版），中国人民公安大学出版社 2010 年版，第 801 页。

② 同上书，第 802 页。

发起补偿的个性心理倾向，做出鲁莽无礼、胆大妄为、反抗背叛、固执不化，并带有相当于英雄、战士、强盗的称霸的观念和施虐的冲动。①

（三）发展不足型超我与犯罪

瑞士的精神学家和少年犯罪学家奥古斯特·艾希霍恩（August Aichhorn）可能是第一个全面地用精神分析观点探讨少年犯罪的人。② 艾希霍恩认为，少年犯罪的主要原因是关怀不足导致的超我不足。通过对少年教养机构的少年犯罪人的观察，艾希霍恩提出，很多少年犯罪人都有不足型超我，这个超我因为弱小和薄弱，所以不能履行监督和控制本我的职责，少年会按照"快乐原则"追寻需要和欲望的满足，所以犯罪发生。③

艾希霍恩进一步分析了这种发展不足型超我产生的原因和过程。认为人一出生其实就是不合群的孤立的个体，本我起主导作用，一切为了快乐，此时的教养非常重要，恰当的教养就是让儿童尽快脱离这种本我的状态，进入自我和超我的状态。在这个过渡的阶段，亲子关系十分关键。如果儿童对父母产生了信任和依恋，就会产生对他们的认同，就会建立起健康的人际关系，在这种人际关系正常、感情温暖和谐的氛围中生长的儿童学会在社会上如何与他人进行沟通，建立人际关系。如果儿童在早期没有得到父母适当的关怀和爱，也就不会获得那种安全的依恋感，自然不会认同自己的父母，也不会建立最初的良好的人际关系。不认同父母也就不会接受父母的教养；反之养成了犯罪的素质（predisposition），成为潜在少年犯罪人（latent delinquent）。这种潜在的少年犯罪人是一种容易实施犯罪的少年。这种潜在少年犯罪人以冲动的方式追求自我需要的即刻满足，不管他人的需要，不管手段是否合法，缺乏罪恶感。这种犯罪的倾向不是天生的，而是由感情关系决定的。④ 这种感情就是父母与子女的感情。所以艾希霍恩提出，破裂的家庭、不和谐的家庭、过分严厉或过分宠爱的教养都会破坏儿童超我的发展。他将少年犯罪人分

① 吴宗宪：《西方犯罪学史》（第二版），中国人民公安大学出版社 2010 年版，第 802 页。

② Hall William J. E., *Criminology and Criminal Justice*, London: Butterworth, 1982, p. 55.

③ 吴宗宪：《西方犯罪学史》（第二版），中国人民公安大学出版社 2010 年版，第 805 页。

④ Aichihorn, A., *Wayward Youth: A Psychoanalytic Study of Delinquent Children*, *Illustrated by Actual Case Histories*, Meridian Books, 1955.

为三种，一种是缺乏关怀和爱而犯罪的人，一种是关怀和爱过度而犯罪的人，还有一种是超我发展良好但是却认同犯罪父母而犯罪的人。

既然少年犯罪的原因是缺乏适当的关怀和爱护，缺乏认同导致超我不足或不当，那么对于少年犯罪人的教育矫正则应是补充关怀，给予他们热情对待、同情、理解，为他们提供快乐、温暖的生活环境，使他们重新产生对成人的依恋、信任和认同，重建自我理想，而不是严厉的惩罚和报复。艾希霍恩一生都倡导关怀教育、理解和帮助少年犯罪人，促进其根本转变。弗洛伊德也赞赏艾希霍恩"用爱的奖赏来促进少年犯罪人变成被社会所接受的人"的教育方法。① 这正是关怀教育用于犯罪青少年教育矫正的理论与实践证据。

（四）　家庭关系与犯罪

美国著名的精神病学家、心理学家、少年犯罪学家威廉·希利（William Healy）倡导少年犯罪的多因论，但尤其重视家庭对少年犯罪的影响。"只有一半稍多一点的少年犯罪人生活在正常的家庭（双亲健在并且生活在一起）中"。② 在破裂家庭中生活的少年犯罪人要大大多于一般家庭的。希利和布朗纳发现，4000 名少年犯罪人中，40% 的人来自缺乏管教的家庭之中。③ 希利和布朗纳指出，少年犯罪人得到的关怀不够，爱的需要满足遭到了拒绝，受到了压制，他们感觉不到温暖，只能体验更多的寂寞和孤独。如果这种体验深刻且长期积累，儿童少年可能会产生强烈的满足需要的冲动和尝试性行为，一旦这些行为是任性的、反社会的，就会构成少年犯罪。④

美国犯罪心理学家戴维·亚伯拉罕森在其《犯罪与人类心理》一书中，谈到家庭紧张对犯罪的作用。他认为家庭是儿童社会化的第一场所，家庭氛围使儿童养成积极或消极的人格特质，这些特质决定了人表达关怀情感还是敌意和憎恶。少年犯罪的家庭比正常少年的家庭多了更多的

---

① 吴宗宪：《西方犯罪学史》（第二版），中国人民公安大学出版社 2010 年版，第 807 页。

② Healy, W. & Bronner, A. F., *Delinquents and Criminals: Their Making and Unmaking*, Montclair, NJ: Patterson Smith, 1968, p. 122.

③ Ibid., p. 125.

④ Healy, W. & Bronner, A. F., *New Light on Delingquency and Its Treatment*, New Haven, CT: Yale University Press, 1936, pp. 133 – 134.

敌意、憎恨、埋怨、责骂和争吵，在这种家庭氛围中的儿童得不到关怀和照顾，感情需要无法得到满足，结果儿童变得充满敌意和不安全感，导致越轨行为。

（五）母爱剥夺与犯罪

英国的精神分析学家、犯罪心理学家约翰·鲍尔比（John Bowlby）提出"母爱剥夺"是少年犯罪的一个主要原因。母爱剥夺导致少年"无感情性格"（affectionless character），其以违法犯罪作为获得感情的有效方式，他们以犯罪为乐，犯罪手段残忍。这种犯罪人类似于我国犯罪心理学家李玫瑾教授所讲的情结类犯罪人。犯罪人的心理问题往往由早年父母养育时造成的情感缺陷造成，犯罪是为了宣泄和缓解淤结的情感创伤。鲍尔比认为部分母爱剥夺与罪恶感、焦虑和抑郁、报复相关，完全剥夺则会损伤少年的人际交往能力，导致犯罪人格形成。

英国学者罗伯特·安德里认为，母爱剥夺并不是少年越轨的重要因素，相反，父爱剥夺是重要因素。他通过对 80 名违法犯罪少年和 80 名 12—15 岁的正常少年进行访谈发现，正常少年感受到了父母双方的关怀和爱，而违法犯罪少年只感受到了母亲的关怀和爱，父亲的关怀是不贴切的。而且违法犯罪少年向双亲表达关怀的能力不足，他们有些甚至讨厌双亲，在需要帮助的时候，要么不和父母商量，要么只向母亲要求。

总之，违法犯罪少年从双亲那里得不到心理上的关怀，与双亲没有适当的情感交流，家庭中弥漫着紧张的气氛，使双亲忽视子女的越轨行为，即使注意到了，也不能给予恰当的处理。[①] 值得注意的是，安德里和鲍尔比都关注到家庭关怀对于少年犯罪的重要影响，在幼儿时期母亲的关怀是关键，在童年后期父亲的关怀是关键。

（六）薄弱的自我与怀恨的儿童

美国著名的精神分析学家、犯罪心理学家弗里茨·雷德尔（Fritz Redl）和矫正专家、精神分析学家戴维·瓦因蔓（David Wineman）提出有攻击性行为的儿童是"怀恨的儿童"，"怀恨的儿童"对父母和他人充满敌意，遇到挫折经常非常愤怒并实施暴力行为，在幼年就出现违警行为，如偷窃、破坏、逃学等。

---

① 吴宗宪：《西方犯罪学史》（第二版），中国人民公安大学出版社 2010 年版，第 844 页。

总之，精神分析理论强调家庭需要的满足在预防犯罪中的重要作用。本书认为，这里的需要和欲望更多的应该是一种生的本能所提供的爱的需要、关怀的需要。换言之，如果儿童青少年在家庭中得到了关怀和照顾，心理发展阶段顺利进行，则可能有效预防一些犯罪行为发生。

第二节 社会学习理论

班杜拉对人性和因果论进行了理性思考，他提出人与环境和行为的三元交互模式。一改传统行为主义的环境与行为的单向关系，注重从行为、环境和人构成的交互系统对行为进行整体研究。他主张个体的性格和命运不是被动地由环境决定的牺牲品；相反，人可以主动决定环境的性质并发展行为的能力，从而实现对个体命运的主宰。所以，行为不是先天的，而是后天习得的，无论这种行为在性质上是良好的还是罪错的。班杜拉认为，粗暴代替了关怀，习得犯罪行为；敌意代替关怀，诱发犯罪行为；冷漠吞噬关怀，维持犯罪行为。

一 粗暴代替关怀，犯罪行为习得

班杜拉认为，侵犯是后天学习的产物。所谓学习主要有两种方式：

（1）观察学习

观察学习就是通过观看他人而习得复杂行为的过程。观察学习的心理机制是示范和模仿。常见的示范主要有家庭示范、亚文化群体的示范和符号示范。其中父母是儿童最亲密、最主要的示范者，亚文化群体是越轨少年主要的参照群体，广播等大众传媒的符号示范也为儿童青少年提供了榜样。观察学习过程会经历注意、保持、再现和强化的过程。一旦观察的示范行为受到强化，示范行为就会被获得。所以针对儿童青少年的一般不良行为，父母或者教师不是采取简单粗暴的方式进行惩罚，而是采取关怀的方式如积极有效的温和方式妥善解决，避免给正在生长中的儿童青少年提供模仿的榜样和机会。

（2）直接学习

班杜拉的社会学习理论在肯定观察学习和替代性强化的同时，并没有忽视自我强化的直接学习。如果直接体验到犯罪行为所带来的满足和快乐，则犯罪行为将有可能再次实施。如果体验到关怀所带来的快乐与温暖，则关怀行为有可能再次发生。所以，关怀习得关怀，犯罪习得犯罪。

二 敌意代替关怀，诱发犯罪行为

儿童青少年可以通过观察学习和直接学习获得违法犯罪的行为方式，已经获得的这些行为方式会在一定诱因的激发下变成犯罪行为。而这些诱因是激活习得的犯罪行为的重要中介变量：由挫折导致的愤怒情绪、他人攻击、恶化的生活条件，攻击行为积极结果的期待，他人的强迫和命令。如果这些诱因被关怀化解，以温暖、体贴、支持、肯定的感受和真善美的愉悦情绪、对他人的善意多于敌意与防卫、充满关怀的环境、对关怀行为的期待、他人的理解与尊重，犯罪行为就可能会被及时自觉到，并被控制。

三 冷漠吞噬观察，犯罪行为维持

通过观察学习和直接学习习得侵犯，用敌意代替关怀诱发侵犯，将冷漠进行下去，犯罪行为会被维持。具体来讲，当通过观察学习实施了初次的违法犯罪行为后，这种行为方式将通过外部强化、替代性强化和自我强化得以保存。所谓外部强化比如物质的报酬、社会赞许、痛苦体验的消除，甚至被害人的痛苦表现都可能成为犯罪行为的强化物。所谓替代性强化是指观察到别人的侵犯行为受到惩罚或者奖赏，间接地增强或减弱自己实施侵犯行为的可能性。如果实施违法犯罪行为之后，自己体验到了自豪、自尊心的满足，那么他将坚持实施侵犯。

目前愈演愈烈的校园欺凌、校园暴力还有某些极端恶性伤害事件，让人们再次反思青少年的生长，甚至有学者或者公众人士提出降低刑事责任年龄，由地方政府设立"惩戒"规章对实施严重危害社会、触犯刑法的未成年人或者影响教育教学秩序的学生进行适当惩戒以减少和控制这种低龄少年的不良行为或罪错行为，还有学者将矛头指向学校的责任，谴责学校教育的无能。但是值得关注的是，仅仅靠法律、行政等强制手段就能真的挽救那些走在越轨道路上的青少年吗？仅仅靠一个学校教育就能完全承担起预防少年罪错的重担吗？其实，当人们都在指责青少年自身、指责教育的无能时，是否应该警醒自己忽略了一个最重要、最根本的因素呢？当下青少年存在的一些越轨或者犯罪问题，更为深层的原因还是社会急剧发展、迅速转型时期难以避免的某些冲突和冷漠的社会风气。在有人被欺凌，甚至生命受到威胁时，更多的人选择了冷漠旁观，甚至有人拍照发朋友圈，实施欺凌或者罪错行为的青少年体验到的不是因为关怀激发的内疚和羞耻感，反而是自豪感和满足感，欺凌或罪错行为容易再次发生并扩散。虽然责任扩散是阻止人们面对遭受侵犯、需要帮助的人不实施救助的一个原因，但是关怀缺失导致的人性向善的倾向受到抑制、向恶的倾向受到助长才是最重要、最根本、最值得关注的问题。

四 关怀与自我调节

侵犯行为不仅受到观察学习和直接学习的调节，也会受到自我调节能力的影响。当犯罪人对自己的侵犯行为产生内疚和自责时，侵犯行为会被抑制。内疚和自责的产生则受到超我的控制，如果超我恰当，自我调节能力较强，犯罪行为将会逐步消退，不会进一步恶性发展。在这里，超我实质是关怀型关系我。没有关怀，超我就失去了灵魂；没有关怀，超我也失去了存在的价值。关怀让超我丰满，让超我富有灵气，拥有能量。关怀扎根于超我中，关怀调节着现实中我的行为。关怀越强，对侵犯行为的调节越强，侵犯行为就越不容易发生。

班杜拉的社会学习理论在解释少年罪错的心理机制方面提供给了很多有价值的思考，尤其是对于替代性强化、榜样等概念，对于青少年暴力犯罪行为、侵财行为具有启发意义。榜样是诺丁斯关怀理论强调的进行关怀教育的方法之一，诺丁斯认为在关怀的氛围中生长，才能具备关怀的体验和记忆，才能形成关怀的品质，所以对于人生观和价值观处于生长关键期的青少年来讲，关怀型教师或者父母、同伴是青少年最好的榜样。社会学习理论通过一系列关于青少年侵犯行为的实验室实验证实了侵犯导致侵犯。因此倡导关怀型社会、关怀型自我是预防少年罪错的一条最值得关注、最根本的途径。

第三节　人本主义理论

人本主义心理学是 20 世纪五六十年代在美国产生和发展起来的，源于当时日益严重的社会问题——精神空虚、道德堕落、少年犯罪率等居高不下。一方面是高度发达的物质文明，另一方面是生命意义和价值的缺失。许多人感受不到作为人的快乐和意义，而社会又缺乏一种积极、健康的价值观，使许多青少年在极度宣扬个人主义的狂乱后陷入了无价值感的危机之中。社会各界呼吁重新发现自我和关注人的尊严。

人本主义心理学反对以黑格尔学说为代表的理性主义存在，主张以非理性的存在取代客观物质和理性存在。[①] 海德格尔用现象学方法探讨了本体论的存在，主张从关系的角度理解人的存在，解决有意义的人类实际问题。罗洛·梅认为，存在主义是一种追寻人类存在的态度，是思想预想和基本倾向，是对忽略人类精神的修正。罗洛·梅试图发现人具有自我选择和创造的能力，存在即价值。[②] 马斯洛和罗杰斯都肯定"人生的目的是成为真正的自我"，认为一个人要想自由地生长和实现内在的潜能，就必须做出正确的选择。人本主义心理学家都肯定人类真实的内在自我，不赞成用客观的方法研究表面的肤浅的东西；强调意向在人格中的意义；强调应对人生意义和价值进行探究。

一　关注人的内在

人本主义心理学反对行为主义排斥意识的机械的 S-R 模式，强调刺激和反应之间所发生的各种意识现象的分析。

人不是一个无生命的客体，不是一个不能对自己行为负责的、纯粹反应的、消极无助的客体，人需要重视人的自我体验，重视对健康内在本性的寻找。关怀理论认为关怀是人的基本存在方式，也是人的基本需要。没有关怀，人难以存在和成为人。关怀是一种复杂的成分，但核心是情感。关怀理论主张人类要关注自己和他人的需求，关怀内心世界。

---

① 叶浩生：《西方心理学的历史与体系》，人民教育出版社 2010 年版，第 524 页。
② 同上书，第 525 页。

二 关注人的向善性

人本主义心理学家认为，人是一个可以自我选择和建构的主体，人有能力为自己的存在方式负责。如果有适宜的生长环境，人性就会朝着健康的方向发展。罗洛·梅认为人性中善恶兼有，"生命是善与恶的混合……它包括获得善，但又不和恶相分离"。[①] 善恶的辩证关系为人生提供了动力和深度。关怀理论虽然没有提及人性善恶的问题，但是关怀理论关注人性向善的建构。诺丁斯指出，我们要培养学会关怀的能力，首先是认识人相互依赖的特点。"当我们受到伤害时，我们也有责任"，因为我们持有的消极应得观导致我们做了自取其害的事情。很多人只想采取"严惩罪犯"的方式控制犯罪，但是这种蓄意施加伤害的方法对于犯罪者来说，实际是有很大风险的，因为它增加了愤怒和怨恨而非后悔和愧疚。尤其是对于青少年的越轨行为，我们更应该避免采用这种蓄意伤害他们的暴力方式解决问题。

第四节　同理心理论

同理心（empathy）又叫同感、共情、移情、神入。虽然诺丁斯明确反对将关怀等同于同理心（empathy），诺丁斯认为关怀的关注特点更像是同情心（sympathy）。但是通过深入分析同理心理论的内涵，还是可以清晰地发现心理学中的同感而非同情更像是关怀理论中的关注。

一　同理心与关怀相通

同理心是一种设身处地、感同身受的态度和能力。即站在对方立场上，体会他人的思想、观点和感受，理解他人的立场和心理状态。是进入他人的世界，接纳他人的世界，好像那是自己的世界一样。同理心不是投射，投射是把自己内心存在的不为社会所接受的欲望、态度和行为

---

① May，R.，*Power and Innocence：A Search for the Sources of Violence*，W. W. Norton & Company，Inc.，1972，p. 260.

推诿到他人身上或归咎于别的原因。① Webster（2000）曾将同理心翻译为移情，认为移情是"把自己的个性投射到一个物体之上，将自己的情感、反应赋予一个物体"。② 这种将个人的个性投射到另一个身上的过程，是一种控制的过程，一个普泛化的过程，如果对同理心的含义进行这样的解读，的确不是诺丁斯所提出的"接受性关怀"。而 Empathy 最恰当的翻译不是移情，而是同感、同理心。同理心不是推己及人，而是融人人己、融己入人，是感同身受，是接受式不是控制投射式，这样才真正对应了诺丁斯的关怀。

构造主义心理学家铁钦纳在提出同理心的概念同时，明确区分了同理心与同情，认为同情并无感同身受之意，同情的实质是不平等的怜悯。人本主义心理学家卡尔·罗杰斯则进一步明确了同理心和同情心的区别。他指出同情心是指对某事或某人的觉察与同情及这种感情的表露。而且认为人人都有同情心但不一定有同理心。同理心的本质是设身处地、感同身受，二者区别主要表现在：

第一，同情心是站在自己的立场和观点上对他人痛苦或遭遇产生的悲悯之心，而同理心是自己设身处地站到他人的立场上感受他人的痛苦或遭遇。

第二，同情心往往有先决条件，即明确他人痛苦的原因后我们才会产生同情心；而同理心是不需要事前归因的。没有同情心，可以有同理心。同理心让人更加了解他人，而不需要赞同他人；有同理心，不见得有同情心。

第三，同情心是不平等的关心，是居高临下的关怀，会引发人际关系更深层次的分离；而同理心则是站在和对方一样的位置，对他人的经历感同身受，是平等的关怀。

第四，同情心的核心是怜悯，同理心的核心是理解。同理心是同情心的基础，它有助于建立合作互助的人际关系和利他的道德品质。同情心强调的是我们对他人不幸感到遗憾或怜悯的能力，注重自己的感觉，

---

① 叶浩生：《西方心理学的历史与体系》，人民教育出版社 2010 年版，第 310 页。

② Verducci, S. A., "A Conceptual History of Empathy and the Questions It Raises for Moral Education", *Educational Theory*, Vol. 50, No. 1, 2000.

并把自己的感觉完全赋予了他人。同理心强调他人的想法和感受，强调"从对方观点看世界"的态度和能力。

二 同理心引发关怀情感

同理心作为一个心理学概念引发了许多相关领域的科学研究。心理学家发现，当人们出现人际冲突时，同理心可以帮助人们快速找到解决问题的方法，通过把自己放在他人的世界里面，想之所想，痛其所痛，就会多份理解和接纳。后来有观点认为同理心是孔子所主张的"己所不欲，勿施于人"思想的再现，认为同理心是"推己及人"，西方心理治疗中的"黄金法则"——"你想他人怎样对你，你就要怎样对待他人"是同理心的体现。或许这种理解恰恰是诺丁斯反对将自己的关怀理解为同理心的主要原因。同理心在心理治疗领域中的运用则还原了同理心的本身意蕴，尊重了同理心的内涵。同理心不是推己及人，而是融人入己、融己入人，是感同身受，是接受式不是控制投射式。在现实生活中，一个富有同理心的人更容易理解他人，关怀他人。事实上，同理心是人的社会化的重要环节，是建立人际关系的基础，也是个人发展与成功的基石。

人与人的关系最初本没有规则和定律，唯有感同身受，才为双方留下交往的空间，设想双方所想、所思、所感，才开始有了规则，有了秩序。有了同理心，我们将多份包容与理解，少些挑剔和抱怨，少些攻击和犯罪。同理心让人们体验到更多的赞赏、鼓励、肯定和支持，体验到更浓厚的关怀情感。有了同理心，就会有连接，就会产生心理上的共鸣和联系，就会有你在我心中，我会关心你的感受。

同理心体现了人的情商，表达了人在情绪调节、感同身受、倾听以及尊重等方面的态度和能力。情商（EQ）是情绪智商，美国耶鲁大学的萨洛韦和新罕布什尔大学的梅耶在1990年把情商定义为"个体监控自己及他人的情绪和情感，并识别、利用这些信息指导自己的思想和行为的能力"。

三 同理心与关怀都是情理交融

同理心是一个复杂的多成分的心理现象。同理心有两种，有情感同理心和认知同理心。Decety 和 Lamm（2006）提出情感同理心是指被他人情绪所诱发的情绪唤醒，认知同理心是自上而下推理他人情绪和感受的认识过程。[①]

认知神经科学研究发现，前岛叶、扣带回、颞极、内侧前额叶等脑区是共情的核心网络，而情感同理心和理性同理心在大脑中有不同的代表部位。岛叶的灰质密度较高的人，表现出较多的情感同理心。扣带皮层区的灰质密度较高的人，表现出较多的理性同理心。

Eres 强调："人们每天都会有意识或无意识地使用同理心来导航社交世界。我们用同理心来沟通、建立关系，以及巩固我们对于别人的认识。"在未来人们可能会进一步研究同理心与脑结构的关系，如探讨同理心的训练及所导致的脑结构变化，或者脑损伤与同理心减弱或消失的关系。

四　同理心与少年罪错的关系

同理心是个体感知或想象并体验到他人感受的心理过程。关于同理心与少年罪错的关系得到众多学者的关注，研究发现犯罪青少年的同理心比正常青少年的低。Carr 等通过对犯罪青少年对儿童恐惧表情的识别和同理心研究发现，同理心和犯罪行为呈负相关。有学者研究了犯罪青少年同理心低的原因，认为情绪识别能力和情绪表达能力低是造成犯罪青少年同理心低的关键因素。当然 Jolliffe 等通过元分析研究方法发现同理心与犯罪之间似乎是通过智商、社会经济地位这些中介因素起作用。总之，犯罪青少年的同理心低是客观事实，目前研究的重点应该是到底是什么导致了犯罪青少年的同理心低？本书认为，可能是关怀缺失或者关怀过度导致了犯罪青少年同理心低。同理心是一种设身处地、感同身受的心理过程。这种过程首先肯定人的关系性，人是社会关系的总和，所以人与人之间的相互依赖就格外重要。

在人的生命早期，表现出来的最具人性的心理现象是情感，而这种情感更多是依恋。依恋是人在生命之初对其稳定抚养者的依赖和眷恋之

---

① Decety, J., & Lamm, C., "Human Empathy Through the Lens of Social Neuroslience", *The Scientific World Journal*, Vol. 6, 2006.

情。当婴儿被抚养者关怀照顾时，婴儿的需要得到满足，愉悦的感受会被记录和保存，最初的依赖和信任的人际关系建立。当这种依恋得到维持和提升时，婴儿就会出现满足、安静、快乐的表现；反之，会出现焦躁、哭闹、容易发怒、敌对等消极表现。在依恋情感建立的过程中，关怀至关重要。如果没有关怀，信任和依恋难以建立，个人归属和爱的需要得不到满足，怎么可能会设身处地去理解他人的感受？所以同理心很难生成。通过对后天养成为主的危险人格的犯罪青少年进行心理分析发现，错误的抚养方式（关怀缺失和关怀过度）如果持续到基本社会化的关键期结束（18 岁），那么在这个期间所形成的人格问题会伴随其一生并对其心理和行为产生终生影响。

关怀缺失容易导致犯罪人格。所谓关怀缺失，主要是得到的关怀匮乏，缺乏生活保障或者情感滋养。这种关怀缺失对于抚养者来说基本等同于不抚养，造成的后果是尚未独立的儿童青少年过早地处于"自生自灭"的困境，当弱小的生命挣扎在生存的边缘时，他们只能选择"不择手段"，选择冷酷无情。一旦这种心理和行为成为习惯和观念时，这类人就会一生与犯罪相伴，一生缺乏同理心。当然，也可能是青少年有基本的物质生活保障，但是情感关怀缺失，这类青少年一方面对应的是留守青少年，由于无法在父母身边，享受到父母的温暖和情感支持，所以同理心的发育受挫；另一方面对应的可能是生长在严厉型抚养方式下的青少年，他们因为目睹了父母对自己的"残忍"和"暴力"，情感同理心受阻。

关怀过度就是所谓的溺爱，在得到过度的关怀和照顾中生长起来的青少年容易出现缺陷人格。因为得到了超常的过度的关怀，青少年容易出现一种消极的应得观，认为别人的关怀是应当做的，不需要回应和肯定，久而久之，这类青少年会出现唯我独尊、无法无天的自私人格。他们会认同和传递已经学会的任性和自私的行为方式，导致经常侵犯他人权益满足自我需要。这类青少年的心里只有自己，没有他人，所以他们也不会有理解他人思想和感受的意识和能力，同理心低。

同理心可以帮助人们快速找到解决问题的方法，通过把自己放在他人的世界里面，想之所想，痛其所痛，就会多分理解和接纳。人和人之间当有了感同身受后，双方进入了彼此的空间才开始有了规则，有了秩序，才会少些攻击和犯罪。有研究发现，犯罪青少年的同理心比正常青少年的低[1]，同理心和犯罪行为呈负相关[2]，犯罪青少年情绪识别能力和情绪表达能力低。[3] 同理心是关怀的一部分。关怀缺失容易导致犯罪人格。关怀过度容易导致缺陷人格。总之，同理心理论为关怀理论视角下的少年罪错提供了趋同证据。

---

① Jollifffe, D., Farrington, D. P., "Empathy and Offending: A Systematic Review and Meta-analysis", *Aggression and Vionlent Behavior*, Vol. 9, No. 5, 2004.

② Carr, M. B., Lutjemeier, J. A., "The Relation of Facial Affect Recognition and Empathy to Delinquency in Youth Offenders", *Adolescence*, Vol. 40, No. 159, 2005.

③ Robinson, R., Robers, W. L., Strayer, J., et al., "Empathy and Emotional Responsiveness in Delinquent and Non-delinquent Adolescents", *Social Development*, Vol. 16, No. 3, 2007.

第 五 章

关怀理念下少年罪错预防的
教育学基础

第一节　关怀教育

关怀教育是诺丁斯将关怀理论应用到教育中，尤其是应用到德育中时所倡导的思想。

一　关怀教育的观点

诺丁斯非常鲜明地提出关怀是教育的根本，是教育的目标。她认为加德纳的多元智能理论（语言智能、逻辑—数学智能、空间智能、身体—运动智能、音乐智能、人际关系智能、自我认识智能、自然观察者智能）缺少了最为核心的东西，也是最根本和最重要的东西——人的情感。诺丁斯和鲁迪克（Ruddick）所关注的道德发展和接受性没有被考虑，而且这个多元智能理论没有关注人的需要、健康、自我保护和精神的发展。①

诺丁斯在生存论的基础上，吸收了海德格尔的"关怀"理论，创造性地提出自己的关怀理论体系，并率先在教育中推广和应用。她认为"我们应该教育所有的人，既以能力也以关心为指向。我们的目标就是鼓

---

① Noddings, N., *The Challenge to Care in Schools：An Alternative Approach to Education*, New York：Teachers College Press, 1992, p. 46.

励富有能力、关心、热情与爱心的人的生长"。① 关怀教育的主体是关怀，关怀自我的身体、精神、职业和自我超越，关怀亲密的人（家人、朋友、同事、邻居、孩子、学生），关怀遥远生疏的人，关怀动物、植物，关怀文化世界，关怀思想等。诺丁斯的关怀教育具有较为系统和完整的结构，充分展现了人与世界、人与人、人与社会的联系，建构了一个全新的道德教育体系，开拓了一条新的道德教育路线。

在关怀教育思想启发下，提出真正健康完善的教育应该是关怀人的自然生命、价值生命、智慧生命，最终实现超越生命。② 关怀教育提出的关系思想使现实存在的教育突破了时空的限制，使人从生存走向存在，使人翻越了个体的樊篱，进入他人世界，进入类存在之中。类存在肯定了人的本质，将人之为人的意识唤醒，将教育引向类世界，引向一个丰盈、澄明无限的世界。关怀教育超越了主体教育，是一种更好地融合了自然教育和社会教育的真、善、美的教育。关怀教育充分关注人存在的价值和自由，关注人的尊严和精神需要。

关怀教育突出人的关系。我国著名教育家叶澜教授也非常强调关系，强调教育中的师生关系，关注师生互动，将教师或者学生孤立的生命引向联系的生命，将一种静态的生命引向动态的生命。"主体为每个人的发展都提供了多种可能性，并赋予人在一定条件下主宰自己命运的可能。"③

关怀教育面向的是人，是情理相融的人。关怀教育突出了教育的动态性和建构性。从人的本质角度，深层次挖掘教育的本质。以关怀的态度对待人，对待我们的生存环境，会使生命获得更加精彩的色彩。关怀教育赋予了学校生活亮丽的色彩，使学校教育充满了人性的关怀和精神追求。在关怀教育的启发下，师生必将彼此关心，改变生存方式，将原来的消极被动适应关系转变为积极主动建构的生存方式。这是关怀教育对人的一种回答。

---

① Noddings, N., *The Challenge to Care in Schools*: *An Alternative Approach to Education*, New York: Teachers College Press, 1992, p. xiv.

② 刘济良、岳龙：《关注生命：教育的本质》，《南都学坛》（哲学社会科学版）2001 年第 1 期。

③ 叶澜：《论影响人发展的诸因素及其与发展主体的动态关系》，《中国社会科学》1986 年第 3 期。

二　关怀教育中的启示

社会学家马克斯·韦伯曾说"现代社会区别于传统社会的两个基本特质，就是理性化和理性化导致的祛魅"。工具理性不断扩张和主宰，人成为工具的奴仆，一切成为满足人需要的手段。"物质和精神失衡的20世纪，教育的基本特征是功利主义，其目的是唯经济功利，其手段是唯工具理性。"① 在这种工具理性的统治下，道德教育这种直接关涉人的价值观和精神世界，直接关系人的道德品质和价值定位的活动也成为服务经济利益或其他利益的工具。德育成为经济、政治的工具，成为应对检查的工具，连学校中最纯洁和最重要的师生关系也变成了职能化的关系，失去了原本的情感相融，心灵碰撞，失去了德性的共生共长，也失去了师生关系的温暖和谐。关怀教育应运而生，它将教育的价值取向拉回到关怀人的目标上，将教育回归到生活中，为了生活而教，为了教育而生活。生活是教育的源泉和根基。回归生活、回归人生长的关怀教育挽救了被工具理性侵蚀的教育，将教育自身的精神意蕴表征出来。人不再是被动地服从于工具的奴隶，而是有着内在精神需要的自主的人，是主动寻求精神发展的人，关怀教育就是使人成为人的过程。关怀教育既然是使人成为人，成为什么样的人是关怀教育的目标。发展人的关怀意识，培养人的关怀态度，锻炼人的关怀能力，使关怀成为人的信仰，做关怀型关系的人既是个体自我健康生长的需要，也是时代发展的深切呼唤。

关怀教育是一种有深度的教育，有内涵的教育。有了深度，就会有本源的沟通，就会有根性的联结，关怀教育架构起教育系统中新的话语体系和理论体系，将教育中诸多力量联结起来，形成一个合力，为教育中的人提供支持和帮助。关怀教育让我们可以直面我们的人生，通过关怀，我们的生活质量获得提高，通过关怀，人获得了存在的价值。关怀教育满足了个体"生的本能"，给人以无限正能量，不断塑造着人，改造着人，将人引向更加丰富和有意义的人生。叶澜教授曾指出"人的生命

---

① 鲁洁:《教育的返本归真——德育之根基所在》,《华东师范大学学报》（教育科学版）2001年第4期。

是教育的基石，生命是教育学思考的原点"。① 教育的价值和意义在于它能提升人的生命价值，创造人的精神生命。精神生命是促进转化的基础性构成，转化的本质实质是精神能量的转化和生成过程。唯有关怀教育，才能营造关怀型氛围，才能促使师生更加主动地投入到教育实践活动中，最终实现教育目标。所以在教育教学互动中，要真正关心学生，关心教育，给予学生更多认识和体悟，让他们在不断的人际互动中获得精神食粮。唯有学生感受到被关怀，他才会愿意融入学校教育，这是获得发展的根本，也是存在的本真体现。总之，关怀教育以一种复杂的全新的整体性思维寻求人自觉的价值追求，在当代我国学校教育和家庭教育乃至社会教育中具有重要的意义。关怀教育会调动起更多的力量，会促使教育者和受教育者共同合作，拓展出一条新的教育之路。

第二节　情感教育

情感发展是教育的本源和根基。只有情感，人才成为真正意义上的人，只有情感，人才会真正过上人的生活。人的本质是其情感的质量和表达。② 所以，人的发展实际是情感的发展和增长的过程。

一　情感教育的观点

情感教育（affective education）是现代教育中的重要组成部分，是根据学生身心发展和社会的要求所实施的一种教育活动。人之所以是人，因为人之情感，如果教育活动只关注人的思维发展，忽视情感需求，人的精神生长会停滞甚至倒退，教育也随之变成目中无人的教育，成为异化的教育。基于此，联合国教科文组织指出："教育的一个特定目的是要培养感情方面的品质，特别是在人和人的关系中的感情品质。"③

---

① 《为"生命·实践教育学派"的创建而努力——叶澜教授访谈录》，《教育研究》2004年第2期。

② 朱小蔓：《关注心灵成长的教育》，北京师范大学出版社2012年版，第231页。

③ 联合国教科文组织国际教育发展委员会：《学会生存——教育世界的今天和明天》，教育科学出版社1999年版。

情感教育塑造美好心灵，培养健康的情感。它关注态度、情感以及情绪，核心内容是自尊、快乐和人际关系、社交技能。情感教育充分体现了人本主义思想，让人更像人。认知教育是使人更加睿智，情感教育是使人更加完整。我国赏识教育专家周弘曾提出："教育的本质是一种心态，是一种情感。"

在我国最早提出情感教育思想的是上海师范大学的卢家楣教授，他出版了我国第一本情感教学的专著《情感教学心理学》，从心理学角度对情感教学进行了深入分析①，中央教育科学研究所朱小蔓教授出版了很有影响的《情感教育论纲》，系统深入地论述了情感教育。情感教育主要是指道德情感教育，道德情感简称为道德感，是以社会道德规范为出发点，对社会现实的体验和感悟，是道德性质的活动在人心理上的情绪反应和内心感受。道德性质的活动是关系性的互动，是人将自己与他人关系的合理性反向于己，由自己的评级标准激发出来的情感。道德情感不是主体外的情感反应，而是主体内的归属需要和向善需要的情感反应，是积极的情感反应。② 朱小蔓教授进一步指出，道德情感并不总是以逻辑——认知活动及其结构为主要前提，相反常常以社会认知（尤其是人际知觉）引起的情感为基础和前提。道德情感教育中的内容包含对自己的情感，如自尊感、自信感、自我同一性感，对他人的情感，如关怀感、仁慈感、真诚感、善解人意感，对自然的情感，如敬畏感、亲近感、爱护感、秩序感等，对社会的情感，如责任感、公正感、成就感、爱国感。总之，道德情感是一个复杂的多层次的心理结构，是人的高级情感。情感教育则以道德情感塑造为核心，以个人的体验为载体，以情感态度养成为表征，通过情感和认知的相互作用，培养情感性道德人格。情感教育注重道德认知和道德体验的结合，注重显性和隐性的结合，突出在特定的情感场中塑造道德情感品质。情感教育的目标是提高自己的道德情操，融情入理，真、善、美结合，自爱和他爱结合，受爱和创爱结合，追求人生的幸福和美好。

---

① 卢家楣：《情感教学心理学》，上海教育出版社 2000 年版，第 21 页。
② 朱小蔓：《关注心灵成长的教育》，北京师范大学出版社 2012 年版，第 268 页。

二　情感教育的启示

情感教育思想包含了丰富的关怀思想，关注人的情感，关怀人的精神，关心人的价值。情感教育的内容博大精深，有生命教育、亲情教育、友情教育、爱情教育、民情教育、国情教育、生态教育。[①] 情感教育"关注人的情感层面如何在教育的影响下不断产生新质、走向新的高度，也是关注作为人的生命机制之一的情感机制，如何与生理机制思维机制一道协调发挥作用，以达到最佳的功能状态"。[②] 通过情感教育，促进学生情绪、情感和态度的发展，促进完整大脑——右半球的功能优势化发展。

我国学者朱小蔓教授认为，将情感提到与认知并列的地位，对情感来说非但不为过分反而仍嫌不足，情感应该成为教育最为根本的目的。[③] 在当今中国特殊的历史与时代背景下，无论是杜威的生活教育，还是西方的生命哲学，都无法直接面对当前我国教育的实践问题。情感教育重视人的情感，重视人的自由、人的尊严，这些为关怀教育奠定了坚实的教育学基础。关怀教育甚至成为情感教育最重要的组成部分。关怀教育关注人的根本、人的本真、人的本质。两者都是针对教育诟病所做的尝试和突破，他们都将教育的目标直接指向了人。只是关怀教育比情感教育更加具体，更加深入。关怀教育比情感教育更关注人格的纵深发展。而且关怀教育和情感教育都关注关系，突破单子我，创造多子我。

从人的发展历程来说，人需要从生物学的单子自我向生态学的关系自我的转变；从人的发展的动力上说，人需要从机械论向相互作用论转变，肯定人与环境、人与人的相互作用对人自身发展的重要意义。研究者已经注意到学校道德教育的生命价值。目前一系列新概念，如人道主义取向、人格至上、主体创造、情感优先等正越来越被人们所关注。从某种意义上说，情感正超越道德教育的领域走向更广阔的领域，成为人

---

① 刘晓伟：《情感教育——塑造更完美的人生》，华东师范大学出版社 2007 年版，第 90—141 页。

② 朱小蔓：《情感教育论纲》，南京出版社 1993 年版，第 6 页。

③ 朱小蔓：《教育的问题与挑战》，南京师范大学出版社 2000 年版，第 172 页。

存在的根本。关怀情感作为道德情感中的基础和核心，给教育带来了新的气息。关怀目前已经实现了将道德情感从道德领域推向整个教育领域甚至生活领域的理想。关怀教育不仅关注关怀情感，而且关注关怀认知、意志、态度和能力，关怀教育是比情感教育更深入、更全面的教育。人不仅是有生命的个体，人更主要是有情感的个体，有关怀情感的个体。人之所以为人，是因为人有高尚的道德情感，在高尚的道德情感中，本研究认为最为重要和根本性的情感是关怀。唯有关怀，人才能克服自身的狭隘，从单子我走向多子我；唯有关怀，人才能体验到做人的尊严；唯有关怀，才会让人体验到真实的存在。关怀是人最深刻的渴望。关怀教育就是要培养有能力，关怀人、爱人也值得人爱的人。诺丁斯的关怀教育思想超越了传统对教育活动的狭隘理解，从关怀的角度重新组织教育，谴责教育活动中的冷漠和忽视，要求提高教育者和受教育者的关怀品质。罗伯特·麦瑞克（Robert Myrick）指出，关怀是教育者的基本品质之一，教育者需要具备六种品质，分别为关怀、理解、认同、尊重、友情和信任。教师关怀会帮助学生从不成熟走向成熟，从不道德走向道德，从他律走向自律。关怀也应该成为受教育者的品质，联合国教科文组织提出的"学会关心"正是针对受教育者而言，2000年北京召开的健康教育学术交流会上，美国和法国专家提出的"心情教育"概念，本身就是关怀教育的思想，心情教育引导人理解真爱，学会关爱他人。心情教育认为爱的训练与体察是心情生长的营养素，关爱是人本质中最深层的动机。关怀教育还强调关怀要成为教育的品质。诺丁斯指出关怀是一切成功教育的基石。我国著名教育家叶澜提出人的生命是教育的基石，教育要直面人的生命，提高人的生命质量。如今教育实践中忽视和冷漠成为困扰教育发展的最大"瓶颈"。

总之，关怀教育比情感教育更加聚焦，更加深刻，将情感教育的核心内容提升到关键地位。关怀是所有道德情感的基础，关怀教育是情感教育的基础。关怀是人的依存状态，更是一种基本的需要。通过关怀，人们可以获得安全感、信任感、归属感、责任感和使命感。关怀教育凸显了现代学校教育的价值和使命，使人的非理性、智能和社会性充分地表现出来，使学生的主动性越来越得到关注，学生的需要、学生的主体地位越来越成为教育实践活动的重要内容。关怀教育符合21世纪教育的潮流，顺应了当前颇有影响力的教育理论与实践模式——主体性教育①，是与主体性教育并列的当今非常宝贵的思想与实践资源。

第三节 品格教育

一 品格教育的观点

品格教育（character educantion）是个古老的概念，因为教育的目标是塑造品格，让人变好。② 那时的品格教育被称为传统的品格教育，即通过纪律、榜样、课程实施。20世纪80年代中后期，社会环境发生了急剧变化，暴力、色情、不诚实、家庭破裂等社会问题大量涌现，青少年的成长受到了巨大的威胁，学校教育的钟摆偏得太远了，几种主要的道德教育理论（价值澄清理论和道德认知发展理论）无法解决道德滑坡和价值沦丧的困境，品格教育的著名学者里克纳（Lickona）认为"学校面对严重的社会问题决不能成为一个伦理旁观者"③，美国教育界开始重新反思并回归传统的道德教育模式，新品格教育开始复兴，以其独特的理念和方法开始盛行于美国，且成为当今美国的一种主流形式的道德教育。新品格教育旨在塑造青少年正确的价值观，是家庭、学校和社会努力帮助年轻人理解、关心和实施核心道德价值观的教育实践活动。④

里克纳认为，好品格就是知善、向善和行善。⑤ 伊利诺伊大学教授 Edward Wynne 等认为，大多数儿童和成人都不是自然而然地出于内在理性开始做善事的。⑥ 品格是一个包含思维、情感和行为的综合概念。在思

---

① 主体性教育的倡导者主要有裴娣娜教授、杨晓微教授等，他们在理论和实践中进行了很多创造性的探索。

② Doyle，D. P.，"Education and Character：A Conservative View"，*Phi Delta Kappan*，Vol. 78，No. 6，1997.

③ Noll，J. W.，"Taking Sides：Clashing Views on Controversial Educational Issues（9th ed.）"，*Dushkin/McGraw-Hill*，Vol. 52，1997.

④ 杨韶刚：《美国品格教育的最新发展研究》，《江西师范大学学报》（哲学社会科学版）2002年第2期。

⑤ 戚万学、赵文静：《何谓有效的品格教育？——美国CEP及其教育的基本原则》，《外国教育研究》2001年第2期。

⑥ Lickona，T. A.，"More Complex Analysis is Needed"，*Phi Delta Kappan*，Vol. 79，No. 6，1998.

维上就是了解道德价值、设身处地地进行道德推理和道德判断。在情感上就能感受到自己的责任、自尊、同情、自我控制等。在行为上就是倾听、沟通、合作，养成良好的道德习惯。① 品格教育就是进行最基本、最普遍、最根本和最重要的道德品质的教育，如关心、诚实、正直、责任和对于自己和他人的尊重②，是包含了道德认知、道德情感和道德行为的教育。品格教育对核心价值观关注、关心并践行③，跨越道德领域和非道德领域。

　　品格教育的方法是主动的、积极的、综合的方法，贯穿在学校教育中各个层面，既可以直接教授，也可以间接教授，还可以通过社群建设进行，形式多样，有榜样示范、学科讨论、课外活动、纪律学习、服务学习、问题解决训练、校园建设等。在品格教育中需要强调的是，学校必须首先是一个关怀的团体，在一个关怀的氛围中教会学生关心自己，关心他人，在相互关心中激发学习的意愿和做好人的意愿。关心给予了人归属需要的满足，关心内化了团体规则和团体期望。要养成良好的品格，就需要实践品格，创造实践品格的机会，通过合作学习、交流讨论、活动实践，理解关心、公正之类品格的含义，通过深刻的道德体验，发展道德能力。1990 年，里莫克（Limerck）和其他 24 所洛杉矶联合学区（LAUSD）的学校发起了一场包括 11 个要素的品格教育运动，包括直接教导、语言课程、正面语言、程序、可视化强化、氛围、材料、教师的创造性、学生的参与、家长的参与、评价。马文·博克维茨（Marvin W. Berkowitz）等则提出有效品格教育的八大要素，包括尊重和关怀、榜样示范、自律机会、反思争论和合作的机会、品格教育教育目标、社会技能训练、实施道德行为的机会、家长和社区的积极参与、社会大环境的支持。

　　品格教育需要尊重和关怀学生，需要有品格的教师、有品格教育的

　　① Lickona, T., Educating for Character the School's Highest Calling, http://www. glc. k12. ga. su/passwd/trc/ttools/attach/chared/esource/speech Lickona. pdf, 1997/2007 - 04 - 03.

　　② Ries, E. A., "Question of Character", *Techniques*: *Making Education and Career Connections*, Vol. 74, No. 5, 1999.

　　③ Lickona, T., "Eleven Principles of Effectinve Characer Education", *Journal of Moral Education*, Vol. 25, No. 1, 1996.

管理者、有品格的家长的配合，在有意义、富有挑战性的学术课程学习中激发出个人的内在动机，萌生出坚定的道德信念，指导自己的道德判断和道德行为。品格教育贯穿在学业学习的始终，在学生达到学业标准的同时实现品格的建构。有意义的品格教育会促进学生品格和学习成绩的同向增长。[①] 品格教育为关怀教育提供了理论基础，品格教育唤起了人们对传统价值的重新认可，对责任和关怀的认可，而且对于品格教育无法解决公正与诚实、关怀与责任的冲突进行超越。

二　品格教育的启示

品格教育与关怀教育都产生于 20 世纪 80 年代，都是为应对美国当时出现的青少年道德滑坡、犯罪问题飙升等社会问题而出现的。两者都认为美国陷入一种"个人主义困境"，制造出一批不受社会控制的"脱域"的现代自我，带来了道德的解体。虽然品格教育与关怀教育的理论基础不同，但两者却存在共同的关怀思想和关系思想。品格教育的哲学基础是社群主义，重视人与社会的关系，强调核心和中心的道德品质，追求道德共识的美德袋，比如关怀、责任、尊重等，品格是其核心概念。关怀教育的哲学基础是关怀伦理，肯定道德情感和道德情境，强调人与人之间的关系和相互关怀，关怀是其核心概念。关怀和关系是品格教育与关怀教育共同的因素。品格教育批判自我实现的个人主义和极端主义，认为那是产生道德危机的根源。过于追求个体权利和个体自由，忽视社会责任和奉献的现代自我已经带来了道德共识的失落。而责任与奉献也是关怀理论所重视和强调的。卡罗尔·吉利根的关怀伦理奉行情境、关系和责任，内尔·诺丁斯的关怀教育则注重情感和关怀，在情境中表现出责任。如果说品格教育将关怀作为最基本、最普遍和最重要的核心价值之一，那么关怀教育则将关怀作为了核心中的核心、基本中的基本。关怀教育提升了关怀的地位，将关怀置于最基础和最核心的地位，认为关怀是人的存在方式，关怀具有丰富的生活和生存意义，关怀具有统摄全部品格的强大功能。因为关怀，人心生成，人性生成。当品格教育追

[①] Berkowitz, M., Schaeffer, W. E. F., & Bier, M. C., "Character Education in the United States", In Collected Papers of the 27th International Conference of Moral Education, 2001.

寻道德共识，打造美德袋时，关怀教育在培育伦理理想，建构起自然关怀到伦理关怀的关怀圈。

　　品格教育为关怀教育提供了理论基础，品格教育唤起了人们对传统价值的重新认可，对责任和关怀的认可，而且对于品格教育无法解决公正与诚实、关怀与责任的冲突进行超越。品格教育追求直接灌输、实践训练和榜样示范，将学生作为道德教育的客体，而关怀教育则重视真诚对话与认可，不放弃榜样示范和实践锻炼，把学生放入道德教育的主客体结合的共同体中。只有学生从被关怀者成为关怀者，懂得关怀，学会关怀，付出关怀，关怀教育的目标才得以实现。品格教育为关怀教育提供了新的思想、新的内容和新的方法。品格教育重新肯定了学校教育在社会问题解决中的作用，正如 Etzioni 说："学校里发生的每一件事都有助于建构学生良好品格或阻止毁坏良好品格的经验。"品格教育强调影响因素中更重要的是周围的人。这种对周围人的关注为关怀教育的"关系"含义提供了理论支撑。关怀教育看到了学校教育在道德教育中的重要地位，然而关怀教育超越了这种视角，将关怀教育扩展到学校教育之外。即品格教育聚焦于学校，将学校作为品格教育的主导场，关怀教育看到了家庭的始发地位。家庭的关怀是关怀教育的起点，所有的关怀发展都建立在家庭关怀的基础上。关怀始于家庭的意蕴让家庭的作用再次进入人们关注的焦点中。始于家庭的关怀，在学校关怀中生长，在社会关怀中壮大。学校和社会为关怀的相遇提供了机会。

　　品格教育中蕴含了深刻的关怀思想，对人类尊严的肯定和尊重，对人与人、人与社会发展的尊重为关怀教育提供了有力的支撑。没有人不需要关怀，也没有人能离开关怀。关怀和其他道德价值都经得起道德测验中可逆性测验和普遍性测验的考验。这些基本的人类价值观是所有文明人们的首肯，超越了种族，超越了地区差异。关怀教育不仅仅是一种品格教育，还是一种生活教育、生存教育。正是因为社会缺乏关怀，丢失关怀，工具理性和功利理性将冷漠与势力搬上社会舞台，社会结构解体，社会功能解体，人与人之间的情感纽带断裂，人与社会的情感纽带遭到破坏，原本资源丰富、信息纷繁的现代社会人戴上了冷漠和虚伪的面具，为了利益和欲望，亲情、友情和爱情遭到亵渎，情感沦陷。关怀不仅仅是一种品格，关怀更是一种存在。剥离了关怀的人与社会终将是无趣的、无味的、不幸的。所以，通过关怀重塑社会信念和生存信念，通过关怀建构关怀型自我与关怀型社会；通过关怀，重新诠释人际交往的最根本和最理想的模式。品格教育引发了人们对尊重和关怀的反思，关怀教育将关怀系统化和科学化。关怀影响了社会政策的反思和考虑，好的社会政策就是好的矫正措施。关怀给解决社会问题提供了一个有效路径。

值得一提的是，品格教育的评价存在不科学之处。品格教育的效果评估通过学生的外显行为进行辨认，将价值等同于行为，简化了价值的意蕴。[1] 斯蒂芬·托马斯（Stephen J. Tomas）和莱斯特（James R. Rest）的研究发现，道德判断和道德行为之间的一致性很低。换句话说，道德判断对道德行为的预测力很弱。[2] 关怀教育突破了品格教育这一局限，因为关怀教育的目标是培养关怀型关系的人，所以，评价的指标并非仅仅以单向度的行为作为标准，而是以双向度的关系作为标准。在关系中涉及关怀认知、情感、意志及能力的综合考察。如果说品格教育是一种态度的教育，关怀教育则是一种整体精神面貌的教育，是一种人生的教育。关怀教育汲取了品格教育向善的思想，倡导人知善、向善、行善。关怀是最大的善、最基本的善、最根本的善。关怀是人性的底色，人性由"心"和"生"组成，"心"的核心是情感，关怀的核心是情感，无关怀即无心，关怀的过程即是生心养性的过程。品格教育为关怀教育提供了深厚的理论支撑，关怀的思想得到共同的重视。

---

[1] 丁道勇：《品格教育：观点和评论》，《外国教育研究》2008 年第 3 期。

[2] Lickona, T. , "The Return of Character Education", *Educational Leadership Journal of the Department of Supervision & Curriculum Development*, Vol. 51, No. 3, 1993.

第 六 章

关怀理念下少年罪错预防的
社会学基础

　　青少年犯罪人在全部刑事犯罪人中的比重呈下降趋势，而未成年犯罪人在青少年犯罪人中的比重却没有得到较好的控制，反而呈现愈演愈烈趋势，尤其是随着我国社会转型时期城市化进程的不断推进，城市人口密度增大，人口流动性加快，社会竞争激烈，青少年犯罪率呈现增高趋势，少年罪错问题不仅是法学研究的主流问题，而且也一直占据着中国犯罪学研究的中心位置。而现行刑法典在应对少年罪错问题上出现困境。就我国目前而言，在践行科学发展观、重塑中国梦、依法治国的历史条件下，创造性地从社会学视角挖掘关怀理论的经典思想和其理论成果，对少年罪错刑事规制的观念更新与制度完善，违法犯罪青少年的教育矫正与管理及刑事科学体系的完善具有特殊的价值。

第一节　生态学理论

　　生态学（ecology）是研究生物之间以及生物与非生物之间的相互关系的一门生物学学科。罗伯特·埃兹拉·帕克（Robert E. Park）提出人类社会，特别是那些围绕着市场经济组织起来的人类社会与生物生态相似，竞争心理优势凸显适者生存的生物学观念。植物生态学创始人丹麦植物学家尤金·尼厄斯·沃明提出"共生现象"。欧内斯特·W. 伯吉斯（Ernest W. Burgess）提出了著名的城市发展和空间组织模型。

一　共生现象和侵入过程

罗伯特·埃兹拉·帕克（Robert E. Park）提出人类社会，特别是那些围绕着自由市场经济和自由政府而组织起来的人类社会实际上类似于生物生态，在这种相互联系和相互依赖的社会中，每个人为了自己的生存而斗争，适者生存。

植物生态学创始人丹麦植物学家尤金·尼厄斯·沃明提出"共生现象"。所谓共生是两种生物或两种中的一种由于不能独立生存而共同生活在一起，或者一种生活于另一种体内，互相依赖，各自获得一定利益的现象。在城市中，人们之间充满了相互作用和共生关系，使城市成为一个"超有机体"（super-organism）。在这种超有机体中，有不同类型的"自然区域"，如有某一种族的人构成的社区，有从事某种职业或具有一定收入的群体构成的工业区、商业区，还有通过铁路、河流和公路或空地等与城市的其他部分隔离开来。在同一自然区域的人们存在共生关系，不同自然区域的人们也存在共生关系，共同维持社会平衡。

人类社会中存在一种类似自然界的变化过程——侵入、统治和接替。在自然界中，一种新的物种可能侵入某个区域，并进而会控制该区域，将其他物种驱逐出去，接替其他物种生存在该区域。最后，帕克认为城市具有三个向度，即生物的（biotic）、空间的（spatial）和文化的（cultural）。[①]

二　城市发展和空间组织模型

欧内斯特·W. 伯吉斯（Ernest W. Burgess）在其著作《城市发展》（*The Growth of the City*，1925）中提出了著名的城市发展和空间组织模型，也叫"同心圆模型"。

伯吉斯将芝加哥划分为五个同心圆（concentric zones）系列：①中心商业区，主要包括百货市场、政府部门、旅馆和办公建筑，是商业、文化和其他主要社会活动的集中点，城市交通运输网的中心。②过渡区，

---

① 李蕾：《城市社会学芝加哥学派主要理论述评》，《天津职业院校联合学报》2009年第7期。

包括最靠近中心商业区的"工厂区"。这个区域通常是城市中最古老的部分，房屋破旧，居住着最贫穷的人们，主要是移民。环境质量差，犯罪率高。③工人住宅区。其居民大多来自过渡区的第二代移民，他们是为摆脱第二区的恶劣条件而搬来的工人。④中产阶级住宅区。以独户住宅、高级公寓和上等旅馆为主，居住中产阶级、白领工人、职员和小商人等。⑤通勤者区，是郊区或卫星城。是沿高速交通线路发展起来的，大多数人使用通勤月票，每天往返市区；上层和中上层社会的郊外住宅也位于该区，并有一些小型卫星城。伯吉斯发现这些区域在物理和社会特征上有着显著的差异。如外围地区有更为富裕的家庭和更为宽阔的街道，反之内城地带有着更为贫穷、更为拥挤的房屋以及其他社会解组的征兆。①它既是芝加哥城市形态的一张地图，也是有关城市扩展的动态过程的一个理论图，它鲜明地描述了城市在发展过程中，从中心呈辐射状扩展、逐渐向外移动的动态过程。通过调研发现，未成年犯罪主要集中在过渡区，所以加强过渡区的治理可以有效地预防未成年犯罪。

三　城市生活

1938 年路易斯·沃斯（Louis Wirth，1897—1952），在他著名的论文 *Urbanism as a Way of Life* 中第一次明确地把城市性理解为社会生活方式的变革过程，他认为，城市的本质是异质性（heterogeneity），城市是由具有城市异质性的个人所组成的较大规模的较高密度的永久的聚落。

沃斯指出城市的三个核心特征，即人口规模（size）、人口密度（density）和人口异质性（heterogeneity）。他认为，人口异质性、人口规模和人口密度三者综合作用决定了城市生活，形成独特的城市生活方式或特有的城市人格。

四　少年犯罪区和少年犯罪史

克利福德·肖是美国著名的社会学家，亨利·唐纳德·麦凯是一位统计学家，是肖的同事，他们共同研究少年犯罪预防问题，提出了"文

---

① ［美］斯蒂芬·巴坎：《犯罪学：社会学的理解》，秦晨等译，上海人民出版社 2011 年版，第 168—169 页。

化传递理论"。主要包括两个基本成分：①以正常的社会联系和社会组织的崩溃为特征的少年犯罪高发区会产生犯罪和少年犯罪行为；②犯罪和少年犯罪行为在任何时候都受到价值观和规范的支持，从而使该区域形成犯罪或少年犯罪亚文化。

肖把少年犯罪人看成是本质上正常的人，认为少年犯罪人的犯罪活动与其所处的环境有一定的联系。1929年，在《少年犯罪区域》一书中，肖指出，少年犯罪率在芝加哥市中心比较高，而在离市中心和工业区较远的地区比较低。肖和麦凯绘制了一系列的部位图，用来表示处于刑事司法系统不同阶段上的那些少年的居住区域，并发现少年犯罪率最高的区域并不一定是少年犯罪数量最多的区域，并揭示了少年犯罪集中在城市中心的一般趋势。

肖和麦凯的思想在犯罪学中产生了极大的影响，虽然也有学者对研究方法和研究结果提出批评，如批评肖和麦凯使用官方警察和法庭记录测定某一区域的少年犯罪的做法，批评肖的思想并非真正以生态学理论为基础[1]，批评种族特征与少年犯罪率无关的主张，还有一些研究者认为，肖和麦凯的研究中存在生态学谬误，即他们用个人和亚群体居住的区域的资料对个人和亚群体下结论。但是总体来说，肖和麦凯的文化传递理论，无论是方法论还是理论观点，都对后来的犯罪学研究产生了巨大的影响，成为当代理论犯罪学中许多理论观点的基础。

根据伯吉斯的同心圆模型，越靠近圆心的区域越拥挤，少年罪错率越高，因为越靠近圆心，生活环境越恶劣。少年犯罪与少年犯罪人的"生活史"密切相关。一般来说，少年犯罪人"在智力、身体条件和人格特质方面，与传统社会中的大部分人没有什么不同"。差异存在与生活区域。少年犯罪人生活在一个邻里及社会舆论控制力失效的区域。[2] 上海市未成年人法研究会会长姚建龙称："教育方面是有缺失的，在对这些孩子

---

[1] Alihan, M. A., *Social Ecology: A Social Analysis*, New York: Columbia University Press, 1938, p. 83.

[2] 吴宗宪：《西方犯罪学史》（第二版），中国人民公安大学出版社2010年版，第1014—1020页。

的教育中，需要有人告诉他们，行为边界在哪里。"

正在生长中的青少年由于自身认知能力不足或认知偏差，自我控制力低，很容易就被外界帮伙诱骗，获得假象的"关心和温暖"。所以国家和社会机构都要坚持"儿童优先"和"儿童最佳利益"的原则，处理儿童利益与家庭、社会等发生冲突时的问题，积极对青少年进行保护和关怀，对犯罪青少年给予家庭治疗，帮助青少年重建家庭信心，体验家庭温暖。

第二节　社会联结理论

特拉维斯·赫希（Travis Hirschi）是美国社会学家、犯罪学家，1969年提出了经典的社会控制理论（social control theory），也叫社会联系理论（social bond theory）。理论的核心是社会联系（social bond），与关怀理论基于关系的基础建构的理论思想协同一致。

一　社会联结理论的观点

社会联系是指个人与传统社会之间的联系。该理论的基本观点是，每个人都是潜在的犯罪人，如果不进行控制的话，任何人都会犯罪。不犯罪的原因是我们自身存在抑制或者控制我们不犯罪的力量，这种力量是社会联系。社会联系密切，个人就不会犯罪，社会联系薄弱，个人就很容易犯罪。依恋、奉献、卷入和信念四个成分构成社会联系。[①] 社会联系能够预防和阻止犯罪行为的发生；反之，冷漠无情便极有可能诱发犯罪行为。

依恋（attachment）是个人对他人或群体的感情联系。当个体对他人或者群体有感情时，就会在做出犯罪行为前想到他人。这种感情联系越强烈，控制犯罪的力量就会越强。依恋有三种，对父母的依恋、对学校的依恋和对同辈群体的依恋。研究证实，少年犯罪人与父母的依恋没有正常少年的密切。如果依恋缺乏，少年就不会学会道德规则，也就难以发展起适当的良心。依恋不在于与父母在一起活动的时间长短，而在于

---

① 吴宗宪：《赫希社会控制理论述评》，《预防青少年犯罪研究》2013 年第 6 期。

在面临犯罪诱惑的情境时，是否会想到父母的态度和反应。而且无论是对父亲或者母亲的依恋都对预防犯罪有同样重要的影响。少年犯罪的原因之二是对学校的依恋遭到破坏，由于缺乏学习能力，导致学业失败，进而使学生不喜欢或不依恋学校，很容易诱发少年犯罪动机。少年犯罪人对同辈群体的依恋同样遭到破坏，赫希的研究证实了少年犯罪人因为缺乏对他人依恋，缺乏对他人成功的价值观的遵循，导致与少年犯罪人交往，而不是因为依恋少年犯罪同辈群体（如图 6—1 所示）。最终，一个无视亲情、友情等美好情感的人，对周围的社会关系淡薄冷漠，他便极有可能发生犯罪行为。

图 6—1　依恋影响少年犯罪机制

奉献（commitment）是指时间、精力和努力用于传统的活动上。[①] 赫希认为，如果一个人丧失了对传统价值观的奉献，则预示着个人具有了从事犯罪等危险行为的条件。所谓传统活动，一般包括三个方面：少年向成年人身份的转变、接受教育、获得地位更高的职业。卷入（involvement）是指花费时间和精力参加传统的活动。[②] 赫希认为如果青少年全力以赴忙于各种传统活动，如家务、娱乐、学校活动，就不会因为无所事事而进行犯罪行为。游手好闲是滋生邪恶的工厂。[③] 信念（belief）是指对共同的价值体系和道德观念的赞同和信任。赫希认为，社会不存在文化越轨理论所主张的亚文化。因为少年犯罪人没有将信念内化，理智与情感控制分离，所以会犯罪。还有一部分少年犯罪人拥有共同的价值体系和道德观念，但是知法犯法，道德思维和道德行为不一致，并会对自己的越轨和犯罪行为进行合理化解释。

---

① 吴宗宪：《赫希社会控制理论述评》，《预防青少年犯罪研究》2013 年第 6 期。

② 同上。

③ 吴宗宪：《西方犯罪学史》（第二版），中国人民公安大学出版社 2010 年版，第 1168 页。

二　社会联结理论的启示

赫希的社会控制理论是 20 世纪后半期产生的重要的犯罪学理论之一，以其研究方法的实证性、研究结果的普适性和应用的可操作性和综合性受到大家普遍的承认和肯定。Reckless 认为，低自我控制和社会控制是犯罪的主要原因。犯罪的根源不是恶的外在环境，是个体缺乏对恶环境的抵抗力。[①] 美国哈里·科泽尔（Harry Kozol）等用实证研究证实低自我控制导致犯罪。[②] Wood 也认为低自我控制可以显著预测盗窃和暴力犯罪。[③]

但是我们仍然可以看到赫希理论的缺陷。克罗恩和梅西提出，赫希理论仅仅适合解释女性少年犯罪和轻微的男性少年犯罪，对于男性少年犯罪和较为严重的犯罪行为不能给予合理的解释。拉格兰奇和怀特认为社会联系的成分会随着时间变化而变化。[④] 拉里·西格尔（1989）则认为，赫希的理论没有解释社会联系形成的原因和削弱的原因，也没有解释社会联系四个要素有没有重要性之分，削弱以后能否恢复等问题。

赫希的理论为关怀理念的少年罪错预防研究提供了犯罪学基础，赫希理论中提出的核心观点——社会联系——正是关怀理论所特别强调的一个方面。关怀就是一种联系，是一种关系，关怀特别强调亲子关系、师生关系和同伴关系。关怀的核心就是一种情感联系。社会控制理论中强调的依恋正是关怀的一个内容。科赫特研究也发现，亲子关系影响自我的发展。薄弱的自我或者缺陷的自我产生的根源是父母的不良教养。当父母给予子女温暖、理解和信任时，子女的问题较少发生；而缺乏关

[①] Reckless, T. E., "Adolesence Limited and Life Course Persistent an Tisoeial Behavior: A Developmental Taxonomy", *Psychological Review*, Vol. 100, No. 4, 1993.

[②] 吴宗宪：《西方犯罪学史》（第二版），中国人民公安大学出版社 2010 年版，第 895—897 页。

[③] Wood, P. B. & Betty, P., "Risk-taking and Self-control: Social Psychological Correlates of Delinquency", *Journal of Crime and Justice*, Vol. 16, No. 1, 1993.

[④] 吴宗宪：《西方犯罪学史》（第二版），中国人民公安大学出版社 2010 年版，第 895—897 页。

怀的抚养，如拒绝、否认、严厉惩罚等导致子女消极的发展。[1] 关怀理论回答了赫希社会控制理论所没有回答的问题，即什么导致了社会联系，社会联系为什么削弱，社会联系怎样得到恢复和加强。本书认为是关怀导致了社会联系，关怀缺失导致了社会联系的削弱，当关怀重建时，社会联系可以得到恢复和加强。

第三节　社会失范理论

罗伯特·金·莫顿（Robert King Merton）是美国社会学家，他提出了著名的社会失范理论（theory of anomie）。这一理论的基本观点是，社会是不平等的，获取财富的合法手段不平等，一个人没有受到良好教育并且经济条件较差，获取财富的合法手段就非常少，挫折感产生，他们有可能采取犯罪手段实现自己的目标。所有少年犯罪或者犯罪是实现合法目标的结果。

一　社会失范理论的观点

莫顿的失范和迪尔凯姆的失范有些相似，都指的是社会中调节个人欲望的机制崩溃，从而使个人具有了想得到比他现在社会层次中更多的东西的条件。但是两人的失范还是有本质的区别，迪尔凯姆的失范是一种社会或群体中相对缺乏规范控制的状态，是社会结构的一种状态，更多是在描述社会急剧变化时发生的社会结构变化。而莫顿认为失范是社会中持久的特征，尤其是下层社会阶层中的持久特征。

莫顿认为犯罪行为的内驱力不是迪尔凯姆所说的欲望和冲动，社会通过结构（社会组织形式）或者文化（社会中人的思维方式）约束人的欲望和冲动[2]，莫顿认为犯罪行为的内驱力是文化失衡（cultural inbalance），具体是指驱使人犯罪的文化理论与限制人犯罪的文化力量的失衡。

---

① Luthar, S. S. & Goldstein, A. S., "Substance Use and Related Behaviors Among Suburban Late Adolescents: The Importance of Perceived Parent Containment", *Development and Psychopathology*, Vol. 20, No. 2, 2008.

② 吴宗宪：《西方犯罪学史》（第二版），中国人民公安大学出版社2010年版，第1042页。

任何社会有一个获取目标的手段，这是合法的制度性手段。当社会人接受了传统社会的目标，却不具备获取目标的制度性手段时，就会产生紧张，为了消除这种紧张，就会采取一些非制度手段获取传统目标。[①]

个人缓解紧张和压力的社会方式主要有四种：遵从，就是接受传统社会的既定目标和合法手段。创新，是指接受传统文化目标，拒绝制度性手段。这种社会方式特别适合于解释因为贫穷导致的犯罪。形式主义，是拒绝传统的文化目标，但是接受制度性手段。这种方式并不意味着真正的越轨行为，也不会导致犯罪行为。退却主义，是有意识地拒绝社会文化目标和制度性手段，疏远社会。这种也不会产生越轨和犯罪行为，但是会产生成瘾行为。造反，是拒绝传统文化目标，试图建立一种新的文化目标。采用这种社会方式生活的人可能出现越轨和犯罪行为，但并不必然导致犯罪。

二　社会失范理论的启示

莫顿的理论让我们看到了底层社会阶层人的思维方式和生活方式，对那些社会经济地位低的人多一些理解和关怀。关怀理论倡导关怀我们身边的人，关怀陌生的人，关怀一切需要关怀的人。人人都有被关怀的需要，下层社会的人因为社会经济地位低，受教育机会少等不良社会原因，向上流动的机会少，当传统的文化目标无法用制度性手段获得时，可能就会做出越轨或者犯罪行为。所以可以理解青少年犯罪人中那些家庭破裂、生活贫困、生存都有危机的人的犯罪动机。社会失范理论为本研究从关怀视角研究少年罪错提供了理论支撑。

当然莫顿的社会失范理论也有自身的不足，它没有解释为什么在相同的社会阶层中，人们选择的生活方式不同？有些人变成了犯罪人，但是有些人却遵纪守法？关怀理论弥补了这一缺陷。虽然同在一个失范区域，但是个体所得到的关怀不同，体验到的关怀不同，个体的关怀感知和关怀能力不同。本书认为正是因为关怀品质不同，所以即使在相同的区域中，人们的思维方式和行为方式也会不同。正因为此，本书认为少年罪错预防的本体价值是关怀。

[①]　吴宗宪：《西方犯罪学史》（第二版），中国人民公安大学出版社2010年版，第1042页。

第四节　差异交往理论

一　差异交往理论的观点

17 世纪著名的政治哲学家托马斯·霍布斯（Thomas Hobbes）认为人类本身是自私的。但是人类并不会发生一场所有人对所有人的战争。埃米尔·迪尔凯姆认为，社会本身为人类提供了"道德防护膜"（moral co-coon），人成为了关怀他人福利和社会整体福祉的社会人（Collin，1994：190）。绝大多数人学会了遵守社会规范，但仍有一小部分人违反规范。差异交往理论主张，违反社会规范的人及时从罪犯同伴（delinquent peers）和周围环境那里学会了越轨的规范和价值。该主张的著名的代表人物是埃德温·萨瑟兰，他提出了著名的差异交往（different association）理论，解释穷人犯罪的原因。萨瑟兰的差异交往理论包含了九个命题。[①]

（1）犯罪行为是习得的。萨瑟兰主张犯罪行为不是生物性遗传，而是后天学习获得的。

（2）犯罪行为是在人际沟通过程中习得的。这种人际沟通包括言语沟通和非言语沟通，如身体姿势。

（3）对犯罪行为学习的主要部分发生在亲密群体中。换句话说，犯罪行为的习得是从亲密人那里习得的。

（4）学习的犯罪行为内容包括实施犯罪的技术和动机、内驱力、合理化和态度的特定指向。

（5）动机和内驱力的指向，是从赞同或者反对法律的解释中习得的。就是说对法律的解释不同，影响到遵守还是违反法律的倾向。

（6）一个人成为犯罪人是因为他赞成犯罪的解释超过了反对犯罪的解释。这是差异交往理论的原理。人之所以犯罪，是因为他接触了犯罪行为合理解释的榜样，而与反犯罪行为榜样隔离的结果。

（7）差异交往可能在频率、持续时间、优先性、强度方面不同。这是与犯罪行为接触和反犯罪行为接触不同的具体维度。如果在生命早期，个体频繁接触一个人，而且高度重视其友谊，则这种接触对个体影响

---

① 吴宗宪：《西方犯罪学史》（第二版），中国人民公安大学出版社 2010 年版，第 923 页。

更大。

（8）通过与犯罪榜样和反犯罪榜样的交往学习犯罪行为，是其他学习所涉及的全部心理机制。

（9）尽管犯罪行为是基本需要（general need）和价值的表现，但却不能用基本需要和价值来解释，因为非犯罪行为（noncriminal behavior）也是这些需要和价值的一种表现。就好像金钱的需要、快乐的需要、挫折的需要、权力的需要这些基本需要，无论犯罪行为还是非犯罪行为都是追求它们的表现。

二　差异交往理论的启示

萨瑟兰的差异交往理论将犯罪和社会学习、社会化联系起来，强调犯罪行为的社会性，反对犯罪的生物论解释。在很大程度上改变了犯罪学理论的发展方向。促进了犯罪的正常心理学、社会学理论的诞生。尤其是其中蕴含着深刻的关怀思想。差异交往理论牢固地确立了犯罪行为是习得的观点，所以少年罪错是完全可以预防和进行有效控制的。与关怀理论的主导思想是一致的。本书提出少年罪错预防与矫正的关怀理念，从根本上认为少年罪错是可以预防和矫正的。差异交往理论提出在犯罪行为发生机制上，由于个体与犯罪人而不是非犯罪人进行了更高强度、频率和持久的交往，习得了犯罪态度和犯罪技术，所以自己才会变成犯罪人。交往是导致犯罪发生的主要心理机制。强调社会交往、强调社会关系也是关怀理论特别重视的核心观点。关怀理论强调人是关系中的人，重视关怀的关系性、重视人的关系性。关怀理论的关怀本质是一种关系，只有理解了人的关怀型关系自我的本质才能更好地理解人生的意义和价值，才能生活得更加幸福。差异交往理论进一步指出，犯罪行为的习得是从亲密群体中习得的。换句话说，意味着是从自己关注和关心的群体中习得的。而亲密群体的建立则应该是犯罪预防的重点。关怀理论指出，只有得到了他人的关怀，体验到了关怀，才可能与他人建立起信任、安全的亲密关系。萨瑟兰的差异交往理论虽然没有直接进一步研究亲密群体的建立，但是他提出的亲密群体的概念和作用却为关怀理念下少年罪错预防与矫正提供了理论支撑。

当然尽管差异交往理论蕴含着关怀的思想，倡导关心正常人为什么不犯罪的积极预防观，对少年罪错的研究带来了新的方向。但是这个理论有自身的缺陷，它不能解释有些类型的犯罪行为，如激情性犯罪、故意杀人；它没有考虑到犯罪人的人格特质或心理变量；没有考虑不同的人的反应，忽视了差异交往人自身的感受性，忽视了交往的接受过程，只关注到交往的单向联系，而且被认为不可能证伪（falsify）。①　而关怀理论超越了差异交往理论，不仅接纳了交往的原理，而且重视交往的双向性，尤其是关注交往的接受过程，关怀理论指出，关怀是一种关系，是关怀者和被关怀者构成的一种关系，只有被关怀者作出反应，关怀的关系才真正建立。关怀理论虽然也很容易被误解为是一种不管什么犯罪行为都适用的解释性理论，但是关怀理论也有其自身的适用犯罪，关怀理论更多地用在解释少年罪错人身上，解释后天养成的因为缺乏关怀导致的犯罪人格和关怀过度导致的缺陷人格及存在危险情结和意结的犯罪人。而且关怀理论可以解释青少年的激情型犯罪和杀人犯罪。

第五节　相互作用理论

美国当代著名的犯罪学家特伦斯·帕特里克·索恩伯里（Terence Patrick Thornberry）在 1987 年发表的《关于少年犯罪的一种相互作用理论》一文中，提出了少年犯罪的相互作用理论。

一　相互作用理论的观点

相互作用理论是将犯罪的社会学理论与心理学理论整合起来的一种理论。索恩伯里认为，少年犯罪是社会发展过程中一个积极组成部分，少年犯罪是多种因素相互作用的产物。相互作用理论认为，少年犯罪行为产生的根源是社会控制的削弱。而传统社会行为规范被削弱的原因和削弱怎样导致少年犯罪行为是相互作用理论关注的重要问题。

相互作用理论突出的价值是用动态、相互作用的观点理解少年犯罪的原因，把少年犯罪行为看成是动态的原因链条中的积极环节或者组成部分，认为少年犯罪受到其他因素的影响，也会影响其他因素。该理论

---

① 吴宗宪：《西方犯罪学史》（第二版），中国人民公安大学出版社 2010 年版，第 944 页。

充满了关怀理论的思想。关怀理论的哲学基础是人和社会关系的总和，人与人、人与自然、人与社会相互作用，在相互作用中形成行为。而相互作用理论强调犯罪行为既是原因也是结果，这本身渗透着对青少年的关怀。青少年犯罪人不仅仅是社会的结果，而是社会过程中一个积极的部分，既然如此，青少年犯罪人就不应被人们认为在本质上是恶的。既然是链条，所以少年罪错预防就有了重点。关怀理论正是在相信人离不开相互作用，离不开一种关怀型的相互作用，在积极建构生活，塑造人格。关怀理论从少年罪错预防的理念出发，从少年罪错预防的根源出发，为少年罪错预防提供了重要的方向。

二　相互作用理论的反思

关怀理论是为了克服现有的少年犯罪原因理论中的三个缺陷提出的：①单向作用。现有的理论都采用单向作用的模式解释少年犯罪的原因，把所有的因素都按照先后顺序排列，忽视了后者对前者的反馈和双向作用。②短实践性。现有的理论都仅仅解释某一个较短时期少年犯罪产生的原因，无法解释少年犯罪从开始到发展到终止的整个过程。③静止不变。现有的理论都假定整个社会结构中的因果关系是一直不变的，忽视了青少年本人在因果关系中的作用，因而不能解释少年犯罪及变化的根源。本书认为，人类行为是在人与人、人与社会的相互作用中形成的。少年犯罪行为也离不开相互作用，离不开关系。如果说少年犯罪产生的根源在于社会对少年行为控制的减弱和少年自我控制的降低，而导致整个根源出现的是关怀缺失或者关怀过度等关怀不当所致的关系破裂。

第 七 章

关怀理念下少年罪错预防的
法学基础

在世界的很多地方，青少年司法的专业人员、政策制定者、社会工作者都参与了如何应对少年罪错的反思。目前，西方国家的刑事司法理论与刑事司法实践正经历着从 18 世纪的报应刑、19 世纪末的教育刑向恢复性司法方向发展。[①] 恢复性司法吸收了福利型少年司法的积极方面，强调罪错少年的康复和保护及被害人的补偿、社区的安全，融合福利型少年司法的少年最大利益原则观念和社会保护观念为主的报应型少年司法的优点，是少年司法发展的第三条道路。[②]

第一节　恢复性司法

恢复性司法[③]（restorative justice）有不同的翻译，如修复性司法、修复式正义、关系司法（relational justice）、积极司法（positive justice）、融合性司法（reintegrative justice）。恢复性司法是联合国的标准翻译。

一　恢复性司法的观点
恢复性司法在世界范围内产生了巨大影响，甚至改变了有些国家的

[①]　原话来自北京大学法学院教授储槐植先生在中国青少年犯罪研究会组织的"犯罪学家新春茶话会"上的发言。

[②]　姚建龙：《青少年犯罪与司法论要》，中国政法大学出版社 2014 年版，第 256 页。

[③]　Marshall, T. F., "Restorative Justice: An Overview", *Bureau of Justice Statistics*, *London: Center for Restorative Justice & Mediation*, 1999, pp. 1–3.

刑事司法方向和犯罪预防模式。英国犯罪学家托尼·马歇尔（Tony Marshall）认为："恢复性司法是一种过程，在这个过程中，所有与特定犯罪有关的当事人走到一起，共同商讨如何处理犯罪所造成的后果及其对未来的影响。"[①] 加拿大学者苏珊夏普（Susan Sharpe）提出恢复性司法的构成要素：①鼓励一切犯罪相关者进行充分的沟通和协商。②寻求愈合因犯罪而造成的伤害。关注的核心问题是"怎样使被害人在被伤害后创伤得到愈合，或者重新得到一种安全感"。[②] 一方面，被害人可能会向犯罪人宣泄愤怒；另一方面，犯罪人也可以从罪过和恐惧中解脱出来。恢复性司法的内涵重在双方关系的重建，面对的是关系主体，而非仅仅是受害人。③寻求直接面向被害人的责任，而不是简单的刑事责任，要求犯罪人向被害人解释犯罪原因，并尽可能采取措施弥补造成的伤害。④整合已经造成的分裂。恢复性司法强调被害人和犯罪人的和解及共同融入社区。被害人和犯罪人的角色是暂时的，不是永远的。⑤积极开展社区预防。犯罪人和被害人在学习、工作或者生活的社区存在问题，导致双方关系破裂引发犯罪行为。所以，通过恢复关系预防再犯罪。

二　恢复性司法的启示

恢复性司法的理念就是恢复被害人和犯罪人的关系，这与关怀理论的关系有着密切联系。关怀理论的核心是对人的解释，认为人是关怀型关系自我，关怀是人的存在方式，关怀是人的生存需要。恢复性司法注重人际交往和人际关系，关注人的心理需要和他人的需要，试图恢复被破坏的人际关系。恢复性司法理论的提出体现了其对犯罪原因、犯罪本质、刑罚的目的和责任的关怀建构。

犯罪原因观方面，恢复性司法认为不良的社区环境是犯罪的外在客观原因，弱化的情绪控制能力和人际交往能力是犯罪的内部主观原因。恢复性司法并没有把犯罪原因解释为抽象的世界观、人生观和价值观，

---

① Ness, D. V., Morris, A., Maxwell, G., "Introducing Restorative Justice, Morris A. & G. Maxwell", *Restorative Justice for Juveniles-Conferencing*, *Mediation and Circles*（Hart Publishing），Ortegon：Oxford and Portland, 2001.

② ［意］安娜·迈什蒂次、西蒙娜·盖蒂：《欧洲青少年犯罪被害人—加害人调解——15国概览及比较》，林乐鸣等译，中国人民公安大学出版社2012年版，第3页。

而且从具体直接的原因入手，主张通过专业机构，帮助犯罪人提高情绪控制能力和交往能力。从这点来看，恢复性司法关注到犯罪人的心理世界，关心犯罪人的情绪和交往，认为人际交往能力不足和情绪控制能力不强导致了犯罪，这种犯罪原因论为犯罪预防和矫正提供了可操作性的方案。

犯罪本质观方面，恢复性司法认为，犯罪是个人对社区中具体个人的侵害，所以犯罪损害的首先是个人和社区的利益，然后才是国家的利益。刑事司法的任务应该主要是弥补对被害人和社区造成的伤害，而不是惩罚犯罪人。弥补犯罪人对被害人的损失，恢复犯罪人和被害人及社区的关系，恰恰体现了最基本的对人的尊重，体现了人文关怀。人是社会关系的总和，犯罪破坏了原本存在的良好人际关系，惩罚则继续加剧和破坏已经破裂受损的联系，尤其是被判处监禁型、剥夺自由的那些犯罪人，除了自身要承担犯罪后果接受国家监督和教化外，对于被害人和社区来讲并没有多少建设性补偿，留给被害人和社区的伤害不会因为惩罚而消弭。本着对人的尊重，对人关系的修复，恢复性司法着重解决人与人的关系、人与社区的关系，从积极调节的角度倡导教育挽救而非单一简单粗暴的惩罚，是对关怀理论的最好应用。

刑事责任观方面，恢复性司法寻求如何让犯罪人承担具体直接的责任，而不是抽象的责任，不能因为犯罪人承担了对国家的抽象责任而逃避对现实的具体的责任，如向被害人道歉并赔偿，请求社区原谅自己并为社区提供服务等。抽象的责任对于初犯、偶犯、过失犯、少年犯等犯罪人来说是没有必要的严厉惩罚，是对国家司法资源的浪费，而且对于被害人和社区也是没有实际价值和意义，破裂的人际关系没有因为刑事责任的承担而得到修复，因此是有害的正义。从这点上讲，恢复性司法强调犯罪人弥补对受害人和社区造成的伤害和损失，争取被害人和社区的谅解，解决人际冲突和矛盾，为犯罪人顺利回归社会奠定了坚实的基础。这种刑事责任观体现了对犯罪人和社区的关怀，体现了对被害人的关怀，关注到人的生活，人的价值和尊严。

刑法目的观方面。恢复性司法主张惩罚不是目的，修复是目的。修复因为犯罪遭到破坏的社会关系。恢复性司法在少年司法领域中应用特别广泛，如通过颁布社区服务令、转处令、补偿令、行动计划令等帮助少年犯罪人化解因为犯罪所导致的人际矛盾、社区矛盾。恢复性司法认为传统的刑法惩罚是一种排斥性侮辱①，让犯罪人在犯罪之后的生命中难以摆脱"犯罪烙印"的影响，恢复性司法本着关怀的角度，本着对人的尊重和理解，对犯罪进行谴责的同时保持对犯罪人的尊重，是一种"重新融合性羞辱"②，目的是为了犯罪人回归社会。

恢复性司法避免了传统刑法惩罚的弊端和不足，关注被害人、犯罪人和社区因为犯罪实际受到的伤害。通过恢复性司法，补偿对被害人和社区造成的经济损失和心灵伤害，愈合双方的创伤，让关系真正得到修复。恢复性司法体现了人权优先、人权至上的关怀思想，体现了少年保护与社会保护的双保护原则③，对犯罪人和被害人人权的尊重、权利需要的关注、对关系恢复的重视与关怀理论有契合之处。关怀理论的重要命题与核心思想是关怀，提倡关怀人的尊严、关怀人的需要，注重关怀型关系自我的塑造，注重人与人的关系、人与社会的关系，人与自然的关系。而且中国传统文化中儒家、墨家、道家等主要思想流派中也孕育着深厚的关怀思想。儒家的"礼之用，和为贵"的中和思想，道家的"天人合一"的自然思想，墨家的"兼相爱、交相利"的兼爱思想都与恢复性司法倡导的理念一致。

恢复性司法未必无懈可击，更不是万能的，但却是智慧的。恢复性司法契合了关怀理论，也契合了我国传统文化中的儒家、道家和墨家等家的关怀思想。它解决了现代刑事司法制度无法解决的困难，向社会作出了如何对犯罪作出反应的新回答，是一种崭新的研究范式和思维模式，是对古典主义刑法理论和实证主义刑事法学理论的超越。北大法学院陈兴良教授在其《刑法的启蒙》中提到，无论刑事古典学派、刑事人类学派，还是刑事社会学派都在追求深刻的片面，现代刑法学派没有突破古典学派、人类学派和社会学派的樊篱——但是"我们只能追求这种片面，

---

① ［意］安娜·迈什蒂茨、西蒙娜·盖蒂：《欧洲青少年犯罪被害人—加害人调解——15国概览及比较》，林乐鸣等译，中国人民公安大学出版社 2012 年版，第 8 页。

② 宋艳敏：《恢复性司法实践与理念及其对我国刑事诉讼制度的借鉴》，载王平《恢复性司法论坛》（2006 年卷），群众出版社 2006 年版。

③ 姚建龙：《长大成人：少年司法制度的建构》，中国人民公安大学出版社 2003 年版，第49—50 页。

深刻的片面"。① 关怀视角下的少年罪错预防与矫正研究也正是基于这样考虑，不期望解决所有的问题，但却是对少年罪错预防的深刻追寻。恢复性司法是以人为本的关怀理念在刑事司法中的应用，是关怀在法治中的体现，是时代的进步和明智的选择。

第二节　合适成年人

一　合适成年人制度

合适成年人（appropriate adult）作为未成年人刑事案件侦查制度（社会调查制度、合适成年人参与制度、取保候审制度）的一种，充分体现了未成年人司法制度中保护理念和责任理想的融合。

未成年人司法制度主要是指未成年人刑事司法制度，是根据未成年人的生理和心理发展特点，处理未成年人违法犯罪行为而制定的一系列法律、法规，成立的组织机构和这些组织机构所进行的侦查、检察、审判、矫正等活动的总称。其目标是为了维持未成年人的健康成长。未成年人司法制度的主导理念经历了保护理念、责任理念和两者融合的变迁。合适成年人制度作为一项未成年人刑事侦查制度，是保护理念和责任理念的充分体现。

保护理念是指把未成年人犯罪看作是社会不公和时代弊病，国家对这些受害者负有照料、帮助、矫治并使其走上正常生活的义务。② 18 世纪后半期，未成年人保护理念逐渐盛行，1899 年，美国伊利诺伊州少年法院创立，英国于 1908 年、比利时于 1912 年、德国于 1923 年都相继建立了少年司法制度，到 20 世纪六七十年代未成年人保护理念成为未成年人司法制度的灵魂。

责任理念主要强调对社会、社区和被害人的保护，追究未成年犯罪人违法犯罪行为的责任。由于责任理念的逐渐兴起，改变了保护理念占主导地位的未成年人刑事司法制度的局面，使得未成年人刑事司法制度呈现出一种新的精神面貌：保护为主，惩罚为辅，最大化地保障未成年

---

① 陈兴良：《刑法的启蒙》，法律出版社 1998 年版，第 260 页。

② 赵国玲：《未成年人司法制度改革研究》，北京大学出版社 2011 年版，第 16 页。

人的权利和社会的公众的利益。合适成年人制度则是充分融合了这一理念。合适成年人的基本特征是"合适性"[1]，实证研究证明，志愿者比监护人和社工更适合担任合适成年人。[2] 近些年来，观护人（probation officer）逐渐成为合适成年人的最佳人选。[3]

　　英国、澳大利亚、美国、新西兰在内的许多国家都有合适成年人制度的立法。1984 年，英国《警察与刑事证据法》中规定，未满 17 周岁或者已满 17 周岁但有精神障碍的成人接受警察讯问时，必须有合适成年人在场。美国则明确规定，侦查员在讯问少年之前通知其家长，告知其罪行，在讯问少年时，要求父母双方或一方出席讯问庭。澳大利亚 1914 年的《犯罪法案》规定，警察讯问之前，未成年人有权和朋友或亲戚和律师在不被监听的情况下交流。目前，我国的合适成年人制度还处于一个初级阶段，虽然在相关法律法规中可以看见合适成年人制度的规定，如《刑事诉讼法》第 270 条规定，对于未成年人刑事案件，在讯问和审判的时候，应当通知未成年犯罪嫌疑人、被告人的法定代理人到场。无法通知、法定代理人不能到场或者法定代理人是共犯的，也可以通知未成年犯罪嫌疑人、被告人的其他成年亲属，所在学校、单位、居住地基层组织或者未成年人保护组织的代表到场，并将有关情况记录在案。到场的法定代理人可以代为行使未成年犯罪嫌疑人、被告人的诉讼权利。《未成年人保护法》第 56 条第 1 款规定，讯问、审判未成年犯罪嫌疑人、被告人，询问未成年证人、被害人，应当依照刑事诉讼法的规定通知其法定代理人或者其他人员到场。但是在实践方面却处于起步阶段，如仅有个别地区在试点（昆明盘龙区、上海浦东新区），而且根据北大法学院赵国玲教授对全国部分公安机关的调查显示，在办理未成年人案件时经常执行合适成年人的仅占 13.53%。合适成年人制度最重要的是谁当合适成年人，而各种法律和法规对这个重要核心问题的解释不同，造成了司法实践中缺乏操作性。再者，无论是哪种法律、法规对于合适成年人的规定

---

　　① 姚建龙：《权利的细微关怀——合适成年人参与未成年人刑事诉讼制度的移植与本土化》，北京大学出版社 2010 年版，第 17 页。

　　② Harriet Pierpoint, "A Survey of Volunteer Appropriate Adult Services in England and Wales", *Youth Justice*, Vol. 4, No. 1, 2004.

　　③ None, "The Appropriate Adult", *Probation Journal*, Vol. 41, No. 3, 1994.

都相对较简单，并没有关于合适成年人的实质内容，如合适成年人的权利和义务，公安机关如果不履行合适成年人制度的法律后果等。

二 合适成年人制度的反思

合适成年人制度的提出，实质是对未成年犯罪嫌疑人的关怀理念和责任理念的回应，基于儿童利益最大化原则和国家亲权理论。未成年犯罪嫌疑人由于自身的生理、心理发展尚不成熟，而且往往是初犯和偶犯，他们对自己的犯罪行为及其后果还不能达到很好的认知和判断，道德意识和法律意识相对不健全，实施违法犯罪时并没有认识到犯罪行为带来的严重后果和给被害人造成的伤害。一旦这些人因为违法犯罪行为进入正式的刑事诉讼程序，很多都表现出恐惧、害怕、紧张、焦虑等不良情绪，有些甚至会出现精神障碍。所以，为了教育、挽救和感化这些未成年犯罪嫌疑人，预防他们再犯罪，帮助他们健康成长，在公安机关侦查时就需要通知合适成年人到场，以关怀的方式对未成年犯罪嫌疑人在讯问中所出现的害怕、紧张、压抑、孤单等心理问题给予引导和辅助，给予他们关怀的体验，让他们感受到温暖，感受到社会和家庭并没有因为他们的一次罪错就抛弃他们，只要改正错误，还很有希望在自己的人生中追求幸福。如果没有合适成年人在场，或许有些公安机关在办案时会采取一些不恰当的方式对待缺乏自我保护能力、自责自罪感强的未成年犯罪嫌疑人，如对其刑讯逼供、诱供。

合适成年人制度本身源于英国1972年的肯费特案，当时涉罪的未成年犯罪嫌疑人都指控警方采取了野蛮行动。合适成年人制度充分体现了对未成年人的关怀和保护，联合国《儿童权利公约》第37条规定："所有被剥夺自由的儿童应受到人道待遇，其人格固有尊严应受到尊重，并应考虑到他们这个年龄的人的需要的方式加以对待。"所以未成年犯罪人不应当因为犯罪就受到侮辱和敌视，他们更需要社会的关怀和保护。他们成为犯罪嫌疑人，犯罪行为本身就会带给他们自己巨大的伤害，如果在他们尚不成熟的心理上增加消极负面的打击，可能会延缓甚至改变心理的健康发展，使他们失去重新做人的希望和勇气。轰动一时的肯费特案中一名嫌疑少年的生理年龄为18岁，而心理年龄只有8岁。肯费特案引起了人们对侦查审讯程序的反思，尤其是未成年犯罪嫌疑人的侦查审讯的思考。合适成年人制度以程序公正确保少年司法公正，最大限度保护儿童利益，阻止未成年犯罪嫌疑人的被压迫陈述，防止被讯问的未成年犯罪嫌疑人受到封闭而紧张的对抗式审讯，心灵再次遭受创伤。而且关怀和保护未成年犯罪嫌疑人，对其进行心灵抚慰和情感沟通，帮助其恰当、准确地表达自己的真实想法，消除误解和沟通障碍，为自己矫正罪错行为争取宝贵的机会。挽救和教育未成年犯罪嫌疑人就要给予他们改正错误的机会。值得我们深思和警醒的是，张君在回顾自己对警察的仇恨时说的一句话"警察在青少年违法时，不好好教育而实施暴力，就会导致他们一辈子仇恨警察"。合适成年人制度对于未成年犯罪嫌疑人的关怀使未成年犯罪嫌疑人有机会体会司法关怀，体悟人性温暖。而且合适成年人制度的监督和见证功能本身对公安机关来说也是一种保护，它使公安机关的办案更加有公信力，证据更加可靠。合适成年人制度的建立与发展都充分体现了关怀理论的思想，为关怀理念下的少年罪错预防提供了法律基础。

第三节　社会调查

社会调查制度作为当今国际社会被认可的少年刑罚裁量中一项富有特色的制度存在，也已经逐渐在我国开展。目前，社会调查主要是在检察院和法院执行，这是一项充分体现关怀未成年犯罪人的保护制度。

一　社会调查制度

1899 年，美国芝加哥少年司法中设立了少年保护司（Probation Office）。少年保护司的职能就是在法院裁判之前调查少年平日行为、家庭环境等，以供法庭裁判作参考，并参与裁判执行。日本、德国、奥地利等国家的少年司法中都有社会调查制度的明确规定。我国台湾的"少年事件处理法"中对社会调查的内容进行了详细说明。以上各国及中国台湾地区的法规中对少年犯罪人开展的社会调查制度相对都比较完善、执行力度高。

在我国社会调查制度开展较晚，且存在较多理论与实践问题。1991年最高人民法院正式确定了社会调查制度。2001 年，最高人民法院进一步提出完善社会调查制度，制作书面材料的规定。值得关注的是，在国外少年司法体系中被证明是卓有成效的社会调查制度，是以法官的积极主动为前提。而在我国实际操作中，社会调查制度的主体却存在争论，社会调查的规范性也存在问题。公安机关、检察院、法院、青少年研究机构或者其他社会组织和机构也在参与社会调查。社会调查的内容主要包括被告人的基本信息、目前的罪行、以前的犯罪史、受教育程度、经济状况、家庭状况、居住状况、工作状况和案发前的情况等。社会调查结束后出具社会调查报告，揭示出其犯罪原因，为教育、感化和挽救少年被告人寻找到切入点。

二　社会调查制度的关怀启示

　　尽管社会调查制度无论在理论上还是在实践中都存在需要继续完善的地方，然而社会调查制度却从未被社会否定它存在的价值和意义。社会调查制度的建立和发展，基于对青少年浓厚深切的关怀理念。青少年身心尚未成熟，容易受暗示，受感染，也因此容易被塑造。少年罪错并非是青少年变坏了，而是社会缺乏对青少年应有的关怀，导致青少年迷失在价值丛林中，迷失了自我，也迷失了前进的方向。如果不重视对犯罪青少年过去的拷问，就难以理解和真正帮助他们从错误中走出来。正如美国的犯罪学家斯蒂文·德津所说："不是因为儿童变坏了，而是由于成年人不再愿意花时间经历和资源去引导儿童走出犯罪的误区……"[1] 社会调查制度关注青少年的过去，关心青少年的生长经历和犯罪过程，重视从青少年以往的人生轨迹中找寻那个缠绕青少年生长的牵绊和绳索，期望挽救迷途中的罪错青少年。

　　社会调查制度将少年作为一个关系型的人看待，尊重其存在，而非将其作为一个独立的人看待。尽管其是一名少年被告人，实施了犯罪行为，但是从关怀少年的角度看，并没有将其进行污名化处理，贴上"犯罪人""危险人""秉性使然"的标签，去歧视他，而是从关怀一个生命出发。当其在生长过程中遇到困难和挫折，遇到了失败，犯了罪错，却仍然给予其尊重和希望。通过对其生长经历、社会交往、工作学习、家

---

① 韩建军、斯蒂文·A. 德津：《美国的少年法庭》，《青少年犯罪问题》2000 年第 2 期。

庭关系、社会关系等一系列的调查，理解少年犯罪的原因。刑罚的目的不是惩罚，而是挽救。通过社会调查，或许可以发现那些犯罪少年内心真正的渴望；通过社会调查，或许也可以看到那些少年被告人身上被掩盖的善良。关怀是一种关系，是一种关怀者和被关怀者通过相互作用形成的温暖、信任、尊重和支持的特殊关系。这种关系本身具有强大的治愈功能，可以治愈那些被功利主义和工具主义压倒的脆弱的灵魂——一颗冷漠无情的灵魂，当灵魂变得冷漠时，罪恶可能就有了现身的机会。

　　社会调查至今在我国虽然没有成为少年被告人定罪量刑的重要参考依据，可却对法官定罪量刑产生了较大的影响。[1] 虽然还没有一个作为证据的合法属性，可却是少年被告人定罪量刑的参考资料。英美法系国家将社会调查作为品格证据，我国还未能确认社会调查制度的证据身份，这丝毫不影响社会调查制度的推广和应用。因为社会调查制度是在对少年关怀的理念指导下诞生的，关心少年被告人犯罪前的情况，关心少年被告人的犯罪动机。在笔者参加的一项少年案件的社会调查中，体会颇深的是少年被告人的心理状态及生长经历。如果没有社会调查，我们可能会认为那些少年被告人尤其是实施了严重犯罪行为的那些少年被告人应该被处以最严厉的惩罚，他们要为他们残忍的行为付出最为沉重的代价，甚至生命。这种思想体现了 20 世纪 70 年代后期尤其是 80 年代以来的"轻轻重重"司法。我国著名学者储槐植曾经用这个概念形象地概括当时美国形势政策的走向。[2] 轻轻就是对轻微犯罪的处理要更轻，重重就是对严重犯罪的处理要更重，合起来即为轻者更轻、重者更重。[3] 这种形势政策的核心是将犯罪控制与少年福利的理念融合。[4] 可是当开展了社会调查，走进少年被告人的过去，深入他们的内心时，发现了"罪大恶极"的少年被告人可能是真正的受害者和牺牲品，他们有的甚至长达十几年生活在一个没有关怀关系的空间里，渴望被关怀却得不到关怀，希望关怀他人也没有勇气和能力。社会调查让我们走进了少年被告人的世界，

---

① 姚建龙：《少年刑法与刑法变革》，中国人民公安大学出版社 2005 年版，第 264 页。

② 姚建龙：《超越刑事司法》，法律出版社 2009 年版，第 195 页。

③ 储槐植：《美国形势政策趋向》，《北京大学学报》（哲学社会科学版）1985 年第 3 期。

④ William B. Waegel, *Delinquecy and Juvenile Control*：*A Sociological Perspective*, Prentice-Hall, 1989, p. 194.

用他们的眼睛看到了他们看到的世界，用他们的心灵感受到了他们感受到的世界，唯有如此，"教育、感化、挽救"的方针和"教育为主、惩罚为辅"的原则才真正能得以执行。长久以来，刑罚惩罚的效果一直不容乐观，不是关怀的理念错误，而是未能将关怀的理念真正贯彻执行。在社会调查的过程中，少年被告人会得到来自公安机关、检察院、法院或者其他社会组织的关心和照顾，通过关怀唤起关怀，激发出压抑已久的"向善"倾向，摒弃"向恶"倾向，促进内心的真正转化，实现成"人"的目标。

第四节　保护处分

　　保护处分制度作为当今国际社会被认可的少年刑罚裁量中一项富有特色的制度存在，已经在我国逐渐开展。这是一项充分体现关怀未成年犯罪人的保护制度。"未成年人需要社会提供特殊保护，尤其是立法、社会以及司法体系的保护。"[①] 保护处分与保安处分不同，保安处分的目的是保护社会，保护处分的目的是保护未成年犯罪人。保护处分各国称呼不尽相同，日本《少年法》叫保护处分，我国台湾地区"少年事件处理法"（1997）将原本带有惩罚意味的管训处分修改为保护处分。保护处分代替刑罚的教育办法，充分体现了少年司法的保护主义优先的理念。保护处分充分体现了仁恕思想。[②]

一　保护处分制度

　　保护处分的思想追溯至古罗马法的国家亲权思想，最早的法律实践是 10 世纪，英国撒克逊国王安希尔斯坦（Athelstan）颁布的对少年犯保护管束的法律。1899 年，美国伊利诺伊州《少年法院法》规定了保护处分替代刑罚的少年刑法，从此保护处分被世界各国借鉴。保护处分实现了对刑罚的超越，对保安处分的超越，遵循了三个基本原则：一是保护

---

① 沈玉忠：《未成年人犯罪特别处遇研究》，中国长安出版社 2010 年版，第 179 页。邬凡敏、王群：《"宽罚严管"的少年刑事司法政策》，《河北法学》2010 年第 1 期。
② 林纪东：《形势政策学》，台湾编译局 1969 年版，第 357 页。

处分优先原则，在日本，所有不超过 20 周岁的刑事罪犯都移送至家庭裁判所，保护性措施是第一目标。在德国，只有那些犯罪倾向严重或者犯罪行为严重的少年犯罪人被处以少年刑罚，我国台湾地区"少年事件处理法"也对保护处分的适用范围做了严格规定。二是处分法定原则，保护处分的适用对象、种类和程序都合法。三是处分相称原则，保护处分符合罪错少年健康成长需要和社会福祉需要。

　　德国少年刑罚的保护处分以"教育处分"和"惩戒处分"为主要体现。教育处分中有给予指示和教育帮助。惩戒处分里面则有警告、规定义务、少年禁闭。日本的保护处分被认为是替代刑罚和应对非行少年的最重要措施，日本的保护处分有保护观察、移送教养院或养护设施、移送少年院。其中大多数少年案件都以保护观察、送交少年院等保护处分的形式处理。英国对犯罪少年的保护处分主要包括拘禁型保护处分和社区保护处分。社区保护处分有宵禁令、缓刑令、社区服务令、结合令、管护中心令、监督令、行动令、补偿令等措施。美国的保护处分措施主要有保护观察和原家庭之外的安置、训练学校。中国台湾地区的保护处分有训诫、保护管束、安置辅导、感化教育。我国现行法律所规定的适用违法犯罪未成年人非刑罚措施主要有责令父母严加管教、工读教育、警告、罚款、拘留、训诫、收容教养、劳动教养、强制解读、责令具结悔过、赔礼道歉、赔偿损失等。针对以上情况，我国学者姚建龙提出，我国的保护处分对象应适用犯罪未成年人和严重不良行为未成年人。犯罪少年，是指以普通刑法为依据，触犯刑法的少年。严重不良行为少年是指触法少年（不满 16 周岁的不予刑事处罚的少年）和有严重治安违法行为的未成年人。废止行政拘留、收容教育、劳动教养和收容教养，完善工读教育与强制戒毒措施，建构多样性的社区性保护处分，如司法警告、罚款、赔偿损失、社会服务令、保护观察、监管令、宵禁令。

二　保护处分的启示

　　我国学者姚建龙提出，我国的保护处分对象应适用犯罪未成年人和严重不良行为未成年人。[①] 保护处分是司法关怀的充分体现，不仅是少年

---

　　① 姚建龙：《少年刑法与刑法变革》，中国人民公安大学出版社 2005 年版，第 213 页。

司法的进步，更是人类思想的进步，是儿童利益最大化的集中体现。以往的保安处分是以预防未成年人再犯罪，保护社会利益提出的少年司法措施，保护处分则超越保安处分，从保护未成年犯罪人的立场出发，提出一系列符合未成年犯罪人身心发展特点和关怀未成年犯罪人的司法措施。

首先，保护处分超越了父母亲权思想，是国家亲权思想的体现。父母亲权意味着父母是孩子的监护人，对孩子的成长负有直接和唯一责任，父母亲权导致了一些家庭内部儿童受伤害事件的"伪合法性"。之所以称为伪合法性，是因为看起来合法，实质不合法。法律面前人人平等，法律保护所有公民的正当权益不受到侵害，儿童青少年也是需要保护的一分子，父母的故意或过失导致的孩子受伤、致残甚至死亡的事件应该进入国家司法程序，然而父母亲权导致父母认为教育孩子是自己的权利和责任，与国家无关，所以不需要国家介入，国家介入和干预是违法行为，自己的行为是合法行为，此为伪合法性。国家亲权认为国家对未成年人负有监护权利，未成年人是国家需要教育和保护的对象，而且有权决定未成年人的监护权。保护处分体现了国家作为未成年人的最终监护人思想。这是将未成年人从父母的"私有财产"中剥离，放入国家关怀的公共领域中，是对未成年人最大的关怀，是国家层面的关怀，是顶层设计的关怀。

其次，保护处分超越了刑罚，扩大了对未成年人关怀的范围。保护处分制度使犯罪少年和触法少年免受刑罚。① 传统的刑罚强调罪刑法定，有罪必罚。保护处分打破了这种罪刑对应关系，具有以教代刑、有罪无刑、无罪有"刑"的特点。保护处分以保护未成年人的健康成长为理念，而非社会防卫理念。而且保护处分的保护处分优先原则实现了对未成年人最大的关怀，对于符合保护处分条件的罪错未成年人实施保护处分，对于犯罪行为严重、犯罪危险性高的实施惩罚，以更好地矫正其不良行为，促进其健康成长，对于将来有可能犯罪的虞犯少年实行临界预防，

---

① 各国对保护处分适用对象不同。德国的保护处分仅仅适用于犯罪少年；日本保护处分对象包括犯罪少年、触法少年和虞犯少年；美国的保护处分适用对象最广，包括犯罪少年、虞犯少年以及一般不良行为少年。

用关怀引导其回归到健康成长的道路上，朝着阳光前进。保护处分将关怀从未成年犯罪人扩展到不良行为未成年人，将关怀从家庭、学校和社会领域扩展到司法领域，以国家意志实行。所以，保护处分是国家强制实施的，以青少年健康成长为目的，对罪错未成年人实施的教育性和福利性处遇措施①，是国家对青少年的最大关怀体现。

综上所述，保护处分是凸显关怀的重要少年司法制度。我国还没有建立起完善的未成年人保护处分制度，仅仅有一些形似保护处分的措施，而且这些措施目前并没有成为代替刑罚的措施，而仅仅是刑罚的补充，存在行政性、政策性、理想性的特点，法定化、司法性、程序化等都存在问题。未来我们需要根据我国未成年犯罪人的特点明确未成年人保护处分的对象和范围，建立保护处分体系，设置保护观察和感化教育之间的保护性处分措施，避免一放了之或者一关了之的弊端，废止拘留、收容教养等损害未成年人身心生长的处遇措施，改革工读教育，淡化社会排斥痕迹，提高工读教育的关怀色彩，完善社会服务令、监护令、宵禁令、警告令、补偿令、惩罚令，建构起多元社区关怀体系。

---

① 尹琳：《日本少年法研究》，中国人民公安大学出版社 2005 年版，第 92 页。

第 八 章

关怀理念下少年罪错预防的
实证研究

第一节　作为家庭教育重要因素的婚姻质量与
子女心理健康关系的研究

婚姻质量是家庭教育的重要因素，对子女心理健康起着潜在而又深刻的影响。采用症状自评量表 SCL - 90 和 Olson 婚姻质量问卷（EN-RICH）对 120 名高中生及其父母进行关于父母婚姻质量与子女心理健康水平关系的调查研究。结果表明：父母的婚姻质量越高，子女的心理健康水平越高。其中婚姻质量中夫妻解决冲突的方式、与亲友的关系可以预测子女的心理健康水平，好的婚姻质量是良好的家庭教育因素，有利于子女心理的健康发展。

一　引言

我们正处在现代化转型的时代。人们在享受优越的物质生活的同时，精神生活却受到各种挑战，许多人的幸福感指数不升反降。其中一个重要表现就是作为家庭教育因素的父母婚姻质量出现严重下降的问题，这不仅给子女的心理健康成长带来深刻影响，甚至成为青少年违法犯罪的重要原因。作为家庭婚姻领域的一个研究热点，婚姻质量是指婚姻满意感和婚姻适应性，国内学者徐安琪定义婚姻质量时注重夫妻调试方式及结果的主观评价。[①] 许传新则侧重夫妻双方对自己婚姻关系的总体性的、综合性评价。[②] 本书采用 Olson 关于婚姻质量的定义，即夫妻双方对于婚姻和谐状况的客观评价和主观感受，涉及夫妻双方的个体因素（价值观、对婚姻的期望等）、婚际因素（夫妻间权力与角色的分配等）、外界因素（经济状态等）。国内外已有相关研究提出婚姻质量与儿童的恐惧、焦虑[③]、抑郁等心理问题有关，与子女的行为问题有直接或间接的关系。[④] 成长在婚姻不和谐的家庭背景中，儿童易出现情绪化和逆反行为[⑤]，学习成绩和思想品德的发展也受影响。[⑥] 但综观以往研究，大都是针对离异或者单亲家庭的子女，对于正常家庭的父母婚姻质量与子女心理健康水平关系的研究较少，对于一些现实分析缺乏充分有效的论据。本书通过调查法对父母婚姻质量和子女心理健康水平进行深入研究以弥补这一

---

① 徐安琪、叶文振：《婚姻质量：婚姻稳定的主要预测指标》，《上海社会科学院学术季刊》2002 年第 4 期。

② 许传新：《婚姻质量：国内研究成果回顾及评价》，《学习与实践》2008 年第 6 期。

③ Li, Y., Putallaz, M., & Su, Y., "Inter Parental Conflict Styles and Parenting Behaviors: Associations with Overt and Relational Aggression among Chinese Children", *Merrill-Palmer Quarterly*, Vol. 57, No. 4, 2011. Yaman, A., Mesman, J., Van IJzendoorn, M. H., & Bakermans-Kranenburg, M. J., "Perceived Family Stress Efficacy and Child Externalizing Behaviors in Second-generation Immigrant Mothers", *Social Psychiatry and Psychiatric Epidemiology*, Vol. 45, No. 4, 2010. Teichman, Y. M & Ziv, R., "Grandparents' and Parents' Views about Their Family and Children's Adjustment to Kindergarten", *Educational Gerontology*, Vol. 24, No. 2, 1998. Ora Peleg-Popko & Reuven Dar, "Marital Quality, Family Patterns, and Children's Fears and Social Anxiety", *Contemporary Family Therapy*, Vol. 23, No. 4, 2001. 胡赤怡、李维榕、吴敏伦：《儿童青少年抑郁与父母婚姻冲突及破裂》，《国外医学精神病学分册》2004 年第 2 期。

④ O'Donnell, E. H., Moreau, M., Cardemil, E. V., & Pollastri, A., "Interparental Conflict, Parenting, and Childhood Depression in a Diverse Urban Population: The Role of General Cognitive Style", *Journal of Youth and Adolescence*, Vol. 39, No. 1, 2010. Ablow, J. C., Measelle, J. R., Cowan, P. A., & Cowan, C. P., "Linking Marital Conflict and Children's Adjustment: The Role of Young Children's Perceptions", *Journal of Family Psychology*, Vol. 23, No. 4, 2009. 梁宗保、张安慰等：《父母婚姻质量与儿童行为问题的追踪研究：儿童努力控制的调节作用》，《心理发展与教育》2013 年第 5 期。

⑤ Katz, L. F., Wilson, B., & Gottman, J. M., "Meta-emotion Philosophy and Family Adjustment: Making an Emotional Connection", In M. Cox & J. Brooks-Gunn (Eds.), Conflict and Cohesion in Families: Causes and Consequences, *The Advances in Family Research Series*, Mahwah, NJ: Lawrence Erlbaumj, 1999, pp. 131–165.

⑥ 王惠萍、张积家、曲世琏、陈宗仁：《父母离异儿童应激的比较研究》，《青年研究》1996 年第 6 期。

不足。

二 研究方法

（一）被试

本研究采用随机抽样的方法从烟台、莱芜两地四所高中抽取了高一、高二、高三 120 名高中生及其 240 名家长进行测试，回收有效问卷 110 套。其中学生男 44 人、女 66 人，高一 24 人、高二 27 人、高三 59 人；父亲 110 人，母亲 110 人。

（二）研究工具

症状自评量表 SCL–90。此问卷通常评定一周以来各种可能的病痛或问题使个体感到苦恼的程度，共 90 个题，包含 10 个因子：躯体化、强迫症状、人际关系敏感、抑郁、焦虑、敌对、恐怖、偏执、精神病性及其他，采用五级评分，0 = 从无、1 = 轻度、2 = 中度、3 = 相当重、4 = 严重，得分越高说明某方面的症状越严重，心理健康水平越低。经检验问卷的内部一致性系数为 0.947，表明问卷有良好的信度。

Olson 婚姻质量问卷（ENRICH）。该量表主要用于婚姻咨询中，通过对 12 个因子的测量来判断婚姻的满意程度，识别婚姻冲突的原因。12 个因子的内容是：过分理想化 E1、婚姻满意度 E2、性格相融性 E3、夫妻交流 E4、解决冲突的方式 E5、经济安排 E6、业余活动 E7、性生活 E8、子女和婚姻 E9、与亲友的关系 E10、角色平等性 E11 及信仰一致性 E12，采用五级评分，1. 确实是这样、2. 可能是这样、3. 不同意也不反对、4. 可能不是这样、5. 确实不是这样，将 124 条各个单项分相加，即为总分，评分越高表示婚姻质量越好。经考察父亲问卷的内部一致性系数为 0.900；母亲问卷的内部一致性系数为 0.864；表明两份问卷均有良好的信度。

（三）数据统计与分析

本书采用集体施测结合个别施测的方式，对于高中生采用集体施测，家长采用个别施测。所有数据采用 SPSS 19.0 统计分析软件对数据进行独立样本 T 检验、配对样本 T 检验、方差分析、相关分析和线性回归分析。

三　结果与分析

（一）子女心理健康水平的多因素方差分析

从表8—1中可以看出，子女心理健康水平在性别、年级上无显著性差异（$F = 1.142$，$p > 0.05$；$F = 0.316$，$p > 0.05$），但躯体化、精神病性和心理健康总分在子女性别和年级的交互作用上存在显著差异（$F = 3.083$，$p < 0.05$）。经过简单效应检验，发现对于躯体化因子，性别在高三水平上存在显著差异 [$F (1, 109) = 5.56$，$p < 0.05$]，即高三女生表现出来的躯体化症状明显轻于男生。而对于精神病性因子，高一女生的症状明显高于男生 [$F (1, 109) = 4.56$，$p < 0.05$]。另外通过独立样本T检验，发现高中生的心理健康各因子得分均极其显著高于全国常模（$p < 0.001$），显示了高中生的心理健康水平极其显著低。

表8—1　　　子女心理健康水平在子女性别和年级上的方差分析

	躯体化	强迫症状	人际关系敏感	抑郁	焦虑	敌对	恐怖	偏执	精神病性	其他	总分
性别	0.046	1.973	0.825	0.280	2.794	1.118	0.104	0.602	3.624	0.080	1.142
年级	0.238	0.849	0.794	0.371	0.692	0.155	2.122	0.087	0.366	0.169	0.316
性别×年级	3.475*	1.419	1.659	3.045	3.036	1.884	0.514	2.378	3.102*	1.978	3.083*

注：性别×年级表示性别与年级的交互作用；＊表示 $p < 0.05$，＊＊表示 $p < 0.01$，下同。

（二）父母婚姻质量的多因素方差分析

从表8—2可以看出，婚姻质量的12个因子在子女性别、年级以及两者的交互作用上无显著性差异（$p > 0.05$）。此外，婚姻质量总分，父亲报告的婚姻质量与母亲报告的婚姻质量均不存在显著的性别、年级差异。而在母亲报告的经济安排上存在显著的性别和年级交互作用（$F = 3.103$，$p < 0.05$），父亲报告的子女与婚姻因子存在显著的性别差异（$F = 4.157$，$p < 0.05$），夫妻交流与角色平等性这两个因子存在显著的性别和年级交互作用（$F = 3.596$，$p < 0.05$；$F = 3.378$，$p < 0.05$）。经过简单效应检验，高二女生父亲报告的夫妻交流明显好于男生 [$F (1, 109) = 5.26$， p＜0.05]，高一男生的父亲报告的夫妻交流明显好于女生［F（2，109）＝3.04，p＜0.05]。高一女生母亲报告的经济安排满意度明显高于高一男生的母亲［F（1，109）＝4.09，p＜0.05]。

表8—2　　　　　父母婚姻质量在子女性别及年级上的方差分析

	E1	E2	E3	E4	E5	E6	E7	E8	E9	E10	E11	E12
性别	0.592	0.540	0.509	0.036	0.032	0.197	0.841	0.004	2.056	0.411	0.348	1.809
年级	0.223	0.928	0.478	0.652	0.763	0.218	0.260	0.601	0.265	1.038	0.933	0.088
性别×年级	0.726	0.491	0.511	1.763	0.614	2.396	0.077	0.455	1.653	0.079	1.606	0.263

通过独立样本 T 检验，发现高中生父母的婚姻质量总分及各因子分均极其显著低于常模（p＜0.001），也显示了高中生父母的婚姻质量低，父亲报告的婚姻质量各因子得分为 19.45—28.71，母亲报告的婚姻质量各因子得分为 20.17—27.25，常模组父亲为 28.86—39.04，母亲为 28.06—40.04。这表明，高中学生的父母感知到的婚姻质量明显偏低。通过配对样本 T 检验发现，父亲婚姻质量的总分略高于母亲婚姻质量总分，但差异没有达到统计学上的显著水平。父亲报告的婚姻满意度显著低于母亲报告的婚姻满意度（t＝－3.524，p＜0.001），性格和业余活动显著高于母亲的（t＝5.391，p＜0.001；t＝6.402，p＜0.001）。

（三）婚姻质量与子女心理健康水平的相关分析

从表8—3中可以看出子女心理健康得分与父母婚姻质量呈显著负相关（r＝－0.209，p＜0.05）。在具体因子上，子女心理健康得分与婚姻质量中夫妻解决冲突的方式，角色平等性呈高显著负相关（r＝－0.209，p＜0.05），与过分理想化、性格相融性、经济安排、信仰一致性呈显著负相关（r＝－0.260，p＜0.01；r＝－0.298，p＜0.01）。也就是说，如果父母能平等、和睦地相处，遇到冲突妥善解决，合理满意地安排家庭收支，赞同配偶的行为方式，婚姻观念倾向传统，其子女的心理健康发展则可能更好。

表8—3　　　　　　　婚姻质量与子女心理健康水平的相关分析

	躯体化	强迫症状	人际关系敏感	抑郁	焦虑	敌对	恐怖	偏执	精神病性	其他	总分
E1	-0.153	-0.165	0.170	-0.155	-0.263**	-0.198*	-0.113	-0.132	-0.169	-0.084	-0.197*
E2	-0.084	-0.129	0.182	-0.033	-0.102	-0.048	-0.049	-0.011	-0.097	-0.081	-0.093
E3	-0.182	-0.191*	0.256**	-0.168	-0.261**	-0.139	-0.203*	-0.043	-0.187	-0.167	-0.220*
E4	-0.105	-0.096	-0.156	-0.151	-0.033	-0.168	-0.146	-0.175	-0.164	-0.052	-0.120
E5	-0.192*	-0.227*	-0.207*	-0.166	-0.315**	-0.206*	-0.051	-0.152	-0.289**	-0.339*	-0.260**
E6	-0.170	-0.138	-0.183	-0.128	-0.249**	-0.158	-0.077	-0.108	-0.204*	-0.113	-0.194*
E7	-0.101	-0.055	-0.070	-0.023	-0.129	0.027	-0.004	-0.023	-0.072	-0.072	-0.066
E8	-0.130	-0.050	-0.120	-0.066	-0.172	0.009	-0.183	-0.088	-0.046	-0.005	-0.103
E9	-0.145	-0.054	-0.093	-0.098	-0.208*	-0.070	-0.163	0.023	-0.076	-0.088	-0.120
E10	-0.046	0.027	0.077	0.096	-0.044	0.123	0.092	0.122	0.030	0.056	0.070
E11	-0.206*	-0.191*	-0.293**	-0.248**	-0.336**	-0.286**	-0.244*	-0.231*	-0.256**	-0.173*	-0.298**
E12	-0.191*	-0.153	-0.189*	-0.174	-0.256*	-0.215*	-0.183	-0.172	-0.191*	-0.157	-0.225*
总分	-0.175	-0.169	-0.215*	-0.144	-0.291**	-0.144	0.162	-0.096	-0.183	-0.127	-0.209*

注：* 表示 $p < 0.05$，* * 表示 $p < 0.01$。

另外，从表8—3还可以看出，子女的焦虑因子、人际关系敏感因子与婚姻质量总分呈显著负相关（$r = -0.291$，$p < 0.01$；$r = -0.215$，$p < 0.05$），因为心理健康得分越高，症状越严重，所以说，子女的焦虑和人际关系敏感与父母的婚姻质量低有关。还有一点值得关注就是子女心理健康各因子得分都与E11父母角色平等性因子呈显著负相关（$r = -0.206$；$r = -0.191$；$r = -0.293$；$r = -0.248$；$r = -0.336$；$r = -0.286$；$r = -0.244$；$r = -0.231$；$r = -0.256$；$r = -0.173$）。

（四）婚姻质量对子女心理健康水平影响的回归分析

把婚姻质量作为自变量，把子女心理健康得分作为因变量，对回归方程进行显著性检验（$F = -1.873$，$p < 0.05$）得出婚姻质量的12个因子中呈现出与子女心理健康得分存在负向线性回归关系的因子（见表8—4）。从表8—4中可以看出父母解决冲突的方式E5与子女的心理健康得分呈现显著负向线性回归关系（$t = -2.089$，$p < 0.05$），即父母冲突解决得越好，子女心理健康得分越低，心理健康水平越高；而与亲友关系这一因子与子女心理健康得分存在显著正向线性回归关系（$t = 2.290$，$p <$

0.05），即父母与亲友一起度过的时间过多，关系过于亲密反而可能不利于子女心理健康的发展。通过把父亲报告的婚姻质量和母亲报告的婚姻质量进入回归方程检验发现，父亲报告的婚姻质量中解决冲突的方式和经济安排（t = -1.997，p < 0.05；t = -2.050，p < 0.05）和母亲报告的婚姻质量中母亲的性格和信仰（t = -2.081，p < 0.05；t = -2.521，p < 0.05）可以显著预测子女的心理健康水平。

表 8—4　　　　父母婚姻质量对子女心理健康水平的线性回归分析

	B	β	t	p
E1	-0.286	-0.075	-0.525	0.601
E2	-0.188	-0.032	-0.235	0.815
E3	-0.257	-0.052	-0.368	0.714
E4	0.674	0.128	0.858	0.393
E5	-1.839	-0.298	-2.089*	0.039
E6	-0.857	-0.148	-0.974	0.333
E7	1.456	0.222	1.591	0.115
E8	-1.213	-0.246	-1.585	0.116
E9	0.583	0.112	0.781	0.436
E10	1.793	0.312	2.290*	0.024
E11	-0.505	-0.104	-0.826	0.411
E12	-0.534	-0.080	-0.547	0.586

注：B 为非标准化回归系数，β 为标准化回归系数，t 为回归系数值，p 为回归系数检验统计量。

四　结论与讨论

（一）子女心理健康水平的现状

通过研究发现，子女 SCL - 90 心理健康总分和各因子得分都极显著高于全国常模，显示了子女的心理健康水平堪忧。这或许恰恰可以在一定程度上解释当前网络媒体聚焦报道的各种青少年问题。

表8—1的研究结果显示子女总的心理健康水平在其性别和年级上无显著差异，这与Ora Peleg-Popko（2001）的研究结果一致。[1] 但躯体化、精神病性和健康总分在子女性别和年级的交互作用上存在显著差异。即高一女生的精神病性症状明显高于男生，高三男生表现出来的躯体化症状明显高于女生。究其原因，高一男生的适应能力相比女生较强，所以精神病性症状明显低于女生，而到了高三，受性别刻板印象的影响，男生身负多重压力出现了较多的身体不适、头痛等躯体表现。

另外，研究发现，男女生的心理健康水平呈现不同的发展趋势。男生的心理健康水平从高一到高二逐渐升高，到了高二达到最好，之后开始逐渐下降，到高三时心理健康水平甚至低于高一。相比较而言女生的心理健康水平则一直保持逐步上升趋势。

（二）父母婚姻质量的现状

从被试报告的婚姻质量看，总体上处于一个中等偏低的水平，表明父母感知到的婚姻质量较低，与徐安琪、叶文振1999年的研究结果基本一致[2]，徐安琪等认为22%的婚姻属于低质量，75%的婚姻质量达到中等水平，只有3%的可称为高质量。父亲在婚姻质量的总分上略优于母亲婚姻质量总分，表明父亲体验到的婚姻质量更高一点，这与Levenson的研究结果比较一致。[3]

进一步的分析发现，这种差异更多来源于父亲对母亲的性格相容和业余活动和谐度极显著高于母亲感受到的，与国外研究一致。[4] 但在婚姻满意度上，恰恰相反，是母亲比父亲更对婚姻满意。这一点与西方的研究不太一致，Levenson（1993）认为父亲的婚姻满意度更好。究其原因，首先相比男性而言，女性更敏感，更加注重情感的表达和交流，所以对

① Ora Peleg-Popko & Reuven Dar., "Marital Quality, Family Patterns, and Children's Fears and Social Anxiety", *Contemporary Family Therapy*, Vol. 23, No. 4, 2001.

② 徐安琪、叶文振：《中国婚姻质量研究》，中国社会科学出版社1999年版。

③ Levenson, R. W., Carstensen, L. L., Gottman, J. M., "Long Tem Marriage: Age, Gender, and Satisfaction", *Psychology and Aging*, Vol. 8, 1993.

④ Rogers, S. J., Amato, P. R., "Have changes in Gender Relations Affected Marital Quality?" *Social Forces*, Vol. 79, 2000.

婚姻关系的满意度相对高于男性。[①]　其次，受中国传统文化的影响，男性往往承担更多的养家重任，所以男性对婚姻关系的满意度可能会更多地受到工作方面的影响。

　　研究还发现，父亲报告的婚姻质量与子女的性别存在显著的差异，与 Kerig、Cowan 和 Cowan 的研究结果一致。[②]　主要表现为女孩的父亲认为在教养子女的方式和期望上比男孩的父亲更满意，与妻子意见更一致。这或许是性别角色社会化的结果。高一男生的父亲报告的夫妻交流明显好于高一女生父亲报告的结果，到了高二，女生的父亲报告的夫妻交流明显好于男生的父亲报告的结果。这正好与男女生心理健康发展趋势相一致。高一女生的母亲报告比高一男生的母亲更满意家庭的经济安排。

　　（三）婚姻质量与子女心理健康水平的关系

　　研究结果表明父母婚姻质量与子女心理健康得分呈显著负相关（$r = -0.209$，$p < 0.05$），即子女良好的心理健康水平与父母良好的婚姻质量有显著正相关。和谐幸福的婚姻家庭会使子女健康快乐地成长；反之，低水平的婚姻质量将会给子女带来心理伤害。国外研究发现，生活在不和谐家庭的子女出现行为和情绪问题的概率是生活在和谐家庭中子女的 2—5 倍。[③]　低婚姻质量不仅严重影响了婚姻关系的维持和教养质量，而且会导致儿童的适应不良。具体通过以下三个方面发挥作用。

　　第一，婚姻质量中夫妻解决冲突的方式与子女心理健康得分呈高度负相关且为负向的线性回归关系，与国外的研究结果一致。[④]　婚姻冲突

　　① Acitelli, L K., "Gender Differences in Relationship Awareness and Marital Satisfaction Among Young Married Couples", *Personality and Social Psychology Bulletin*, Vol. 18, 1992.

　　② Kerig, P. K., Cowan P. A. & Cowan C. P., "Marital Quality and Gender Differences in Parent-child Interaction", *Developmental Psychology*, Vol. 29, 1993.

　　③ Finchganm, D. F., Grych, J. H., & Osborne L. N., "Does Marital Conflict Cause Child Maladjustment? Directions and Challenges for Longitudinal Research", *Journal of Family Psychology*, Vol. 8, 1994.

　　④ Webster-Stratton, C. M & Hammond, M., "Marital Conflict Management Skills, Parenting Style, and Early-onset Conduct Problems: Process and Pathways", *Journal of Child Psychology ND Psychiatry*, Vol. 40, No. 6, 1999.

的消极解决方式与子女的行为问题有直接关系，会影响子女的社会适应①，如害怕与同伴交往，缺乏安全感、焦虑、人际关系敏感、敌对等。所以，当夫妻出现冲突时，更需要彼此采取和谐的氛围处理冲突，预防危机。②

第二，父母角色平等性与子女心理健康水平呈高度正相关，与国外研究结果一致。Eggen、Hartman 和 Hartman（1987）研究发现角色混乱不平等的家庭与子女的焦虑和情绪困扰有显著正相关。③ 传统男尊女卑的家庭已经不适合子女心理健康的发展，夫妻能平等共处才能使家庭幸福，子女健康，角色平等导致的良好家庭氛围以及民主的教养方式会使儿童形成自信、独立、爱探索、善于自我控制、喜欢交往的性格特点，避免了心理问题的产生。

第三，父母分别报告的婚姻质量与子女心理健康水平有关。父亲报告的婚姻质量中解决冲突的方式和经济安排显著正向预测子女的心理健康水平。也就是说，如果父亲面对婚姻冲突时更加坦诚，对解决冲突的方式满意，而且大多数冲突都能解决可以显著预测子女心理健康水平较好。因为子女通过观察学习和模仿父亲的问题中心式解决方式，可能习得面对冲突的勇气和能力，有助于心理健康水平的提高。母亲报告的性格相容性和信仰一致性显著预测子女的心理健康水平。母亲赞同父亲的生活方式，对父亲包容、体贴，少些埋怨和唠叨、多些尊重和关怀，这种良好的婚姻关系本身对子女的心理健康成长至关重要。另外，夫妻双方有较为一致的信仰，都倾向坚持传统的婚姻观念，子女的心理健康水平可以显著地被正向预测。如果母亲的婚姻观念较开放，过分追求自由与个性，子女可能出现价值观漂移或迷失，情绪陷入焦虑、空虚、抑郁之中。

---

① Jessica R. Snyder, "Marital Conflict and Child Adjustment: What About Gender?" *Developmental Review*, Vol. 18, 1998.

② Hansen, D. A., & Johnson, V. A., "Rethinking Family Stress Theory: Definitional Aspects", In W. R. Burr, R. Hill, and F. I. Nye (eds.), *Contemporary Theories about the Family*, New York: Free Press, 1979, pp. 582 – 603.

③ Eggen, C. A., & Hartman, B. W. & Hartman, P. T., "Relations between Family Interaction Patterns and Career Decision", *Psychological Reports*, Vol. 60, 1987.

五　建议

(一) 为了孩子心理健康，提高父母婚姻质量

第一，作为国家，要重视提高父母婚姻质量，出台相关措施予以保障。例如，从婚姻关系建立之初抓起，要求即将步入婚姻殿堂的夫妻先学习掌握《婚姻法》《未成年人保护法》《家庭教育学》《健康心理学》等相关法律和其他知识，提倡爱情婚姻，更强调科学婚姻，预防低婚姻质量对子女心理健康的破坏作用。此外，加强婚姻家庭指导师的培训和认证工作，欧美发达国家每 500 人就有一位婚姻家庭指导师，而我国的比率接近 1 : 300 万。所以，迫切需要培养训练有素的专业婚姻家庭指导师。

第二，作为社会，要加强对父母婚姻质量的保护。中国传统的婚姻观认为婚姻具有赡养、情感寄托等功能，婚姻质量的好坏不仅关系着一个家庭的和谐，更能影响整个社会的稳定与发展。改革开放不仅对我国政治经济产生了深刻的影响，而且对文化产生了重大的冲击，人们的价值观、婚姻观逐渐呈现多元化的特性。现代人的婚姻多强调感情，忽略责任，同居、未婚妈妈、试婚等现象层出不穷。父母是孩子最好的榜样，父母的婚姻观会直接传递给孩子。因此社会要加强对父母婚姻质量的保护，宣扬婚姻质量好的家庭，为社会传递正能量。

第三，作为学校，要提高对父母婚姻质量的关注。学校和家庭要密切联系，紧密配合，共同为儿童青少年的健康成长发挥合力作用。学校可以开展"子女与婚姻"系列讲座、举办家庭活动等方式，让父母双方一起参加，促进性格相容和夫妻交流。根据婚姻质量的综合模型发现，夫妻的资源越丰富，对生活方式越满意，共同活动获益越大，其婚姻质量就越高。通过学校，为父母婚姻质量提高创造条件，让父母和教师共同为儿童青少年心理的健康成长努力。

(二) 充分发挥良好婚姻质量对孩子的教育作用

第一，父母重视提高自身的婚姻质量，深刻认识和领会到自己的婚姻质量会影响到子女的心理健康成长。理解和关怀儿童青少年，真正为他们的成长负责，在了解儿童心理特点的基础上，针对影响儿童心理健康水平的婚姻中各个因子进行改善，努力营造出幸福、美满、和谐的家庭氛围，经营起一个高质量的婚姻，确保孩子健康快乐地成长。

第二，父母需要学会经营婚姻关系，不断增强对婚姻的满意度和幸福感，进而培养出良好的婚姻质量。根据符号互动理论，夫妻双方只有进行积极的互动才能体验到婚姻的幸福感①，如夫妻经常一起活动②、知心、如果有意见分歧能够积极沟通、性生活满意等。

第三，父母以身作则，培养对家庭的责任感和使命感。根据社会学习理论，儿童青少年的道德规范的习得来自观察学习和模仿，尤其是对父母的观察学习。所以父母自身加强道德修养，严于律己，宽以待人，面对婚姻冲突和问题不逃避责任，不退缩，而是积极表达感受，调适情绪，寻求问题解决办法，以问题式应对方式向子女示范解决冲突的方式和方法，充分发挥良好婚姻质量对孩子的教育作用。

（三）科学认识和处理父母婚姻与子女心理健康之间出现的问题

第一，父母反思自身。本研究发现，父母婚姻质量低，子女心理健康水平低。当子女心理健康出现问题，父母不应一味责怪子女，把责任推到子女身上，而是需要反思自己的婚姻质量，找到子女出现心理问题的原因，并积极配合子女的心理康复。通过访谈发现，出现心理问题的子女诉及父母关系时流露出无奈、压抑和愤怒，有的感觉自己是维系父母关系的最后一根"稻草"，有的感觉自己成为父母冲突的发泄器。所以，当子女心理健康出现问题时，父母首先应该反思自身。

第二，子女理解父母。父母的婚姻质量低，说明父母双方在处理婚姻关系时可能存在不恰当之处，或许因为方式不当，给子女造成了困扰。此时，子女可以站在父母的角度上，细细体会父母彼此的情感、父母对

---

① Gottman, J. M., "Notarius C I. Decade Review: Observing Marital Interaction", *Journal of Marriage and Family*, Vol. 62, 2000.

② 佟新、戴地：《积极的夫妻互动与婚姻质量——2011 年北京市婚姻家庭调查分析》，《学术探索》2013 年第 1 期。

子女的情感。通过深度访谈，笔者感受到子女内心渴望得到父母的尊重和关怀，而爱的缺失使子女感受不到温暖，重则出现抑郁、焦虑等心理疾病。所以，如果子女在出现心理困惑时多站在父母的角度上，体会父母的艰辛、父母对自己的那份无私的爱，或许可以在心理问题萌芽时有效地遏制，防止其继续恶化。如果子女已经出现了心理问题甚至严重心理问题，通过家庭治疗、理性情绪疗法等专业心理治疗方法使子女恰当合理地宣泄和转化不良情绪。

第三，专家介入婚姻指导。一旦父母婚姻与子女心理健康出现严重问题，要及时地向专业婚姻指导师、心理治疗师求助。鉴于家庭生态系统中婚姻质量的重要地位，通过本次研究得出婚姻质量的高低对儿童心理健康的发展存在显著的影响，尤其是父母解决冲突的方式直接影响到儿童青少年的心理健康水平是我们需要重点关注的地方。通过专家介入，父母找到解决冲突的科学方式，子女也找到调适自身心理问题的方法，父母和子女获得彼此的尊重和理解，子女心理健康成长才能得到家庭的支持和保障。

第二节　积极心理学的视角：罪错青少年 积极心理品质的逻辑及实现路径[①]

罪错青少年的教育矫正效果不仅关系到罪错青少年能否适应社会，更关系到社会的稳定和国家的发展。罪错青少年的积极心理品质是决定教育矫正效果的关键，是教育矫正的基础。所以，加强罪错青少年积极心理品质教育，具有重要的理论意义与现实意义。

一　犯罪青少年积极心理品质的应然与必然

过去人们主要关注的是心理疾病（mental illness），致力于理解和帮助那些有悲惨经历的人们。相反，21 世纪，人们开始关注自身的优势，

---

① "问题青少年"特指法学视角中的犯罪青少年，而且选取未满 18 周岁的未成年犯罪人作为实证研究对象。参见孔海燕《犯罪青少年积极心理品质的现状调查与对策研究》，《中国特殊教育》2017 年第 5 期。

这成为积极心理学的根基。积极心理学是在对人类弱点探索的同时探索人类的优势。积极心理学及其实践致力于识别和理解人类优势和美德，帮助人们生活得更快乐和更有意义。所以，进入21世纪，我们要均衡地研究完整的人，既包括心理资产也包括心理负债。

犯罪青少年这个特殊的群体，仿佛成为名副其实的"罪错青少年"代表，是罪错青少年中"问题"最为严重的青少年。他们触犯国家法律，受到刑罚处罚，然而即便如此，国家和社会没有也不会放弃对他们的期待和帮助。"对犯罪青少年实行教育、感化、挽救的方针，坚持教育为主、惩罚为辅的原则"，这是我国对未成年人犯罪的刑事政策。这一政策最早在1954年最高人民法院、司法部《关于城市中当前几类刑事案件审判工作中的指示》中提出，并在其后的未成年人立法中（1991年颁布的《中华人民共和国未成年人保护法》和1999年颁布的《预防未成年人犯罪法》被法律化。"教育为主、惩罚为辅"的原则符合犯罪青少年的生理心理特点。

犯罪青少年身心尚未成熟，思想尚未定型，可塑性强，教育感化比冷冰冰的惩罚更容易触动犯罪青少年的心灵，使其感受温暖，从痛苦和绝望中振作起来。郭开元在未成年人重新犯罪的影响因素研究中发现，犯罪青少年的消极颓废是重要原因之一。[1] 贝卡里亚曾说，预防犯罪比惩罚犯罪更高明，这乃是一切优秀的立法者的主要目的。[2] 揭示未成年人犯罪与刑罚适用的互动规律，最大限度地发挥刑事干预所蕴含的教育挽救犯罪青少年的正功能，遏制其促成犯罪青少年继续迈向犯罪深渊的负功能[3]，重视人格力量和美德教育的积极心理健康教育是实现这一目标的至为关键的环节。

积极心理健康教育主张开发潜能、减负增效，以发展防治问题[4]，以积极取向塑造积极心理品质。积极心理品质是个体在先天潜能与环境教育交互作用的基础上形成的相对稳定的正向心理特质，这些心理特质

---

① 郭开元：《预防青少年重新犯罪研究报告》，中国人民公安大学出版社2013年版。

② ［意］贝卡里亚：《论犯罪与刑罚》，黄风译，中国法制出版社2005年版。

③ 张远煌：《中国未成年人犯罪的犯罪学研究》，北京师范大学出版集团2012年版。

④ 孟万金：《积极心理健康教育：奠基幸福有成人生》，《中国特殊教育》2010年第11期。

能够影响个体的思想、情感和行为方式的积极取向，能为个体获得幸福人生奠定基础。[①] 积极心理品质包含六大美德力量[②]，是犯罪青少年矫正教育的基础和载体，也是犯罪青少年实现回归社会、顺利完成再社会化的前提。消极心理品质可导致犯罪行为及再犯罪的发生，积极心理品质可降低犯罪风险。我国最早开展积极心理品质研究的学者孟万金充分借鉴和整合中西方积极心理思想，创立积极心理健康教育理论[③]，提出中国中小学生和大学生积极心理品质的结构。

　　近些年来，国内对于积极心理品质的研究日益增多，从研究对象来看，主要涉及学生群体，从中小学生到大学生，从普通高等学校学生到职业院校学生，也有学者对不同群体如贫困生与非贫困生、城乡生源护校生、青少年与成年人进行比较分析，但对于犯罪青少年群体少有关注。犯罪青少年作为一个特殊群体，更需要积极心理健康教育的关注和引导，更需要挖掘其自身的优势和美德，增强重塑人生的信心和能力。因此，了解犯罪青少年的积极心理品质发展状况，提出有针对性的未成年人犯罪预防对策，对促进犯罪青少年的健康成长具有深刻的社会意义。

二　犯罪青少年积极心理品质的现状

（一）研究方法

1. 被试

　　采用整群随机抽样的方法，选取山东省未成年犯管教所 420 人（均为男性），平均年龄为（18.64 ± 1.96）岁；普通高中在校生 420 人（均为男生），平均年龄为（16.15 ± 1.15）岁，剔除缺失数据问卷和无效问卷后回收有效问卷 816 份，有效回收率为 97.14%。未成年犯罪人样本构成情况见表 8—5。

---

　　① 官群、孟万金、Keller J.：《中国中小学生积极心理品质量表编制报告》，《中国特殊教育》2009 年第 4 期。

　　② Park，N.，Peterson，C.，"Positive Psychology and Character Strength：Application to Strengths Based School Counseling"，*Professional School Counseling*，Vol. 12，No. 2，2008.

　　③ 孟万金：《积极心理健康教育》，中国轻工业出版社 2008 年版。

表8—5　　　　　　　　　犯罪青少年的人口统计学变量

	年龄					农村	城市	独生	非独生
	14—15 岁	16—17 岁	18—19 岁	20—21 岁	22—25 岁				
人数	13	106	171	94	25	318	91	171	238
%	3.2	25.9	41.8	23.0	6.1	77.8	22.2	41.8	58.2

	家庭结构		受教育程度					是否留守	
	双亲	非双亲	未上学	小学	初中	高中或中专	大学或中专	留守	非留守
人数	324	85	10	90	244	61	4	50	359
%	79.2	20.8	2.4	22.0	59.7	14.9	1.0	12.2	87.8

2. 研究工具

采用官群、孟万金等2009 年编制的"中国中小学生积极心理品质量表"。[1] 该量表包括六个分量表、15 项积极心理品质,共61 道题。认知分量表主要涉及智慧和知识,包括创造力、求知力、洞察力3 个品质,人际分量表主要涉及人际和社交,包括友善、爱2 个品质,情感分量表涉及恒心和毅力,包括真诚、执着2 个品质,公正分量表涉及公正和合作,包括领导力、合作力2 个品质,节制分量表涉及节制和谦让,包括宽容、谦虚、持重3 个品质,超越分量表涉及信念和境界,包括心灵触动、幽默风趣、信念和希望3 种品质。量表采用5 点记分,"1"表示非常不像我,"5"表示非常像我。分数越高,代表积极心理品质越好。量表具有良好的信度和效度,可用于测评中国中学生积极心理品质发展状况。[2]

3. 研究程序

分别以班级和监区为单位进行团体测试,为了保证调查的规范性,由研究者本人与班主任或监区教导员一起组织测试,研究者宣读指导语,

---

① 官群、孟万金、Keller J. :《中国中小学生积极心理品质量表编制报告》,《中国特殊教育》2009 年第4 期。

② 孟万金:《中国中学生积极心理品质测评量表修订报告》,《中国特殊教育》2016 年第2 期。

并对测试注意事项进行说明和指导，现场发放问卷并回收问卷，回收的所有有效数据采用 SPSS 22.0 进行单样本 t 检验、方差分析处理。

（二）研究结果

1. 犯罪青少年的积极心理品质发展的总体状况

从表 8—6 可以看出，认知、情感、人际、公正、节制、超越六大维度均分在 3.35—3.82，单样本 t 检验结果显示均分显著高于中数 3，这说明犯罪青少年的积极心理品质发展状况良好。描述统计结果表明，犯罪青少年积极心理品质的六大维度从高到低依次是超越维度、情感维度、克制维度、认知维度、人际维度、公正维度。其中超越维度均分最高，公正维度均分最低（见图 8—1）。

表8—6　　　　犯罪青少年积极心理品质六大维度平均分的
单样本 t 检验 （M ± SD）

（n = 409）	M ± SD	t
认知维度	3. 43 ± 0. 44	19. 48 * * *
人际维度	3. 39 ± 0. 45	17. 44 * * *
情感维度	3. 59 ± 0. 54	22. 37 * * *
公正维度	3. 32 ± 0. 48	13. 79 * * *
克制维度	3. 50 ± 0. 50	20. 04 * * *
超越维度	3. 62 ± 0. 53	23. 63 * * *

注：＊表示 p < 0. 05，＊＊表示 p < 0. 01，＊＊＊表示 p < 0. 001，下同。

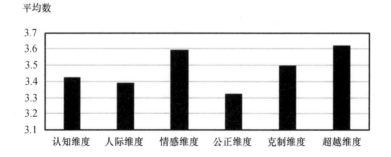

图8—1　犯罪青少年积极心理品质六大维度情况

对六大维度下属的 15 项积极心理品质的描述统计结果表明，犯罪青少年发展最好的五项品质为心灵触动、爱、信念与希望、宽容、求知力，发展最差的五项品质为真诚、领导力、洞察力、幽默风趣、创造力（见图 8—2）。

平均分

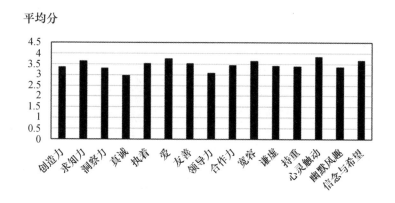

图 8—2　犯罪青少年 15 项积极心理品质的情况

2. 犯罪青少年与普通青少年积极心理品质发展的比较

犯罪青少年的积极心理品质发展良好，但与普通青少年相比，犯罪青少年的积极心理品质发展情形又如何？这需要从总体上对犯罪青少年与普通青少年进行比较，从而把握其发展状况。描述统计发现，犯罪青少年与普通青少年在积极心理品质发展序列上存在差异，普通青少年发展最好的五项品质为心灵触动、宽容、信念与希望、幽默风趣、友善，发展最差的五项品质为领导力、真诚、创造力、洞察力、持重。且独立样本 t 检验结果表明，犯罪青少年与普通青少年在积极心理品质的各个维度上均存在着显著的差异（见表 8—7）。

在具体内容方面，独立样本 t 检验结果显示，犯罪青少年在创造力、洞察力、真诚、执着、友善、合作力、宽容、谦虚、持重、心灵触动、幽默风趣、信念与希望 12 个品质上得分显著低于普通青少年（见表 8—8）。

表 8—7　　　　　　犯罪青少年与普通青少年在积极心理品质
六大维度上的差异（M ± SD）

N = 816	类型	M ± SD	t
认知维度	犯罪青少年	3.43 ± 0.44	− 3.24**
	普通青少年	3.53 ± 0.52	
人际维度	犯罪青少年	3.39 ± 0.45	− 4.51***
	普通青少年	3.55 ± 0.53	
情感维度	犯罪青少年	3.59 ± 0.54	− 4.03***
	普通青少年	3.74 ± 0.53	
公正维度	犯罪青少年	3.32 ± 0.48	− 5.59***
	普通青少年	3.52 ± 0.54	
克制维度	犯罪青少年	3.50 ± 0.50	− 7.40***
	普通青少年	3.76 ± 0.51	
超越维度	犯罪青少年	3.62 ± 0.53	− 8.73***
	普通青少年	3.94 ± 0.53	

表 8—8　　　　　　犯罪青少年与普通青少年在积极心理品质
15 个项目上的差异（M ± SD）

	类型	M ± SD	t
创造力	犯罪青少年	3.36 ± 0.60	− 2.22*
	普通青少年	3.46 ± 0.73	
求知力	犯罪青少年	3.64 ± 0.58	− 1.04
	普通青少年	3.69 ± 0.68	
洞察力	犯罪青少年	3.30 ± 0.56	− 4.33***
	普通青少年	3.48 ± 0.62	
真诚	犯罪青少年	2.96 ± 0.70	− 4.30***
	普通青少年	3.19 ± 0.85	
执着	犯罪青少年	3.54 ± 0.52	− 3.35**
	普通青少年	3.67 ± 0.75	
爱	犯罪青少年	3.76 ± 0.72	1.66
	普通青少年	3.67 ± 0.75	

续表

	类型	M ± SD	t
友善	犯罪青少年	3.51 ± 0.58	- 6.59 * * *
	普通青少年	3.78 ± 0.59	
领导力	犯罪青少年	3.08 ± 0.61	1.28
	普通青少年	3.01 ± 0.76	
合作力	犯罪青少年	3.45 ± 0.53	- 8.52 * * *
	普通青少年	3.78 ± 0.57	
宽容	犯罪青少年	3.65 ± 0.69	- 6.86 * * *
	普通青少年	3.98 ± 0.68	
谦虚	犯罪青少年	3.41 ± 0.64	- 6.05 * * *
	普通青少年	3.71 ± 0.77	
持重	犯罪青少年	3.40 ± 0.67	- 2.73 * *
	普通青少年	3.53 ± 0.73	
心灵触动	犯罪青少年	3.82 ± 0.69	- 6.54 * * *
	普通青少年	4.11 ± 0.58	
幽默风趣	犯罪青少年	3.35 ± 0.75	- 7.98 * * *
	普通青少年	3.80 ± 0.83	
信念与希望	犯罪青少年	3.66 ± 0.63	- 5.88 * * *
	普通青少年	3.93 ± 0.68	

3. 犯罪青少年群体内部积极心理品质的比较

方差分析表明，犯罪青少年的积极心理品质各维度在年龄分布的总体上不存在显著差异（p > 0.05），说明犯罪青少年的积极心理品质较稳定，但从平均分的角度看，各种心理品质在年龄阶段上有些变化。随年龄呈下降趋势的品质主要是求知力、真诚、宽容、心灵触动，随年龄呈上升趋势的品质主要是创造力、洞察力、谦虚、持重，随年龄呈倒"V"字趋势的品质，即随年龄升高呈先升高再下降趋势的品质有幽默风趣、信念与希望，随年龄呈正"V"字趋势，即随年龄升高呈先下降再上升的趋势的品质有执着、爱、友善，随年龄呈"W"字趋势的品质有领导力和合作力。而且一些品质在某些年龄段有着明显改变，具体表现为：在创造力上，18—19 岁的犯罪青少年显著高于 14—15 岁（MD = 0.34，p =

0.05）；在求知力上，18—19 岁和 20—21 岁均显著高于 22—26 岁
（MD = 0.24，p = 0.05；MD = 0.28，p = 0.035）；在真诚上，14—15 岁高
于 22—26 岁，差异边缘显著（MD = 0.43，p = 0.073）；在领导力上，
16—17 岁显著低于 18—19 岁和 22—26 岁（MD = - 0.17，p = 0.027；
MD = - 0.29，p = 0.034）；在谦虚品质上，14—15 岁和 20—21 岁低于
22—26 岁，差异边缘显著（MD = - 0.41，p = 0.062；MD = - 0.26，p =
0.077），18—19 岁显著低于 22—26 岁（MD = - 0.31，p = 0.026）；在持
重品质上，14—15 岁低于 22—26 岁，差异边缘显著（MD = - 0.41，p =
0.077）；心灵触动品质上，20—21 岁高于 22—26 岁，差异边缘显著
（MD = 0.26，p = 0.093）；幽默风趣品质上，18—19 岁高于 16—17 岁，
差异边缘显著（MD = 0.16，p = 0.096）（见表 8—9）。

表 8—9　　　　不同年龄段犯罪青少年积极心理品质的描述性统计

	年龄	M	SD	N
创造力	14—15	3.08	0.71	13
	16—17	3.34	0.70	106
	18—19	3.41	0.53	171
	20—21	3.31	0.60	94
	22—26	3.36	0.43	25
	总计	3.36	0.60	409
求知力	14—15	3.72	0.47	13
	16—17	3.62	0.55	106
	18—19	3.66	0.60	171
	20—21	3.69	0.62	94
	22—26	3.41	0.38	25
	总计	3.64	0.58	409
洞察力	14—15	3.18	0.62	13
	16—17	3.30	0.56	106
	18—19	3.32	0.60	171
	20—21	3.26	0.52	94
	22—26	3.45	0.41	25
	总计	3.30	0.56	409

续表

	年龄	M	SD	N
真诚	14—15	3.21	0.63	13
	16—17	3.00	0.82	106
	18—19	2.94	0.70	171
	20—21	2.96	0.62	94
	22—26	2.77	0.45	25
	总计	2.96	0.70	409
执着	14—15	3.56	0.39	13
	16—17	3.52	0.55	106
	18—19	3.53	0.49	171
	20—21	3.57	0.59	94
	22—26	3.54	0.42	25
	总计	3.54	0.52	409
爱	14—15	3.87	0.60	13
	16—17	3.75	0.83	106
	18—19	3.77	0.68	171
	20—21	3.72	0.71	94
	22—26	3.81	0.57	25
	总计	3.76	0.72	409
友善	14—15	3.67	0.58	13
	16—17	3.49	0.54	106
	18—19	3.51	0.63	171
	20—21	3.50	0.56	94
	22—26	3.55	0.38	25
	总计	3.51	0.58	409
领导力	14—15	3.08	0.56	13
	16—17	2.97	0.66	106
	18—19	3.13	0.60	171
	20—21	3.05	0.61	94
	22—26	3.25	0.47	25
	总计	3.08	0.61	409

续表

	年龄	M	SD	N
合作力	14—15	3.49	0.55	13
	16—17	3.42	0.52	106
	18—19	3.44	0.56	171
	20—21	3.49	0.53	94
	22—26	3.46	0.39	25
	总计	3.45	0.53	409
宽容	14—15	3.77	0.49	13
	16—17	3.67	0.77	106
	18—19	3.66	0.65	171
	20—21	3.60	0.72	94
	22—26	3.53	0.56	25
	总计	3.65	0.69	409
谦虚	14—15	3.26	0.55	13
	16—17	3.44	0.66	106
	18—19	3.36	0.66	171
	20—21	3.41	0.64	94
	22—26	3.67	0.48	25
	总计	3.41	0.64	409
持重	14—15	3.18	0.68	13
	16—17	3.36	0.72	106
	18—19	3.376	0.64	171
	20—21	3.456	0.71	94
	22—26	3.59	0.46	25
	总计	3.40	0.67	409
心灵触动	14—15	3.90	0.64	13
	16—17	3.81	0.73	106
	18—19	3.81	0.68	171
	20—21	3.89	0.68	94
	22—26	3.63	0.56	25
	总计	3.82	0.69	409

续表

	年龄	M	SD	N
	14—15	3.10	0.73	13
	16—17	3.29	0.71	106
幽默风趣	18—19	3.45	0.76	171
	20—21	3.30	0.77	94
	22—26	3.32	0.77	25
	总计	3.35	0.75	409
	14—15	3.57	0.46	13
	16—17	3.72	0.66	106
信念与希望	18—19	3.61	0.63	171
	20—21	3.67	0.65	94
	22—26	3.67	0.56	25
	总计	3.66	0.63	409

城市犯罪青少年的认知维度和情感维度均显著高于农村犯罪青少年（$t_{407} = 3.09$，$p = 0.002$；$t_{407} = 2.32$，$p = 0.021$）。独生子女的认知维度显著高于非独生（$t_{407} = 2.21$，$p = 0.027$），非双亲家庭的情感维度显著低于双亲家庭（$t_{407} = -2.003$，$p = 0.046$），认知维度高于双亲家庭，差异边缘显著（$t_{407} = 1.94$，$p = 0.053$），其余变量在六大维度上均不存在显著差异（$p > 0.05$）。在具体内容方面，独生犯罪青少年的求知力显著高于非独生（$t_{407} = 2.65$，$p = 0.008$）。城市犯罪青少年的求知力、洞察力、爱、领导力品质均显著高于农村（$t_{407} = 2.18$，$p = 0.030$；$t_{407} = 3.34$，$p = 0.001$；$t_{407} = 2.78$，$p = 0.006$；$t_{407} = 2.97$，$p = 0.004$）。非双亲家庭的创造力品质显著高于双亲家庭的（$t_{407} = 3.20$，$p = 0.001$），双亲家庭的真诚、爱品质显著高于非双亲家庭（$t_{407} = 2.55$，$p = 0.010$；$t_{407} = 2.51$，$p = 0.012$）（见表8—10）。

单因素方差分析表明，不同受教育程度犯罪青少年的积极心理品质差异显著，具体体现为创造力、爱、持重、心灵触动品质 [$F_{(4, 404)} = 3.44$，$p = 0.009$；$F_{(4, 404)} = 1.85$，$p = 0.006$；$F_{(4, 404)} = 2.65$，$p = 0.033$；$F_{(4, 404)} = 3.05$，$p = 0.017$]。事后多重比较表明，在创造力品质上高中文化程度的显著高于初中和小学的（MD $= 0.28$，$p =$

0.001；MD＝0.23，p＝0.018）；在爱品质上，受教育程度越高，爱品质
越高，大学的最高，显著高于其他四种的，初中的显著高于小学文化程
度的（MD＝1.09，p＝0.024）；在持重品质上，小学文化程度的显著高
于初中文化程度的（MD＝0.22，p＝0.05）；在心灵触动品质上，初中文
化程度的显著高于未上学和小学文化程度的（MD＝0.44，p＝0.044；
MD＝0.20，p＝0.016）。大学文化程度的显著高于未上学和小学文化的
（MD＝0.98，p＝0.015；MD＝0.74，p＝0.033）。

表8—10　　　城市与农村犯罪青少年在积极心理品质六大维度
上的差异（M±SD）

N＝816	户口	M±SD	t
认知维度	城市	3.55±0.45	3.09**
	农村	3.39±0.43	
人际维度	城市	3.44±0.46	1.12
	农村	3.38±0.45	
情感维度	城市	3.71±0.51	2.32*
	农村	3.56±0.54	
公正维度	城市	3.41±0.51	1.94
	农村	3.30±0.46	
克制维度	城市	3.53±0.56	0.57
	农村	3.49±0.49	
超越维度	城市	3.69±0.58	1.37
	农村	3.60±0.51	

（三）分析与讨论

1. 犯罪青少年的积极心理品质整体发展状况

通过以上分析可以看出犯罪青少年的积极心理品质总体状况较
好。六大维度的得分均显著高于中数3，其中发展最好的是超越维度，
其次是情感维度、克制维度，发展最差的是公正维度，其次是人际维
度和认知维度。在具体品质上，发展最好的是心灵触动、爱、信念与
希望、宽容和求知力，有力地证明了犯罪青少年矫正教育的成效。犯
罪青少年矫正教育坚决贯彻执行保护原则，教育为主，惩罚为辅，真

正触动犯罪青少年的心灵，唤起感恩意识，燃起对美好世界的兴趣，自觉主动对自己的犯罪行为进行反省和悔悟，所以犯罪青少年在心灵触动、信念和希望品质上发展好，而且这也体现了我国犯罪青少年矫正教育的优势，以矫正人为主，强调犯罪青少年对融入社会的信念和希望，因为希望是与生活满意度密切相关的品质[1]，是再犯罪预防的核心。矫正教育机构在贯彻教育感化政策时，积极关注犯罪青少年的身心发展，关怀犯罪青少年的心理需要，使其感受到人性的温暖和关爱的美好，所以爱的品质发展较好。另一方面，也有一些积极心理品质需要加强，具体而言，情感维度的真诚、公正维度的领导力、认知维度的洞察力和创造力、超越维度的幽默风趣，而这些薄弱的品质与犯罪青少年的不成熟有关，已有学者对青少年和成年人的积极心理品质进行比较发现，青少年的优势品质主要是希望和乐观、团队精神、热情和活力，而审美、真诚、领导力、开放思维在成人中更普遍。[2]

　　与普通青少年相比较，犯罪青少年的积极心理品质六大维度得分均显著低于普通青少年，这与已有犯罪青少年比普通青少年更富攻击性、破坏性、怨恨、敌意、简单粗暴、冲动的研究[3]结论一致。这主要是因为，犯罪青少年毕竟是不同于普通青少年的一个特殊群体，他们接受的是矫正教育，在教育中处于劣势，得不到应有的适合的教育，导致心理上整体落后于普通青少年。犯罪青少年不仅在六大维度上低于普通青少年，而且在各个具体品质上都极显著低于普通青少年。除此之外，犯罪青少年与普通青少年在心灵触动、宽容、信念与希望品质上都表现出相对一致的良好状况和在真诚、领导力、洞察力、创造力品质方面的不良状况，但是犯罪青少年发展最好的前五项品质中还包括爱和求知力，而普通青少年的则是幽默风趣和友善。对于犯罪青少年发展较差的幽默风

　　① Park, N., Peterson, C. & Seligman, M. E. P., "Strength of Character Wellbeing", *Journal of Clinical and Social Psychology*, Vol. 23, No. 5, 2005.

　　② Park, N. & Peterson, C., "Moral Competence and Character Strengths among Adolescents: The Development and Validation of the Values in Action Inventory of Strengths for Youth", *Journal of Adolescence*, Vol. 29, No. 6, 2006.

　　③ Glueck, S. & Glueck, E. *Unraveling Juvenile Delinquency*, New York: The Common Wealth Fund, 1950, pp. 281–282.

趣品质则是普通青少年发展较好的品质。考虑原因，可能是由于犯罪青少年自身的特点及犯罪青少年教育矫正的途径和方法不同造成。已有研究指出，未成年人犯罪的一条不容忽视的原因是关怀缺失。[①] 由于体验不到关怀，犯罪青少年对关怀的渴望比普通青少年更加强烈，而在服刑期间，犯罪青少年得到了父母、狱警、狱友的关怀和帮助，被关怀的需要得到满足，继而燃起继续探索和求知的兴趣，所以爱的品质和求知力得到发展。但是另一方面，刑罚始终是一种惩罚措施，犯罪青少年正处在人生观、世界观、价值观形成的重要阶段，如果对于其实施的严重犯罪不通过刑罚予以惩戒，令其痛彻悔悟，可能会导致其蔑视法律，实施更大的恶，承受更重的刑罚。所以刑罚对于犯罪青少年仍然是严肃的，因而其幽默风趣的品质发展不良。而且犯罪青少年因为实施了犯罪行为受到刑罚处罚，或许在自信上相对不足，对人怀有较强的防御心理，真诚品质较差。从矫正教育的角度讲，一方面需要帮助犯罪青少年培养那些发展良好的品质，另一方面阻止某些品质的继续弱化。美国开展了一些以积极心理为指导的临床干预项目，有效提高幸福感，减少抑郁。[②]

犯罪青少年的积极心理品质极显著低于普通青少年，在具体内容方面表现为，犯罪青少年的创造力、洞察力、真诚、执着、友善、合作力、宽容、谦虚、持重、心灵触动、幽默风趣、信念与希望12个品质都显著低于普通青少年，爱、求知力和领导力差异不显著。犯罪青少年的积极心理品质低于普通青少年，与以往相关研究结果基本一致。犯罪青少年的消极心理明显，比普通青少年更为放纵自己，精神质和神经质更强，心理健康水平更低。[③] 心理健康影响积极心理品质的建立和发展，因此相

---

① 孔海燕、毕宪顺：《问题青少年教育矫正研究新视域——基于诺丁斯关怀理论探析》，《山东社会科学》2016年第9期。孔海燕：《青少年犯罪预防关怀本体论》，博士学位论文，鲁东大学，2017年。孔海燕、毕宪顺：《转型期未成年人犯罪及归因研究——基于山东某区近五年犯罪案件调查》，《预防青少年犯罪研究》2016年第4期。

② Seligman, M. E. P., Steen, T. A., Park, N., et al. "Positive Psychology Progress", *American Psychologist*, No. 5, 2005.

③ 陈淑玲、徐乐平、庄永忠等：《未成年犯心理健康状况与犯罪人格特征的相关研究》，《国际精神病学杂志》2015年第4期。王丹、初玉霞：《犯罪青少年心理状态及其与社会支持的关系研究》，《中国特殊教育》2013年第7期。

比普通青少年而言，犯罪青少年的积极心理品质显著较低。

2. 犯罪青少年群体内部积极心理品质状况

犯罪青少年积极心理品质的六大维度及具体内容在年龄分布总体上差异不显著，表现出相对稳定的发展态势，这一研究结果与普通青少年的发展略有不同。普通青少年的积极心理品质表现出明显的年龄差异。[①]犯罪青少年的积极心理品质总体上是没有显著的发展变化，但个别品质在年龄阶段表现上有明显差异，如真诚和宽容及心灵触动等品质随年龄增长而下降，谦虚、持重和洞察力等随年龄增长而上升，爱和友善等则随年龄增长先下降再上升，20—21 岁降到最低。这一方面符合犯罪青少年的人格特点，另一方面也提醒针对未成年人犯罪的矫正教育应该在各个年龄段都重点关注爱、友善、真诚、宽容等积极心理品质的培养，尤其是 20—21 岁这个最低时期。真诚是人际交往的重要原则，宽容是人际交往的重要方法，心灵触动是人际交往的润滑剂，犯罪青少年的以上积极心理品质却随着年龄增长而下降，势必会影响其获得真实可信的良好人际关系，影响其对社会的适应，需要引起重视。总体而言，对于犯罪青少年积极心理品质没有明显的发展性变化这一总特点，提示了在对犯罪青少年进行矫正教育时，适合在日常的矫正教育活动中渗透积极心理品质的常规性培养活动。

城市的犯罪青少年在认知维度和情感维度上显著高于农村。在具体品质方面，城市犯罪青少年在求知力、洞察力、爱、领导力品质上的得分显著高于农村，与卫萍[②]、张冲[③]等研究结果比较一致。可能由于城市相比农村生活更加丰富，提供给未成年人更多的信息和更发达的科技，更重视培养学生的好奇心和对学习的兴趣，所以城市犯罪青少年在求知力和洞察力品质上发展更好；他们由于经常接触丰富的多元文化和多样的刺激，城市的超负荷运行也给生活其中的犯罪青少年更多的压力和挑

---

① 余晓灵、孙燕、王新波：《中学生积极心理品质培养内容的序列化研究》，《中国特殊教育》2009 年第 12 期。

② 卫萍：《中小学生积极心理品质的调查分析与教育对策》，《中国特殊教育》2013 年第 12 期。

③ 张冲、孟万金、王新波：《中职学生积极品质现状调查和教育对策》，《中国特殊教育》2012 年第 3 期。

战，锻炼了领导力。城市的犯罪青少年父母为其子女提供了更好的成长条件和教育，给予更多精心陪伴和照料，所以城市犯罪青少年相应受到了更多的关怀，获得更多支持和肯定，进而爱的品质更高，农村犯罪青少年的父母或许由于忙于生计，没有多少时间陪伴未成年子女，农村未成年子女由于缺少亲情关爱，容易滋生不良行为，并得不到有效的监管和矫正，亲密关系也不受重视，所以农村犯罪青少年的爱的品质较低。独生的犯罪青少年比非独生的犯罪人更加爱学习、好奇心更强，可能对于独生子女来说，家庭给予了他们更多的关怀和更丰富的教育，促进了探索新事物的兴趣和学习新知识的愿望，因此求知力得到更好的发展。未成年人犯罪有着深刻的家庭原因。有学者通过将北京等 12 个省市的犯罪青少年与普通中学生家庭对比的分析发现，犯罪青少年的家庭结构不健全。① 本次研究进一步发现，来自非双亲家庭的犯罪青少年比双亲家庭的犯罪青少年更加有创造力，或许源于非双亲家庭本身的不完整性和功能缺失性，使犯罪青少年不得不提早面对学习、生活、人格发展问题，这些困难和挫折反而成为他们成长的财富，使他们在困境中开拓思维，解决问题。但毕竟家庭结构的不完整，家庭功能不完善，犯罪青少年体验到关爱较少，或许由于自我防御心理更不愿意展现真实的自己，缺乏彼此关怀的亲密关系，所以真诚和爱品质显著较低，这一点与张良驯的研究结果基本一致。高中文化程度的犯罪青少年比初中文化的犯罪青少年拥有更强的创造力，这与高中阶段个体抽象逻辑思维的成熟联系密切。在爱的品质上，随着文化程度的升高，犯罪青少年的爱的品质越来越好，越来越能感受爱，实践爱，与他人建立亲密关系，互相分享，互相关怀，这种品质一直持续发展直到大学阶段。在心灵触动品质方面，未上学和小学文化程度的犯罪青少年显著低于初中文化程度和大学文化程度的犯罪青少年，一方面说明了对于感恩和欣赏品质的培养离不开教育；另一方面，提示了对于这两种品质的培养要尽早实施，从幼儿开始，有意识地培养他们留意和欣赏生命中所有的美丽，留意身边的好事并心怀感恩。

---

① 张良驯：《与普通中学生对比的未成年犯家庭特征》，《预防青少年犯罪研究》2015 年第 2 期。

矫正教育要消除犯罪青少年的污名化，不把犯罪青少年当作心理和道德问题的高风险人群，应相信其有能力重塑人生，赢得明天。具体而言：①犯罪青少年的积极心理品质总体状况良好，超越维度最好，公正维度最差，且各个维度均显著低于普通青少年。②15 项积极心理品质中，犯罪青少年发展最好的五项品质为心灵触动、爱、信念与希望、宽容、求知力；最差的五项品质为真诚、领导力、洞察力、幽默风趣、创造力。③犯罪青少年积极心理品质总体上发展较稳定，群体内部存在生源地、独生、家庭结构、受教育程度等方面的差异。

三 犯罪青少年积极心理品质的实现路径

有时候，我们在探索问题青少年优势时会犯错误，但是辩证地看，我们坚信，搜寻优势的努力会让我们更加深入地理解问题青少年。关注问题青少年积极心理品质会为他们和我们的生活带来美好和友善的感受。他么渴望听到强劲和振奋的音乐，就像我们渴望正能量一样。

（一）重视犯罪青少年的积极心理健康教育

虽然未成年人矫正教育一直重视心理健康教育，但是由于以往基本都是基于问题取向进行病理式心理矫正，往往过分关注少数犯罪青少年的严重心理问题，忽视绝大多数犯罪青少年已有优势品质的开发和培养，造成心理矫正的有限性和低效性。积极心理健康教育面向全体犯罪青少年，突出心理矫正的预防与发展功能，重视犯罪青少年的优势力量的探究和成长，关注积极品质和美德力量，强调积极向上的心态和美好的感受[1]，这对于未成年人矫正教育有着根本意义。对犯罪青少年进行矫正教育不是满足公众的报复心理和保卫社会安全，而是以保护未成年人的利益为基本目的，通过对未成年人的违法犯罪行为进行干预，促进他们的健康成长，保障他们实现正常的社会化或再社会化。[2]《联合国少年司法最低限度标准规则》（北京规则）第 17 条第 1 款第 5 项规定，在考虑少年的案件时，应把其福祉看作主导因素。我国在处理犯罪青少年的实体

---

[1] 孟万金：《积极心理健康教育：奠基幸福有成人生》，《中国特殊教育》2010 年第 11 期。

[2] 张利兆：《未成年人刑事政策研究》，中国检察出版社 2006 年版。

规定和程序规则中遵循着这一积极教育的思想，尽量淡化处理措施的惩罚性，创立了一系列别具特色的少年司法制度。因此，对犯罪青少年的矫正教育应以积极心理品质教育为重点，配备专业的积极心理品质辅导人员，通过学习辅导、生活辅导、人格辅导等专业系统的心理辅导活动，牢固贯彻执行保护未成年人利益的首要原则，为积极心理品质教育，通过积极心理品质教育①，帮助犯罪青少年尽最大努力搜索自身的优势和美德，获取振奋的潜在力量，获得生命的自然性和自发性，让自己相信自己有能力改善自己和世界，在希望与信念中树立正确的道德观念和法律意识，增强自控能力，保证刑罚执行的效果。因为具有美德的人可以不费力地做到仁慈、公正、节制和礼貌。

（二）保护犯罪青少年已有的积极心理品质强项

心理学不仅要修复最糟的生活，还要建构最好的生活。② 研究结果发现，监禁矫正并没有严重阻碍犯罪青少年的心理成长。总体上，犯罪青少年的积极心理品质发展良好，而且发展最好的是超越维度，其次是情感维度，具体而言是心灵触动、爱、信念与希望、宽容和求知力五种心理品质发展最好。换句话说，犯罪青少年保持着对世界的欣赏之情和对他人的感恩之心，关怀他人，对崇高的人生目的和意义有了更深刻的认识，对未来抱有希望并努力达成愿望，求知力增强，心胸更加宽广，对犯错的人能够宽恕。这些积极心理品质都是犯罪青少年回归社会的坚实保障，也是其重塑美好人生的关键品质。加强引导这些犯罪青少年的积极心理品质，消除对犯罪青少年的偏见和歧视，避免"刻板印象"带给犯罪青少年心灵的伤害。未成年犯管教所可以借助大众传媒、心理健康教育、个别辅导和团体辅导的形式，保护与发扬这些已经存在的积极心理品质，让犯罪青少年给社会展现全新的面貌。引导犯罪青少年树立积极健康的矫正观念，即犯罪不是灾难性的，矫正教育不是羞耻，接受矫正教育仅仅是暂时的一种状况，要勇于承认自己的罪错，看到矫正教育对人成长的积极作用。组织丰富多

---

① 王新波：《中国中小学生积极心理品质数据库建设新进展》，《中国特殊教育》2010 年第 4 期。

② Seligman, M. E. P. "The Gifted and Extraordinary", *APA Monitor*, Vol. 29, No. 11, 1998.

彩的矫正活动，通过亲情会见、感恩日记、宽恕训练、传统文化经典研读、心理剧、专家讲座等活动，鼓励犯罪青少年在活动中体验和感悟，发扬自己良好的超越优势和情感优势，增强再社会化的信心和能力。

（三）加强犯罪青少年积极心理品质弱项的培养

犯罪青少年的公正维度发展水平最低，真诚、领导力、洞察力、创造力等具体积极心理品质较差，而且与普通少年相比，犯罪青少年的六大维度都极显著低于普通少年，创造力、洞察力、真诚、执着、友善、合作力、宽容、谦虚、持重、心灵触动、幽默风趣、信念与希望12个品质显著低于普通少年。这一方面反映了当前犯罪青少年心理矫正的相对薄弱，对犯罪青少年公民意识与能力培养的不足，另一方面也反映了矫正教育今后努力的方向。未成年犯矫正教育未来应改革和完善矫正教育制度和模式，注重对犯罪青少年公正和人际品质的培养，在具体品质上主要是真诚、领导力、洞察力。可以根据犯罪青少年的心理特点和需要，运用角色扮演法、体验式沙盘治疗，让犯罪青少年体验关怀，在关怀中感悟真诚，领悟人性，发展真诚，因为未成年人的积极心理品质唯有与环境资源和关怀者结合才能得到健康的发展。[1] 借鉴艾略特·阿伦森（Elliot Aronson）的"拼板教室"模式[2]，将不同背景的犯罪青少年分到一个组，按组分配目标，要求选举产生组长承担领导角色，指导组内成员唯有分享个人信息，重视每个人的投入，小组方能取胜，这个方法可以快速提高领导力和洞察力。通过心理剧的形式设计一些问题情境，或者举办创新大赛，鼓励犯罪青少年开拓思维，寻找新思路和新方法，提高创新力。

四　构建立体犯罪青少年积极心理品质培养机制

根据对犯罪青少年群体内部的分析结果，犯罪青少年的积极心理

---

① ［美］C. R. 斯奈德、沙恩·洛佩斯：《积极心理学》，王彦、席居哲、王艳梅译，人民邮电出版社2013年版，第98页。

② Aronson, E., Blaney, N., Stephin, C., et al., *The Jigsaw Classroom*, Beverly Hill, CA：Sage，1978，pp. 161 – 162.

健康教育如果要取得成效，就需要建立分层次分类别的立体培养机制。

（一）对初入监的犯罪青少年进行心理测试

运用优势识别器评估方法①，考察他们最优秀的五种品质，建立优势探索方案，并开设适应性辅导和自我意识辅导，帮助犯罪青少年尽快适应矫正教育，探寻出自己已经具备的积极心理品质，接纳自己，发展自己，掌握积极心理品质的发展特点，提前采取预防措施，避免出现积极心理品质随年龄降低的状况发生。14—15 岁的犯罪青少年正处于"青春期"，生理和心理都经历着急剧的变化，因此要侧重认知、克制与超越维度方面的培养，具体内容为创造力、洞察力、谦虚、持重、幽默、信念与希望。16—17 岁的犯罪青少年抽象逻辑思维迅猛发展，世界观、人生观和价值观逐渐建立，所以对公正与情感的需要更加强烈，着重培养创造力、领导力、友善品质。18—19 岁的犯罪青少年对人与人的关系有了更多的关注，寻求亲密关系的建立，所以此时着重培养真诚、友善、执着和谦虚品质。20—21 岁犯罪青少年对人的信任低，且自负心理较重，所以此阶段需加强真诚、爱与谦虚品质的培养。22—26 岁的犯罪青少年探索新事物的兴趣较低，自我防御心理较重，对他人的信任感较低，且不易宽恕他人，所以要重点培养求知力、真诚、心灵触动与宽容品质。

（二）重视对农村犯罪青少年的教育矫正

从城乡差异的角度分析，农村的犯罪青少年的认知与情感维度均比城市的犯罪青少年低。因此，犯罪青少年矫正教育机构应针对农村的犯罪青少年特点进行科学引导，设计符合其知识发展水平的教育内容，激发其学习的兴趣和求知的愿望，帮助其提高智慧品质，在活动设计上语言要通俗易懂，内容要具体，方法要灵活，可通过团体辅导的形式，"城乡结合、以城带乡"，加强城乡犯罪青少年的交流，实现积极心理健康教育城乡均衡化发展。

---

① Schmidt, F. L. & Rader, M., "Exploring the Boundary Conditions for Interview Validity: Meta-analytic Findings for a New Interview Type", *Personnel Psychology*, Vol. 52, No. 2, 1999.

（三）关心独生子女犯罪青少年的求知力

从独生与否差异的角度看，非独生犯罪青少年的求知力显著低于独生子女。可能非独生子女在其成长过程中受到父母关注和关怀相对少于独生子女，对学习的兴趣和好奇心相对受到阻抑，为此，可以通过榜样示范、角色扮演，让非独生子女体会到知识的力量，激发出其探索知识的欲望。并借助多媒体技术为非独生子女提供丰富的信息和先进的技术，开设思维训练课程，培养思维品质。

（四）关注非双亲家庭的犯罪青少年爱的品质培养

从家庭结构的差异看，非双亲家庭的创造力品质显著高于双亲家庭，双亲家庭的真诚、爱品质显著高于非双亲家庭。所以在矫正教育中，要特别关注非双亲家庭犯罪青少年，通过心灵陪伴，无条件接纳和理解，营造关怀和信任的支持性氛围，给予他们人性美好和爱的体验，用真诚唤起真诚，用爱传递爱，同时辅助家庭治疗，通过亲情会见、亲情信件等方式创造犯罪青少年体验父母关怀的机会。对于双亲家庭的犯罪青少年则可通过创设问题情境、安排有挑战性的任务等方式训练其创造力。

（五）积极开展针对受教育程度较低的犯罪青少年的积极心理健康教育

从受教育差异看，不同受教育程度犯罪青少年的积极心理品质差异显著。根据研究结果得知，初中文化程度为主的犯罪青少年，应该重点培养创造力、爱、持重品质，矫正教育机构可以通过专题积极心理品质讲座，结合专门的情绪辅导活动，帮助犯罪青少年了解什么是真正的爱，如何获得爱和付出爱；通过自我控制辅导，帮助犯罪青少年意识到审慎和自制的重要性，鼓励其自己创造性地解决自身自制力薄弱的问题。未上学和小学文化程度的犯罪青少年心灵触动、爱和创造力品质相对欠缺，结合其受教育程度较低的特点，应安排一些通俗易懂、简单容易操作的心理辅导活动触动其心灵，唤起感恩、欣赏和爱的意识，激发起内心的积极感受，让其在体验中获得这些积极心理品质的发展。

第三节 犯罪青少年关怀品质的 特点研究[①]

犯罪青少年的关怀品质不仅是矫正教育的基础和载体，也是犯罪青少年实现回归社会、顺利完成再社会化的前提。为了解当前我国犯罪青少年的关怀品质特点，本部分使用《中国青少年关怀品质量表》调查了463 名犯罪青少年，发现：①总体而言，犯罪青少年关怀品质处于中等水平，在关怀品质结构中，关怀意志发展水平最低；②犯罪青少年的关怀品质随着年龄的增长而不断提高，发展的关键期女孩是 16—18 岁，男孩是 16—17 岁；③女性犯罪青少年关怀品质显著高于男性，并且这种差异持续存在。

一 引言

党的十九大报告提出，中国特色社会主义进入了全面决胜小康的社会主义新时代，我国社会主要矛盾已经转化为人民日益增长的美好生活需要和不平衡不充分的发展之间的矛盾。这种矛盾伴随着少年罪错行为的愈演愈烈而凸显，青少年违法、犯罪、越轨等一系列问题引起了社会各界的广泛关注。解决少年罪错行为关键靠教育，教育承担着立德树人的根本任务。因此，家庭教育和学校教育只发展理性和认知能力是不够的，关怀是道德生活的根基，教育必须培养关怀品质。犯罪青少年是一个特殊的群体，是更加需要关怀的群体。在身心尚未成熟时，在成长发展的关键时期误入歧途，消极颓废，此时情感关怀比冷冰冰的惩罚更容易触动他们的心灵，使其从痛苦和绝望中振作起来。有研究显示，消极颓废是犯罪青少年重新犯罪的重要原因之一。[②] 而且，预防犯罪比惩罚犯罪更高明。[③] 因此，对犯罪青少年的教育矫正应该是充满关怀的教育，充

[①] 本书中的犯罪青少年主要是指实施犯罪行为并依法受到刑罚处罚时不满 18 周岁的人。根据我国目前未成年犯管教所实际情况，已满 18 周岁的犯罪青少年仍然留在未成年犯管教所服刑，本研究依然将其作为犯罪青少年进行研究。

[②] 郭开元：《预防青少年重新犯罪研究报告》，中国人民公安大学出版社 2013 年版。

[③] ［意］贝卡里亚：《论犯罪与刑罚》，黄风译，中国法制出版社 2005 年版。

满生命元素的教育，脱离了生命元素的教育只能成为一种形式化的樊篱。通过关怀教育，为其注入关怀情怀，唤起关怀品质，激发其体验，增强重塑人生的信心和能力。

关怀品质是一种融合青少年关怀之知性维度与情感维度的积极心理品质，这种品质来自先天禀赋和后天培养，在先天潜能与环境交互作用的基础上形成的相对稳定的正向心理品质。关于关怀品质的结构研究，主要有 Watson 提出十大关怀要素（human creative factors）。[1] Roach（1990）提出关怀 5 C 理论。相应的评估工具和量表有 Jan Nyberg 关怀特征量表和 Ngozi O. Nkongho 的关怀能力量表、Judith（2003）关怀效度量表[2]、Roach（1987）关怀感知量表[3]、Beck（1999）[4] 和 Watson（1988）[5] 的关怀维度问卷等。综合分析以上量表发现，较多是从护理人员的角度进行关怀能力的测量，忽略了关怀品质的整体性和立体性特点。本书中的关怀品质是一个复杂的多层次结构，包含关怀认知、关怀情感、关怀意志、关怀能力和关怀态度。关怀品质具有强大的美德力量，是犯罪青少年矫正教育的基础和载体，也是犯罪青少年实现回归社会、顺利完成再社会化的前提。冷漠品质可导致犯罪行为及再犯罪的发生，关怀品质可降低犯罪风险。因此，了解犯罪青少年的关怀品质特点，为揭示少年罪错与刑罚适用的互动规律，最大限度地发挥刑事干预所蕴含的教育挽救犯罪青少年的正功能，遏制其促成犯罪青少年继续迈向犯罪深渊的负功能[6]，重视青少年关怀品质的培养是实现这一目标的至为关键的环节。

---

① Leimnger, M. M., *Caring, an Essential Human Need*, Detroit: Wayne State University Press, 1981. Watson, J., *The Philosophy and Science of Nursing*, Colorado: Colorado Associated University Press, 1985.

② CES. Judith Sadier. A Pilot Study to Measure the Caring Efficacy of Baccalaureate Nursing Students, *Nursing Education Perspectives*, Vol. 24, No. 6, 2003.

③ Roach, S., *The Human act of Caring*, Ottawa: Canadian Hospital Association, 1987.

④ Beck, C. T., "Quantitative Measurement of Caring", *Journal of Advanced Nursing*, Vol. 30, No. 1, 1999.

⑤ Watson, M., "New Dimensions of Human Theory", *Nursing Science Quarterly*, Vol. 1, No. 4, 1988.

⑥ 张远煌：《中国未成年人犯罪的犯罪学研究》，北京师范大学出版集团 2012 年版。

二　研究方法

1. 被试

采用整群随机抽样的方法，选取 480 名犯罪青少年，平均年龄为（19.26±2.51）岁，剔除缺失数据问卷和无效问卷后回收有效问卷 463 份，有效回收率为 96.46%。

2. 研究工具

采用孔海燕 2017 年编制的《中国青少年关怀品质量表》。该量表包括五个分量表，共 24 道题。认知分量表主要涉及对关怀的认识与判断。情感分量表主要涉及关怀产生的内心体验，包括温暖感、亲切感、尊重感和理解感。意志分量表涉及恒心和毅力，包括关怀果断性和持久性。能力分量表涉及关怀行为活动效率的个性心理特征，包括感知关怀的能力和关怀他人的能力。态度分量表涉及对关怀是非、善恶和重要的评价，包括关怀信念和关怀责任。量表采用 5 点记分，"1"表示非常不符合，"5"表示非常符合。分数越高，代表关怀品质越好。量表具有良好的信度和效度[1]，各拟合指数均达到临界标准[2]，$\chi^2/df = 1.88$，$p < 0.001$，RMSEA = 0.042，CFI = 0.90，TLI = 0.88，NFI = 0.81，IFI = 0.90。内部一致性信度为 0.864。可用于测评中国青少年关怀品质发展状况。

3. 研究程序

分监区、矫正中心为单位进行团体测试，为了保证调查的规范性，由研究者本人与监区教导员或矫正工作人员一起组织测试，研究者宣读指导语，并对测试注意事项进行说明和指导，现场发放问卷并回收问卷，回收的所有有效数据采用 SPSS 22.0 进行方差分析处理。

三　研究结果

1. 犯罪青少年的关怀品质发展的总体状况

以各个因素和关怀品质总均分为因变量，年龄和性别为自变量，做 2

---

① 孔海燕：《青少年犯罪预防关怀本体论》，博士学位论文，鲁东大学，2017 年。

② 侯杰泰、温忠麟、成子娟：《结构方程模型及其应用》（第一版），教育科学出版社 2004 年版。

（性别）×4（年龄）的多因素方差分析，见表8—11。

表8—11　　　　　　　关怀各维度及总均分的多因素方差分析

因变量	变异来源	平方和	自由度	均方	F 值
关怀认知	性别	2.133	1	2.133	4.508*
	年龄	2.228	5	0.476	0.740
	性别×年龄	3.557	4	0.889	1.879
关怀情感	性别	2.812	1	2.812	4.377*
	年龄	2.378	5	0.476	0.740
	性别×年龄	5.597	4	1.399	2.178#
关怀意志	性别	1.024	1	1.024	1.550
	年龄	3.103	5	0.621	0.939
	性别×年龄	1.433	4	0.358	0.542
关怀态度	性别	4.741	1	4.741	10.780***
	年龄	3.958	5	0.792	1.800
	性别×年龄	3.344	4	0.836	1.901
关怀能力	性别	0.668	1	0.668	1.368
	年龄	1.974	5	0.395	0.809
	性别×年龄	2.885	4	0.721	1.478
关怀总均分	性别	51.033	1	51.033	7.348**
	年龄	28.985	5	5.797	0.835
	性别×年龄	62.257	4	15.564	12.241*

注：*表示 $p < 0.05$，**表示 $p < 0.01$，***表示 $p < 0.001$，下同。

如表8—11所示，关怀认知的性别主效应显著 [$F_{(1, 539)}$ = 4.508，$p < 0.05$]；关怀情感的性别主效应 [$F_{(1, 539)}$ = 4.377，$p < 0.05$] 和年龄和性别的交互作用临界显著 [$F_{(4, 539)}$ = 1.879，$p = 0.07 < 0.1$]；关怀意志的年龄主效应和性别主效应均不显著，$p > 0.05$；关怀态度的性别主效应 [$F_{(1, 539)}$ = 10.780，$p < 0.001$] 显著；关怀能力的性别主效应和年龄主效应均不显著，$p < 0.05$；关怀品质总均分的

性别主效应 [F (4, 539) = 51.033, p < 0.01]，性别和年龄的交互作用显著 [F (4, 2168) = 12.241, p < 0.05]。

2. 犯罪青少年的关怀品质发展的年龄特点

因为关怀品质各个维度的年龄主效应均不显著，所以不再讨论具体年龄间的发展趋势，但从平均得分看，犯罪青少年的关怀品质呈现出一定的发展趋势。

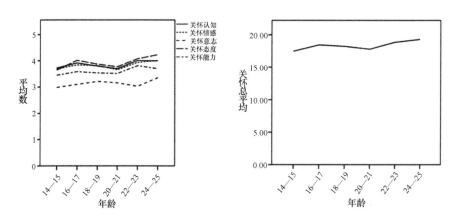

图8—3 关怀品质总分及各维度的年龄发展趋势

从图8—3可以看出，犯罪青少年的关怀品质是随着年龄的增长而出现缓慢的波动趋势，在具体维度上还是表现出一些差异，关怀认知和关怀情感、关怀态度和关怀能力在18—19岁时出现一个比较明显的下降，之后关怀认知和关怀情感开始增长，但21岁又出现下降趋势，关怀态度则呈现上升趋势，关怀意志是在22—23岁时出现明显的低谷，换句话说，关怀意志的发展较其他维度会延迟2岁，之后开始增长。从图8—3还可以看到，关怀意志的发展水平较其他维度都低，关怀态度较其他维度都高。表明了犯罪青少年把关怀品质看得更重要。

综合分析发现，18—19岁是关怀认知和关怀情感、关怀态度和关怀能力发展最低的阶段，之后随着年龄的增长而出现不同趋势，关怀态度是随着年龄的增长不断上升，其余都是随增龄下降。20—21岁是关怀意志和关怀品质总均分较低的阶段，所以认为18—19岁和20—21岁都是犯罪青少年值得关怀的特殊时期。

3. 犯罪青少年的关怀品质发展的性别特点

如表 8—12 所示，除了在关怀意志和关怀能力上性别差异不显著外，其余差异都非常显著（p＜0.001），女孩的关怀品质要显著高于男孩。

表 8—12　　　　　　　　　　关怀的性别差异描述统计

	男		女	
	M	SD	M	SD
关怀认知	3.787	0.715	4.260	0.504
关怀情感	3.758	0.771	4.280	1.056
关怀意志	3.134	0.824	3.317	0.698
关怀态度	3.853	0.694	4.490	0.485
关怀能力	3.549	0.713	3.843	0.592
关怀总分	18.082	2.725	20.190	2.011

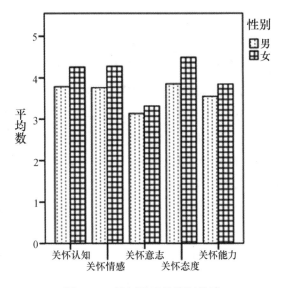

图 8—4　关怀品质的性别差异

4. 犯罪青少年关怀品质各维度的发展差异比较

为了探讨关怀品质各个维度的发展差异，首先将犯罪青少年关怀品质五个维度的得分转变为标准分，这样分数就可以比较，进行 2（性别）×5（关怀维度）多因素方差分析，其中性别和年龄为被试间变量，关怀各维度为被试内变量。方差分析见表 8—13。

表 8—13　　　　犯罪青少年关怀品质各维度性别和年龄的方差分析

变异来源	平方和	自由度	均方	F 值
性别	4.131	1	4.131	8.305 ***
年龄	4.916	5	0.983	1.977#
性别×年龄	4.431	4	1.108	2.228
维度	2.159	2.978	0.725	0.947
维度×年龄	13.883	14.889	0.932	1.218
维度×性别	2.210	2.978	0.752	0.982
维度×年龄×性别	7.493	11.911	0.629	0.821

注：*表示 $p < 0.05$，**表示 $p < 0.01$，***表示 $p < 0.001$。

方差分析结果表明性别非常显著（$F = 8.305$，$p < 0.001$），其余都不显著。主效应分析结果发现各维度在男性青少年身上都极显著低于女青少年。关怀的年龄主效应不显著，说明了年龄对犯罪青少年关怀品质的总体影响不显著。进行年龄的单变量检验，发现年龄的主效应临界显著（$F = 1.977$，$p = 0.080 < 0.1$），在整体发展趋势图上，看出发展有波动。多重比较发现，14—15 岁犯罪青少年的关怀发展水平（$M = -0.111$）显著低于 23—25 岁（$M = 0.323$），16—17 岁（$M = -0.118$）显著低于 20—21 岁（$M = 0.227$），18—19 岁（$M = 0.292$）显著低于 23—25 岁（$M = 0.323$），20—21 岁显著高于 16—17 岁，低于 22—25 岁，24—25 岁比 14—15 岁、18—21 岁的都高，差异都达到显著水平，$p < 0.05$。而且从图 8—3 也看到，18—19 岁和 20—21 岁这两个年龄段有波动。犯罪青少年的关怀品质总体年龄差异不具有统计学意义，说明了犯罪青少年的关怀品质发展较为缓慢，没有呈现出明显的随年龄增长或减弱的情况。

四　讨论

1. 关怀的发展特点

本书发现关怀整体水平是随着年龄的增长而缓慢上升，14—15 岁时关怀品质总体水平是低的，然后开始上升，到了 20—21 岁出现了一个明显的下降，之后又慢慢增强。此结果与前人对犯罪青少年同情心的相关研究结果较一致。从以往研究看，犯罪青少年无论年龄大小，普遍存在同情心低、冷漠的特点。

按照犯罪心理学对犯罪青少年的心理发展特点研究，犯罪青少年之所以会犯罪，多数都与情感缺失有关[①]，这种缺失正是关怀。由于关怀匮乏导致部分青少年出现犯罪人格，他们缺乏被关怀的体验和实践能力，而这种匮乏形成了他们冷漠的人格特点。还有"关怀过度"导致的缺陷人格，这里的关怀过度主要是单方向的被关怀过度，因为接受了来自他人的被关怀过多，而自己付出的关怀较少，导致这类青少年犯罪人形成了自私、依赖、狂妄自大的缺陷人格，他们不懂得关怀别人，也不知道关怀本身的真正内涵和意义。以上两种人格都相对稳定，不随年龄增长而发生变化。

犯罪青少年的关怀品质发展虽然没有达到统计学意义上的显著的年龄差异特点，但从关怀品质发展趋势图上，还是可以看出犯罪青少年的关怀品质发展存在几个需要注意的年龄段。如 18—19 岁，无论关怀认知还是关怀情感、关怀态度或关怀能力都相对其他年龄段较低，这与犯罪的心理因素联系密切。根据心理学家 Terrie Moffitt（1993）的研究，少年罪错的发展路径有两条，一种是从儿童早期开始，大概 3 岁或更小时，就开始了一生的犯罪轨迹。Moffitt（1993）是这样形容这类青少年犯罪人的，"在生命全程中，这些个体都会表现出变化多样的反社会行为：4 岁时咬人和打人；10 岁时偷窃和逃学；16 岁时贩毒和偷车；20 岁时抢劫和绑架；30 岁时诈骗和虐待儿童"。[②] Moffitt 把这类犯罪人称为"终身持续

---

① 李玫瑾：《犯罪心理防控》，中国人民公安大学出版社 2009 年版，第 16 页。

② Moffitt, T. E. , "Life-course Persistent and Adolescence-limited Antisocial Behavior: A Development Taxonomy", *Psychological Review*, Vol. 100, No. 4, 1993.

型犯罪人"（LCP），他们不论在何种时期都会实施反社会行为。LCP 儿童在发展的各个年龄段都错失了各种学习和实践关怀行为及人际交往的机会。部分原因是缺乏同伴关怀，被同伴拒绝和排斥，部分原因是被父母、老师或者监护人放弃和不接纳。按照 Moffitt 的说法，在儿童时期就没有掌握社会和学业技能，以后很难有机会恢复。所以这类犯罪青少年的关怀认知和关怀态度等会以关怀人格的方式固定下来，不受年龄的显著影响。大多数青少年犯罪人都是第二条发展路径，即在青少年阶段开始出现违法犯罪行为，到 18 岁这类行为自动消失，这类犯罪人被称为"青春期犯罪人"（AL）。这类犯罪人仅仅在十几岁时才会有反社会行为，他们的学业技能和社会技能处于平均水平或高于平均水平。犯罪的原因与青春期有着密切的联系，他们更多以犯罪行为，如破坏公共财产、小偷小摸或者逃学等不良行为表征自己的成人特权，证明自己摆脱父母的能力。Moffitt、Caspi、Harrington 和 Milne（2002）在追踪研究中发现了很多 AL 犯罪人到了 26 岁仍处于困境之中。[①] 所以"限定为青春期"的 26 岁的 AL 与理论预期矛盾，因此研究者推测了成人期应推迟到 25 岁后开始，这个时期被称为"成人初显期"，它延长了少年罪错的条件和时限。本次对犯罪青少年的关怀品质研究也同样证实了这个理论，在 25 岁前犯罪青少年在关怀品质方面并没有表现出明显的年龄特点，从 14—25 岁之间基本是平稳地发展。关怀是一种高尚的道德情感，也是一种德性，一种亲社会行为，一种人际技能和社会技能。根据 Moffitt 后期的理论可以推测出 25 岁之前年龄特点不显著的结果。之所以出现成人初显期，主要是因为这个阶段的青少年还没有真正从心理上把自己当作成年人，也没有去扮演过去 20 岁左右成年人所承担的社会角色，如成家和立业。所以尽管生理年龄已经到了成年，但是心理年龄和社会年龄并未成熟。而且这种 AL 发展轨迹性别差异非常小（大约 1.5∶1）[②]，大多数女性青少年犯罪人通常都是这种 AL 模式。本次调查中女性青少年犯罪人数量较少，

---

① Moffitt, T. E., Caspi, A., Harrington, H., Milne, B. J., Males on the Life-course-persistent and Adolescence-limited Antisocial Pathways: Follow-ups at age 26, *Development & Psychopathology*, Vol. 14, No. 1, 2002.

② Bartol, C. R., Bartol, A. M.,《犯罪行为》（第 7 版），杨波、李林等译，中国轻工业出版社 2014 年版，第 51 页。

但也呈现出与男性一样的年龄发展特点。总之，根据 Moffitt 的理论，AL 的犯罪路径有着典型的轨迹，违法犯罪行为开始较晚，16 岁达到顶峰，然后逐渐趋于平稳。LCP 则在生命早期就表现出频繁的反社会和犯罪行为模式，到了青春期达到最高点，并持续到成人期。本次研究中发现犯罪青少年的关怀认知、关怀情感、关怀态度和关怀能力都在 15—16 岁这个年龄段达到一个小高峰，之后平稳下降，到 25 岁时达到顶峰，与 Moffitt 理论一致。

　　犯罪青少年的关怀态度水平始终比其他都高，是否意味着犯罪青少年对关怀的需要更加强烈，在关怀行为上，犯罪青少年表现的冷漠是否仅仅是表面现象？关怀态度是个体对关怀的稳定和评价性的内部心理倾向，是个体对关怀是非、善恶和重要性的评价，这是一种动力系统。尽管青少年犯罪人的心理结构有犯罪人格和缺陷人格，但是作为一种动力系统而言，他们在内心深处对关怀是肯定的。提出了道德脱离理论（theory of disengagement），解释那些受到权威者压制或者置身于高压情境中的人，会在平时表现出与自身道德规范不符合的不道德或者违法犯罪行为。① 按照 Bandura 的观点，通过社会学习，人们会内化社会的道德规范，并在自己遵守行为规范的过程中获得自我价值，在违反社会规范的时候遭到自我谴责。所以，一个人持有的道德行为规范以及他能在多大程度上遵守这些规范在很大程度上会决定他遵从非道德或非法指令的可能性。Bandura、Caprara、Barbareanelli、Pastorelli（1996）发现犯罪青少年会利用各种方式弱化或者冻结自己的道德行为准则，常用的方式有非道德正当化和对被害人的去人性化。② 所谓非道德正当化，就是将非道德标准给予合理的解释，比如把非道德行为归因为习惯所致。对被害人的去人性化是指把被害人看作是邪恶、无人性的化身，无视被害人作为人的本质。如果犯罪青少年采用这两种方式弱化冻结自己的道德行为准则，犯罪就很容易发生。所以，尽管部分犯罪青少年表现出对被害

　　① Bandura, A., Mechanisms of Moral Disengagement in Terrorism, In W. Reich（ed.）*Origins of Terrorism：Psychologies, Ideologies, Theologies, States of Mind*, Cambridge：Cambridge University Press, 1990, pp. 161 – 191.

　　② Bandura, A., Barbaranelli, C., Caprara, G. V., Pastorelli, C., "Multifaceted Impact of Self-efficacy Beliefs on Academic Functioning", *Child Development*, Vol. 67, No. 3, 1996.

人的冷漠，但是在其心理世界，或许是存在最基本的人性需要，所以在犯罪青少年群体上，关怀品质发展过程中，关怀态度始终高于其他维度。

2. 关怀的性别发展特点

本书从关怀品质总分和各维度上发现，女性的关怀认知、关怀情感和关怀态度及总分都显著高于男性，关怀意志和关怀能力的差异不显著。

男女犯罪青少年之所以在关怀品质水平上存在显著差异，与普通青少年关怀的性别特点一致，一方面离不开性别本身的生物学基础，另一方面更与社会文化有着密切的关系。男女不同的生理结构（如荷尔蒙和大脑功能的一侧化）可能导致女性天生比男性更突出地表现为关心、体贴、温柔、善解人意。但是随着社会的发展与教育的民主化，性别歧视和性别不平等现象减少，生理因素的影响越来越微弱。已有关怀性别的生理基础也未能确定出生理因素在性别差异中的影响程度，大量研究都一致证实性别差异是与生物、心理、社会多种因素相互作用的结果。我国传统文化渊远流长，自古以来对女性就要求更多的忍让、关怀、照顾、理解等关怀的思想，女性从儿童期开始相比男孩就被更多地教育成关怀者，关心爱护其他小朋友，到了青少年期更加凸显女性自身的"关怀天分"，所以在关怀品质发展上，女性对关怀的认知和理解，对关怀的体验及关怀的是非判断总体发展水平比男性高。

但是值得关注的是，关怀意志和关怀能力并没有显著的性别差异。换句话说，女性并没有在关怀能力和关怀意志品质上表现出比男性更高的水平。这是值得我们反思的。关怀意志涉及对关怀的坚持和信奉，在付出关怀或者得到关怀的过程中遇到了挫折和困难，甚至是打击，是否会继续自己的关怀行为。女性犯罪青少年没有表现出比男性高的水平，这也证实了当今校园暴力事件中女性正在成为不可忽视的群体，或者那些施暴者和被害者的关怀意志都相对降低，天生的关怀天赋没有得到很好的发展，反而受到了打压。关怀能力是关怀他人的能力和接受关怀的能力，女性犯罪青少年也没有表现出比男性更强的优势，所以可以理解目前我们转型期青少年问题相对较多，是由于普遍缺乏关怀能力，导致关怀行为相比较少，冷漠行为相对较多。

3. 关怀各维度的发展差异

本书中把各个维度得分转换成为标准分数，方便进行维度之间的研究。通过性别的主效应发现，青少年关怀发展的性别差异显著，具有明显的性别特点。而且各个维度的性别差异显著。从图 8—5 可以清晰看出，女性犯罪青少年的关怀认知和关切情感及关怀态度水平显著高于男性，这与男女两性的性别角色社会化关系密切，但是关怀意志和关怀能力方面，虽然男性低于女性，但是没有达到显著差异，说明了性别角色社会化过程中存在知行分离的现象。女性对关怀的认知和理解比男性显著高，但是在行为能力和意志品质上却并不显著高于男性，一方面证实了关怀品质是人类共同的存在方式，关怀品质是个体的一种生存需要也是一种人格特质，并不会因为女性的生理特点而具有先天优势。关怀意志和关怀能力更需要后天的教养和教化。

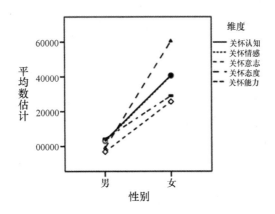

图 8—5　犯罪青少年关怀品质维度的性别差异

关怀品质各维度的总体年龄差异临界显著。从图 8—6 可以看出不同性别的犯罪青少年关怀品质发展的年龄特点非常不同。随着年龄的增长，男性犯罪青少年的关怀品质整体是上升趋势，但中间有波动，主要是在 15—16 岁出现一个高峰期，然后开始持续下降，21—22 岁出现一个低谷，随后快速增长。而女性犯罪青少年的关怀品质是先快速发展，在 16—17 岁开始快速发展，18—19 岁达到高峰，之后保持平稳，到 22—23 岁时开始出现下降趋势。考虑在大多数的犯罪类型中，男性的数量都远

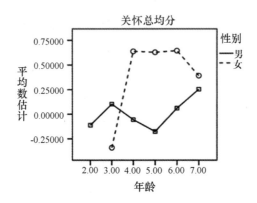

图8—6　不同性别犯罪青少年关怀品质的发展趋势

远超过女性，尤其是暴力犯罪中。无论是被害者的自陈报告，还是被害人数据、官方数据（包含警察记录和法庭记录）都反映了这种性别差异。而且近十年来，男性与女性在大多数犯罪类型中所占的比例几乎保持不变（9∶1）。[1] 所以我们或许会相信荷尔蒙以及生物因素是对这一性别差异最好的解释。但是最近的少年罪错研究发现，男女青少年在犯罪类型和犯罪数量上的差距逐渐接近。所以从生物学角度已经不能完全解释这种现象。犯罪心理学家 Eleanor Maccoby（1966）提出，男孩和女孩的犯罪性别差异是因为社会学习机制不同，在社会学习过程中，女孩比男孩习得更多的亲社会行为，更顺从社会，她们在社会化过程中受到更多规则的束缚和约束。[2] 而且在犯罪行为上，男孩和女孩有很大差异，一般来说，相对于男孩而言，女孩实施更多的是身份犯罪，如逃学和违反宵禁令，还有盗窃，但是这种盗窃更多是数额较小的不值钱的东西。而且对于女孩来说，她们选择逃学或者离家出走更多是因为在家里受到了侵害。事实上，针对女性青少年犯罪人的调查也发现了，她们在实施犯罪行为之前更多的是遭到了家庭或者社会的暴力侵害。所以女性犯罪青少年与男性犯罪青少年无论在犯罪行为上还是犯罪原因上都有着明显的差异。

---

① Bartol，C. R.，Bartol，A. M.，《犯罪心理学》，杨波、李林等译，中国轻工业出版社2009年版，第57页。

② Maccoby，E. E.，*The Development of Sex Differences*，Stanford：Stanford University Press，1966.

本次研究发现女性的关怀品质在 16 岁之后出现快速增长，推断 16—18 岁应该是女性关怀品质发展的关键期。而这个阶段的女性犯罪青少年也比其他年龄段都低。男性犯罪青少年的关怀品质发展是波动性的，不过也表现出 16—17 岁的快速发展特点，17 岁后开始快速下降，直到 20—21 岁降到最低。所以 16—17 岁应该是男性犯罪青少年关怀品质发展的关键期，17 岁之后急剧下降提醒教育者需要特别关注这个时期，以做好提前预防。

　　通过对犯罪青少年关怀品质的年龄主效应分析发现，犯罪青少年关怀品质各维度的发展趋势不同。图 8—7 显示，在 14—15 岁时关怀意志显著低于其他维度，16—17 岁时关怀意志显著高于其他维度的发展，18—19 岁时又显著低于其他关怀品质维度，20—21 岁时实现了统一，各个维度的水平基本无差异，之后关怀意志出现迅速下降，到 22—23 岁时与其他维度的差异最大，24—25 岁时又走向融合。所以，从关怀品质维度的年龄发展趋势可以看出，青少年发展的心理特点。14—15 岁和 16—17 岁是关怀意志特别低和特别高的两个时期，或许可以解释那些 14—15 岁的犯罪青少年的"冷漠残忍"和 16—17 岁犯罪青少年的共同犯罪的现象。16—17 岁少年罪错的更多原因是冲动或者为了义气，他们关心自己的"兄弟朋友"，即使遭到一些挫折，也会为了关怀对方而坚持不懈地努力。

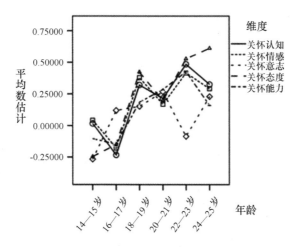

图 8—7　犯罪青少年关怀品质各维度的年龄趋势

根据 2013 年全国未成年犯抽样调查报告显示，14—16 岁犯罪青少年所占的比例非常高。[①] 22—23 岁是另外一个需要关怀的时间点。此时的关怀意志非常低，对关怀认知和情感及关怀的态度都很高，但是关怀意志低。恰恰说明了这个年龄段的犯罪青少年对关怀品质有了更加明确的认识，渴望关怀，但是遇到挫折和困难则会放弃关怀。

五　结论

研究发现：①犯罪青少年的关怀品质发展随着年龄的增长而不断提高，发展的关键期女孩是 16—18 岁，男孩是 16—17 岁。②女性犯罪青少年关怀品质显著高于男性，并且这种差异持续存在。③关怀意志的发展是男孩和女孩共同面对的问题。关怀意志发展水平在关怀品质的结构中发展水平最低，关怀能力的发展也需要重视。

第四节　转型期未成年人犯罪及归因研究[②]——基于山东某区近五年犯罪调查

通过对山东某区近五年犯罪数据的研究，分析转型期未成年人犯罪的主要特征，剖析影响未成年人犯罪的原因，指出未成年人犯罪的焦点问题，并对未成年人犯罪趋势进行预测，最后根据我国当代现实提出预防未成年人犯罪的对策和建议。

未成年人犯罪是指已满 14 周岁不满 18 周岁的人犯罪，这里的犯罪特指刑法上的犯罪行为。2010 年以来我国未成年人犯罪绝对数逐年下降[③]，但低龄未成年人犯罪严重，已经成为社会各界普遍关注的现实问题。为了进一步充实和完善对未成年人犯罪预防及矫正的研究，积极推进少年司法改革，教育、感化、挽救失足未成年人，实现社会和谐发展和长治久安。我们以山东省某区近五年未成年人犯罪数

① 路琦、董泽、史姚东、胡发清：《2013 年我国未成年犯抽样调查分析报告》（上），《青少年犯罪问题研究》2014 年第 3 期。

② 本部分内容系问题青少年教育矫正管理博士项目的研究成果之一。感谢当地法院、检察院给予的大力支持，感谢王婷在数据收集和文字处理方面所做的工作。

③ 姚建龙：《青少年犯罪与司法论要》，中国政法大学出版社 2015 年版，第 9 页。

据为依据，通过档案分析，剖析未成年人犯罪的特征，并提出犯罪预防的策略。

一　未成年人犯罪的主要特征

（一）数量特征

统计数据表明（如图8—8所示），该地区近五年判处的未成年人犯罪总量呈递减趋势。2010年为51人，2011年为48人，2012年为38人，2013年为37人，2014年（截至10月）为27人，平均每年递减11.3%。

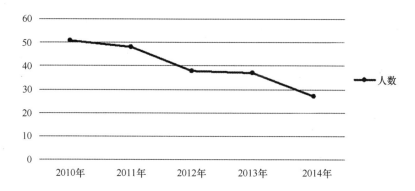

图8—8　该区2010—2014年未成年犯罪人数

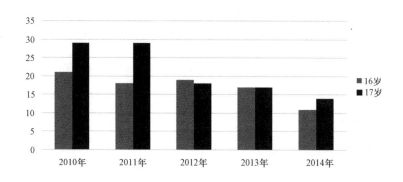

图8—9　该区2010—2014年未成年人犯罪年龄分布

（二）年龄特征

未成年人犯罪以 16—17 岁为主，且有低龄化趋势。统计数据表明（如图 8—9 所示），未成年人犯罪中，15 岁的占 3.98%，16 岁的占 42.79%，17 岁的占 53.23%。已满 14 岁未满 16 岁的未成年犯罪人 2010 年统计为 1.96%，2011 年为 2.08%，2012 年为 2.63%，2013 年为 8.11%，2014 年统计为 7.41%，平均增长 1.36%；已满 16 岁，未满 18 岁的未成年犯罪人 2010 年统计为 98.04%，2011 年为 77.08%，2012 年为 97.37%，2013 年为 91.89%，2014 年统计为 92.59%，平均减少 1.96%。

表 8—14 该区未成年人犯罪类型

年份	财产型犯罪（43.28%）			暴力型犯罪（50.75%）						其他犯罪（5.97%）
	盗窃	抢劫	诈骗	故意杀人	故意伤害	寻衅滋事	强奸	非法拘禁	放火	
2010	10	11	1	1	13	8	4	1	0	2
2011	9	8	0	2	18	1	2	1	0	7
2012	9	2	0	0	11	13	0	0	3	0
2013	10	9	2	0	11	5	0	0	0	0
2014	12	4	0	0	2	5	0	1	0	3

（三）类型特征

未成年人犯罪类型相对集中，主要是盗窃、抢劫、故意伤害、寻衅滋事。如表 8—14 所示，财产型犯罪和暴力型犯罪占未成年人犯罪总数的 90% 以上。其中盗窃占 24.88%，抢劫占 16.92%，故意伤害占 27.36%，寻衅滋事占 15.92%。近几年出现的参加黑社会性质组织、贩卖毒品、强迫卖淫、妨害公务等罪名，在未成年人犯罪中也有不同程度的体现。

（四）方式特征

数据统计发现，未成年人犯罪的暴力手段突出，直接使用暴力或者以暴力相威胁的手段占 68.16%，其他主要手段依次是偷窃（占 24.88%）、恐吓（占 24.38%）、强制（23.38%）。欺骗或者教唆等智力手段所占比例较低，表明未成年人心理尚不成熟，犯罪时缺乏足够的理性决策，与 2013 年未成年犯罪人抽样调查分析报告特点相符。

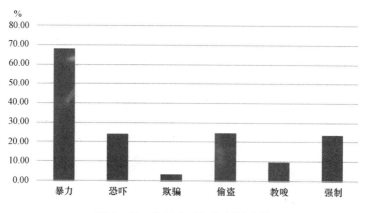

图8—10　该区未成年人犯罪手段

另外调查表明，未成年人犯罪中共同犯罪占 72.64%。进一步对共同犯罪的数据进行分析发现，犯罪团伙形成的方式是"蓄谋已久"和"临时拼凑"的比例各占 50% 左右，其中人数为 2—6 人的团伙占 80.65%，7—12 人的团伙占 19.35%，说明未成年人犯罪团伙规模较小。

（五）时间特征

统计数据表明，该区未成年人犯罪的时间相对比较集中，如图 8—11 所示，按季节区分，夏季是犯罪事件频发季节，按月份区分，5 月至 9 月犯罪数量显著多于其他月份。如图 8—12 所示，未成年犯罪人大多选择在一天中的晚上或凌晨进行犯罪活动。由此可见，在犯罪事件多发的时间加强巡逻警戒，可以有效地阻止犯罪事件的发生。

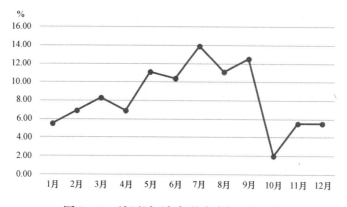

图8—11　该区近五年每月未成年犯罪人数

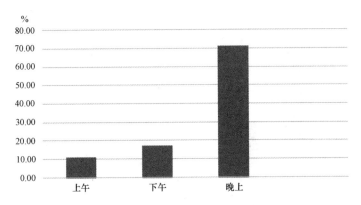

图8—12　该区一天不同时段未成年犯罪人数比例

美国学者施密斯（B. Smith）研究了犯罪类型与犯罪发生的具体时段的关系，他指出抢劫、盗窃的发生高峰期在20点至24点；谋杀罪、严重伤害罪等是22点至24点。而且在一天之中，20点至次日凌晨2点案发率高达45%，而在凌晨4点至中午12点案发率仅有25%。究其原因，黑暗和夜间自我控制力的降低及人们自我防御心理的放松为犯罪提供了条件。在西方的犯罪学研究和司法实践中，盗窃汽车、入室盗窃、抢劫、拦路强奸等犯罪通常被称为"夜间犯罪"，就是因为这些犯罪主要发生在夜间。日本及我国台湾地区的调查研究也有类似的结论。[①]

（六）未成年犯罪人的心理特征

1. 未成年犯罪人的认识特征

未成年犯罪人在犯罪时通常处于少年期和青年期，认知发育相对不成熟，他们的思维较多停留在片面、孤立、静止的水平，不能从全面、联系、变化的角度思考问题。通过查阅卷宗发现，未成年犯罪人面对犯罪事实供认不讳，对自己犯罪行为的性质和后果并不清楚。有些犯罪人知道自己的行为违法，但是不知道其严重程度，有的甚至认为交代完犯罪事实就可以回学校继续上学。认识的片面和不成熟导致未成年犯罪人缺乏理性选择和判断能力，当认知不能调节和控制情绪时，激情犯罪发生。

---

① 梅传强：《犯罪心理学》，法律出版社2010年版，第49页。

2. 未成年犯罪人的情绪特征

未成年犯罪人情绪波动大，且以消极情绪占主导。通过查阅卷宗，发现暴力型未成年犯罪人更多是在强烈的愤怒、抑郁、嫉妒等消极情绪支配下实施犯罪行为。通过对未成年人犯罪原因的调查结果进行整理，具体见图8—13。

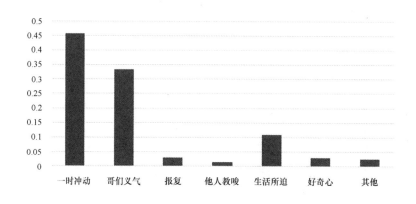

图8—13 未成年人犯罪直接原因分析

图8—13显示，45.8%的未成年犯报告犯罪是自己"一时冲动"造成的，33.3%的报告是受到"哥们义气"的影响。美国少年犯罪研究的先驱者希利和他的妻子布朗纳提出了情绪障碍犯罪说，认为当未成年人满足正常的欲求和愿望受到挫折时会引发情绪障碍，最终导致违法犯罪行为发生。

3. 未成年犯罪人的意志特征

未成年犯罪人的犯罪意志较强。统计数据表明，在未成年人犯罪时，大多都会遇到被害人反抗或是被他人发现，当遇到被害人反抗时，近50%的未成年犯罪人会选择制服被害人并继续实施犯罪，很少主动放弃；当被人发现时，选择"继续实施"（包括"当作没被发现""被发现但是无人阻止""恐吓把人吓走"）。这表明，大多数未成年犯罪人的犯罪意志坚定。

4. 未成年犯罪人的动机特征

未成年人犯罪动机主要是谋财、追求刺激、维护友情和尊严，分别占 44.28%、18.91%、16.92%、13.93%，研究结果与国内外研究结果一致。韦斯特和范林顿（West & Farringon，1977）对少年犯的调查表明，最常见的犯罪动机是获利动机，在破坏财务和偷开汽车案件中，犯罪动机是享乐和追求刺激。我国学者邱国梁等的研究指出未成年人的犯罪动机具有特殊性：犯罪动机多由外界刺激（诱因）引起；不稳定，具有强烈的情绪性；较多发生恶性转化。①

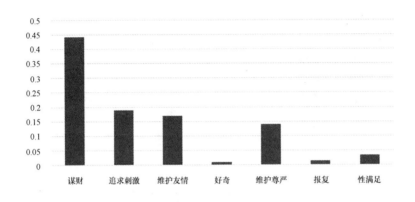

图 8—14 未成年人犯罪动机分析

5. 未成年犯罪人的人生观特征

人生观调节和控制着人的整个心理活动。通过研究发现，有些未成年犯罪人存在错误的人生观，贪图享受，不愿意劳动。与本克斯（Banks，1975）等的研究结果基本一致，本克斯研究发现，未成年犯罪人认为人可以不劳而获，迅速致富，进行犯罪而不用受惩罚。

6. 未成年犯罪人的性格特征

性格是一个人对现实的稳定态度及其习惯化了的行为方式。未成年犯罪人性格不成熟，精神空虚；责任感和规范意识差、自控力不足；道德情感匮乏，对人冷淡，有敌意；暴躁，挫折耐受性低；分辨是非善恶的能力低，易受他人影响。②

---

① 熊云武：《犯罪心理学》，北京大学出版社 2012 年版，第 218 页。

② 同上。

总之，与在校学生相比，未成年犯罪人更为放纵、任性、冲动。S.格卢克（1950）等分析了500个青少年犯和500个青少年非犯罪者的性格发现，青少年犯比非犯罪者表现出更多的外向性，以及对权威的怀疑或敌视、反抗、怨恨、害怕和失败等特点。克劳利和雷蒙德（T. J. Crowley & K. M. Raymond，2006）发现，具有持久品行不端行为的青少年具有高的感觉寻求倾向、喜欢冒险、对威胁和情感刺激的反应性低以及对惩罚刺激的敏感性低。[①]

7. 未成年犯罪人的气质特征

气质，是个体心理活动的动力特征，包括强度、灵活性和平衡性三个方面。气质与遗传有关，具有稳定性。研究发现，未成年犯罪人在气质上具有较低的活动控制能力和意志控制能力、注意力差等特点（张蔚，2007）。埃森克提出三个气质倾向的高阶因子：外向性、神经质和精神质。希文（C. L. Heaven，1996）研究发现，只有精神质可以显著预测青少年的犯罪行为。我国对男性未成年犯罪人的研究发现，13—19岁未成年犯罪人的精神质和神经质显著高于普通群体。

二　未成年人犯罪的归因

（一）个体因素

1. 身心矛盾突出

（1）生理成熟与成人角色的矛盾

加拿大 Moffitt 提出了成熟代沟（Maturity Gap）理论，她认为由于生存和营养条件的改善，个体的发育期比以前来得更早，而现代化的各行各业却需要受过更多训练的人才，使劳动力的年龄延迟。[②] 所以，现代社会加快了生理成熟，却延缓了成人角色的赋予，个体的生理发展与社会发展呈现5—10年左右的落差。换句话说，未成年人的成熟提前，但是成人角色的赋予却推迟了，他们不能享受到与自身成熟度相匹配的社会角色，而一旦社会控制低及自我控制低联合作用时，可能会选择非法手

---

① 杨波、张卓：《犯罪心理学》，开明出版社2012年版，第108页。

② Moffitt, T. E., "Adolescence-limited and Life-coursepersistent Antisocial Behavior: A Developmental Taxonomy", *Psychological Review*, Vol. 100, No. 4, 1993, p. 687.

段实现对于成人角色需要的满足。结果便是越轨行为或者犯罪行为的发生。

（2）兴奋性高与控制力低的矛盾

犯罪生物学派理论中的"内分泌说"认为，内分泌腺对人体的新陈代谢、生长发育等生理功能起调节作用。未成年时期，内分泌非常旺盛，机体常常处于生理兴奋状态，但由于未成年人的大脑皮质尚未完全成熟，自我控制能力低，所以出现兴奋性高和控制力低的矛盾。

（3）性发育成熟与性道德观念缺乏的矛盾

当前未成年人性机能发育提前，性欲望和性冲动萌发，但性观念和性道德不成熟，并且缺乏组建家庭和负担家庭的责任与能力，从而产生了性的生物性和社会性的矛盾。如果在这一时期未成年人不能正确处理好这对矛盾，那么，他们就可能出现性放纵，有的甚至会性犯罪。

2. 心理冲突强烈

青少年期又被称为疾风暴雨期，这个时期心理冲突强烈，幼稚与成熟、依赖与独立、孤独与合群、冲动与理智、理想与现实等共存。当多种心理冲突的压力强度超过青少年自身的解决能力时，就可能构成少年罪错的心理基础。

3. 受教育程度偏低

学业失败是导致未成年人犯罪的重要原因。统计数据表明，在未成年犯罪人的学历结构中，"文盲"占 1.05%，"小学未毕业"占 1.05%，"小学文化程度"占 13.68%，"初中未毕业"占 3.16%，"初中毕业"占 62.11%，"中专未毕业"占 8.42%，"中专毕业"占 6.32%，"高中未毕业"占 1.05%，"大专未毕业"占 1.05%，"大专毕业"占 2.11%。数据显示，未成年犯罪人以初中文化程度为主，其次是小学文化程度（如图 8—15 所示）。说明了初中毕业生的就业或升学问题与未成年人犯罪预防有密切关系。

另外，如图 8—15 所示，未成年犯罪人与其父母的文化程度存在"双低"特征，这与国内众多研究结果一致。整体上，未成年犯罪人与未成年犯罪人父母的受教育程度都较低，集中在"小学""初中""中专"，高学历的非常少，"文盲""中专"比较少。说明重视父母的受教育程度，提高父母的文化水平也有利于预防未成年人犯罪。

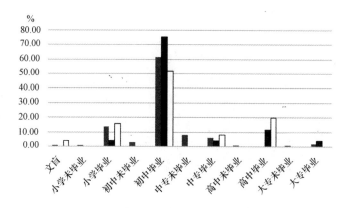

图 8—15　未成年犯罪人及父母的受教育程度比较

4. 法律意识淡薄

大多数未成年犯罪人缺乏基本的法律意识，处于"法盲""半法盲"状态，对自己的行为是否犯罪、会带来怎样的社会危害和应负何种法律责任等相关认识匮乏。有的即便对法律知识有一定的了解，但法制观念尚未形成，守法尚未成为内心需要，还难以用法律意识来控制和调节自己的行为。有些未成年犯罪人特别是那些被教唆犯对法律的相关规定存在误解，认为不到法定年龄就可以免受法律惩罚，作案时毫无顾忌。

（二）家庭因素

1. 家庭结构残缺

家庭结构残缺一般是指离婚、再婚、单亲、父母一方或双方有精神病等特殊情况的家庭。统计数据显示，未成年犯罪人结构残缺型家庭达58.62%，其中父母离异或一方早逝占56.9%，孤儿占1.72%。相对而言，单亲家庭的子女比生活在完整家庭中的孩子更容易出现性格扭曲或个性畸形的危险。在这种家庭中，许多未成年人逃学、厌学、辍学，不能接受正常的学校教育，流浪街头，逐渐养成冷酷无情、玩世不恭的性格，这种性格容易成为犯罪心理结构组成部分。范林顿（Farringon，1987）研究发现了预测未成年人犯罪的六大因素之一就是破裂家庭和由离婚或父母冲突引起的分离。

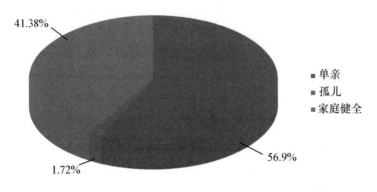

图 8—16　未成年犯罪人家庭结构

2. 家庭经济困难

家庭贫穷，可能是造成一部分未成年人犯罪的原因。在研究中发现一位未满 16 周岁的未成年人每月生活费仅有 200 元，在经历了几天饥肠辘辘后实施了盗窃。贫穷的家庭，父母为了生存日夜操劳，无暇顾及对子女的教育。缺乏基本生活保障和家庭关怀，未成年人容易结交不良少年，"差异交往"最终导致这部分经济困难、处境不利的未成年人走上犯罪道路。国内外许多研究证实，贫困是导致未成年人犯罪的高风险因子。本次档案研究显示了家庭经济困难的未成年犯罪人占到未成年犯罪人的一半以上。同时还发现，未成年犯罪人与父母的职业有趋同性，都集中于文化水平需求较低的职业。未成年犯罪人大多属于闲散青少年，既没有在学校接受教育，又没有固定工作，游离于社会控制之外，很少一部分有职业的未成年犯罪人所从事的工作也集中于服务业，而其父母的职业也大部分是服务业或者农民或无业。

3. 家庭关系紧张

未成年犯罪人的家庭主要有两种情况：一种是家长关系紧张，另一种是亲子关系紧张。家长经常处于冷战或热战中，无暇关注和关心未成年子女，家庭控制力消失，对子女负面影响大。亲子关系紧张的家庭，未成年子女很难得到尊重和安全需要的满足，家庭依恋被破坏，很容易被社会违法团伙的"虚假温暖"诱骗，滑入违法犯罪的团伙之中。美国精神分析学家阿伯拉·哈姆逊研究发现，家庭紧张是未成年人犯罪的基本原因，他强调那些产生未成年犯罪人的家庭中，存在比非犯罪家庭更多的家庭紧张。这种家庭紧张主要表现为敌意、憎恨、怨气，不停地责骂、争吵或身体障碍。

4. 教养方式不当

父母教养方式不当是诱发未成年人犯罪的不可忽视的风险因素。本次研究发现，有大部分未成年犯罪人的父母教养观念错误、教养方法粗暴，如过分严厉、放任不管、过分溺爱等。社会心理学研究表明，教养严厉容易使子女形成神经质、孤立、逆反等不良的性格；过分溺爱容易使子女形成自我中心、依赖、无责任心等不良性格。另外，管教过严比管教过宽的不良后果更严重，最恰当的教养方式是权威型教养方式，既不纵容也不过分严厉。

（三）学校因素

1. 学校教育内容欠缺

虽然我们提倡素质教育，但是仍然没有改变"智育"至上的教育现实。所以教育学者呼吁要重视学生核心素养的培养，改变单纯重视学习成绩的弊病。通过研究发现，大多数未成年犯罪人有学业失败的教育经历，逃学、旷课、学业退避、学业不良等学习心理问题位于首位。学业失败学生通常会被贴标签为"差生"，但是"差生"对学生带来的伤害远远大于学业失败本身带来的伤害。标签效应让学生无法实现归属需要、爱的需要和支配需要这些基本人际需要的满足，在长期自卑无助的压力下他们可能采取非法手段寻求需要的满足。许多未成年犯罪人在学校时表现不好，其阅读能力、写作能力和口头表达能力差，自我评价低，挫折忍耐力差，特别容易与别人发生冲突。[1]

2. 学校教育方式落后

有些教师缺乏科学的教育方法，面对违规违纪的学生，采取批评、训斥、辱骂甚至体罚等侵害未成年人合法权益的方法来教育学生。有的教师缺乏责任心，对"后进生"不提供及时的关怀和帮助，反而采取劝退、建议转学等不当方式将其推向社会。犯罪社会学中著名的"标签理

---

[1] 梅传强：《犯罪心理学》，法律出版社 2010 年版，第 49 页。

论"让我们深刻地理解了犯罪是社会对一个实施了违法犯罪行为的人贴上标签的结果。所以教师不能随意为成长中出现障碍的未成年人贴标签。因为一旦这些未成年人被贴上坏的标签，他们会被迫自动化整饰"自我"，形成"自我实现预言"。

3. 学校教育与家庭教育脱节

学校教育与家庭教育脱节主要表现为：家长与学校脱节，不参加家长会，不关心子女在学校的成长；学校不与家长联系，不清楚不知道学生的家庭情况，不做必要的家访，甚至有些地方将家校联合变成了互相指责和告状；有些学校与家长之间的沟通，成为简单的"分数"交流，忽视学生性格与品德的沟通。

（四）社会因素

1. 急剧的社会转型

急剧的社会经济转轨出现的利益调整、价值失范、社会流动等因素不可避免地带来了社会腱的削弱，社会资源控制能力有限的未成年人在社会规范体系出现功能缺陷时容易出现越轨行为。法国社会学家迪尔凯姆提出了社会失范理论，认为当现有的社会结构不能控制日益增长的个人需要和欲望时，社会失范状态出现。① 由此，未成年人犯罪是因为社会没有为其提供明确的规范以指导他们的活动，致使他们无所适从而发生犯罪等失范行为。②

2. 消极的精神产品

渲染暴力、色情的网络游戏，低级庸俗的网上聊天等都可能成为未成年人违法犯罪的诱因。近年来，未成年人因沉迷网络游戏而导致的暴力犯罪、财产型犯罪、性犯罪逐渐增多。美国精神病防治研究院对观看暴力电视导致行为异常的 2500 名学生进行研究发现，"电视的暴力镜头对青少年有潜移默化的作用，使他们在与人相处时容易做出一些攻击型的不友好行为"。因此，电视中的暴力行为对青少年犯罪的影响是毋庸置疑的。③

---

① 吴宗宪：《西方犯罪学史》（第四卷），中国人民公安大学出版社 2010 年版，第 294 页。
② 罗大华、何为民：《犯罪心理学》，浙江教育出版社 2002 年版，第 291 页。
③ 吴鹏森：《犯罪社会学》，中国审计出版社 2001 年版，第 45—60 页。

3. 不良的社区环境

当前我国社区还没有形成真正意义上的社区，故无法发挥社区的功能。如社区居民综合素质不高，社区环境污浊，尤其是一些"城中村"、城乡结合部，流动人口多，人员构成复杂，娱乐场所趣味低级，一旦未成年人沉迷其中不能自拔，荒废学业，甚至走上违法犯罪道路。另外，不良社区中未成年人的差异交往，可能会使错误的价值观、不良的个性品质和行为习惯等得到强化，而且还可能形成地域性的不良群体或犯罪团伙实施共同犯罪。

三 未成年犯罪人及未成年犯罪的趋势

（一）未成年犯罪人的趋势预测

1. 法律意识淡薄

在庭前调查中对"你认为导致你不良行为走向犯罪的主要原因"的调查中，未成年犯罪人选择最多的是"法律意识弱"，其他因素依次为"文化程度低""社区环境不良""不良文化影响""家庭关系差"。说明当前学校应该重视学生心理健康和法治意识的培养，帮助未成年人树立正确的法律观念、懂法、遵法。

2. 个性出现偏差

抽样调查中，未成年犯罪人明显具有暴躁、偏执、焦虑和抑郁等个性特征，而普通未成年人"乐观"和"温和"的选择率最高。国内学者曾对未成年犯罪人"最崇拜的人物"进行调查，未成年犯罪人的选择率从高到低依次是："影视演员或明星""挣大钱的人""有权势的人""体育明星"，而普通未成年人在科学家、文学家、教师、政治家、影视演员和歌星中都有较大比重的选择。在"个人成功因素"调查中，未成年犯罪人选择"人际关系"和"家庭背景"的占较高比例，而普通未成年人的选择集中于"个人努力""抓住机会"和"人际关系"。①

---

① 操学诚、路琦：《2010 年我国未成年犯抽样调查分析报告》，《青少年犯罪问题》2011年第 6 期。

3. 家庭教育缺失

调查分析表明，未成年犯罪人多出身于工农家庭，家庭经济与父母受教育水平不高，在其成长中缺乏必要的保护性资源和发展空间。加上家庭关系不和谐、家庭结构不完整，未成年犯罪人得不到足够的关心和照顾，除了能得到基本生存保障之外，心理健康和社会技能的和谐发展被忽视，亲子冲突剧烈，亲子关系紧张。家庭教育简单粗暴，父母放纵或者过于严厉，使未成年犯罪人没有从家庭得到有效的物质满足以及应有的家庭温暖，无法从家庭生活中形成对社会正确而客观的认知和行为，容易产生焦虑、抑郁、暴躁等不良心理，物质欲、控制欲扭曲，攻击性和反社会性行为较多，最终走上犯罪道路。

4. 重新犯罪增高

未成年犯罪人刑释后重新犯罪率较高。根据福建省未成年犯管教所统计，未成年犯罪人总数 2004 年为 753 人，重新犯罪人数 24 人；2005 年分别为 823 人和 20 人；2006 年为 851 人和 31 人；2007 年为 808 人和 21 人；2008 年为 783 人和 71 人。一些地方未成年犯罪人重新犯罪率有所上升，在有些地区重新犯罪率达到 10% 以上。[①] 通过对某区少年庭庭长的访谈了解到，刑释 1—2 年后重新犯罪率居高不下，并有上升发展趋势。

未成年人的个性尚未定型，因而存在进一步发展的可能。他们在正确的教育和引导下，可以向好的方面发展，但如果受到监狱内消极因素的影响如"交叉感染""榜样学习"，也可能进一步恶化未成年人的人格。正是由于未成年犯罪人存在两极发展的可能性，再加上其改造意志不坚定，因而会出现动摇反复，矫正效果受到挑战。[②]

（二）未成年人犯罪的趋势预测

（1）未成年人犯罪总数不会产生大幅度变化，呈缓慢下降趋势。

（2）低龄未成年人犯罪现象有继续恶化的危险。

（3）犯罪类型以抢劫、盗窃、故意伤害等暴力犯罪为主。

（4）作案形式以团伙犯罪为主，未成年犯罪人可能卷入有组织犯罪。

---

① 操学诚：《我国未成年犯抽样调查分析报告》，《青少年犯罪问题》2010 年第 4 期。

② 何为民：《罪犯改造心理学》，法律出版社 2002 年版，第 78 页。

四　未成年人犯罪的预防

（一）坚持未成年人犯罪的早期预防

针对未成年人犯罪的低龄特点，坚持早期预防。首先在习近平总书记提出的"中国梦"思想引领下，重构社会主义核心价值观，优化社会环境，创造一个有利于未成年人人格健全发展的良好社会环境，即民主、科学、文明、法治、关怀的良好环境。

其次，对未成年人的犯罪行为、越轨行为要及时作出有效应对，上海政法学院刑事司法学院院长姚建龙提出，"宽容而不纵容"，不因我国现行法律本身在未成年人犯罪方面还存在需要完善的地方，就放弃对低龄未成年犯罪人的教育矫正，如对不满 14 周岁的实施了严重危害社会行为的未成年人可以责令父母严加管教，实行"父母责任包""社会责任包""政府责任包"等项目，切实制定行之有效的教育矫正措施。对于 10—18 岁的青少年，尤其是在学校学习中不爱学习、学习出现困难的少年，对他们的危害性行为做出及时的教育矫正比温和的说服教育更为有效。通过少年司法，以恰当的惩罚方式处理未成年人的早期危险性行为，实现对未成年犯罪人的教育感化和挽救。

（二）建构一体化犯罪预防网络

英国在 20 世纪 80 年代至 90 年代由中央政府倡导推行自上而下密切协作的"经理主义计划"曾经在未成年人犯罪预防中发挥重要作用。而建构中央政府自上而下与地方政府自下而上相结合的一体化犯罪预防网络则能够在预防未成年人违法犯罪工作中发挥更加积极作用。

建议进一步加强未成年人犯罪预防的多机构协作模式，发挥社会、家庭、个人还有警务人员的作用，包括教育、缓刑监督、社会工作、家庭服务、居住环境、警务活动等。在家庭教育方面，办好家长学校，引导父母切实担负起教育子女的责任，提高家长教育子女的能力，筑牢预防未成年人违法犯罪的家庭防线。

在学校教育方面，推行关怀教育。通过调研发现，未成年人走上犯罪道路，与其成长道路上情感教育、情感引导和情感养成的缺失有极大关系。在学校教育中，如果教师能关注学生，关心学生，关怀学生，循循善诱，培养学生德性，有助于预防未成年人走上违法犯罪道路。所以学校也要担负起未成年犯罪预防的责任，对学生进行科学人性化教育管理，加强与家长和社会各方面的配合，使学校教育成效由学校内向学校外延伸。

在社区成立预防未成年人违法犯罪的专门机构，可以由政府出资聘用具有一定专业水平和工作经验的社工，专门从事社区闲散未成年人的教育管理和犯罪预防工作，同时重视农村和城乡结合部等薄弱地区的社区矫治工作，完善地方警务活动，创新警务工作模式，如顾客调查、行动指示、目标测量。

（三）完善未成年人犯罪的道德预防

大多数学者均主张提高道德素养是未成年人犯罪预防的重要途径。实证研究证明，未成年人罪犯的一个重要原因是道德思维水平低，道德情感淡漠。所以加强未成年人的道德思维及道德情感，对有效预防未成年人犯罪起到了非常重要的作用。犯罪心理学研究表明，低水平的道德发展水平导致犯罪行为的发生，良好的道德品质可以有效避免违法犯罪行为的发生。[①]

除了被广泛关注的道德思维外，道德情感是更不容忽视的问题。通过文献研究和档案研究发现，未成年人的暴力犯罪呈上升趋势，其中道德情感缺失是一个重要原因。所以要重视未成年人的道德情感的培养，而这是一个系统工程，需要学校教育、家庭教育和社会教育的共同协作培育，注意开发"双主体模式"和"共情培养模式"等先进的机制。

（四）重视未成年人犯罪的心理预防

未成年人心理健康和人格和谐发展是预防其犯罪的重要措施。一个心理健康的人，才具备自觉抵制不良环境侵蚀的意愿和能力。因此，重视开展心理预防，面向全体未成年人加强心理健康工作，在未成年人心理失调时及时帮助他们恢复心理平衡，可以有效预防犯罪心理形成。具体来说主要应从以下几个方面着手：举办心理健康教育讲座、实施心理健康教育活动、团体辅导、个别辅导、在社会实践中渗透心理辅导，培养学生健康的生活情绪，乐观的生活态度，过上幸福有意义的生活。

---

① 梅传强：《犯罪心理学》，中国法制出版社2014年版，第27页。

（五）加强风险未成年人的临界预防

近年来，离异家庭或单亲家庭的未成年人、父母外出打工的"留守儿童"、父母放弃监管约束责任导致事实无人抚养的"流浪少年"、家庭极度贫困或残疾未成年人犯罪成为社会日益关注的现象。在访谈中发现童年创伤、家庭变故与未成年犯罪有密切关系。如果这些遭受生活重大变故的未成年人，在出现心理行为问题的早期能够得到有效的干预，或许可以完全避免悲剧的发生。因此，本书建议加强对"闲散未成年人""流浪未成年人""留守儿童""处境不利的危险儿童"的调查研究和救助引导，同时加强对问题未成年人的心理辅导和治疗，探索建立全国或地区心理类似"110""120"的"预防犯罪危机干预电话"，使处在犯罪边缘的未成年人得到及时发现和救治，有效预防违法犯罪行为的发生。

预防未成年人犯罪是个复杂的社会难题，需要社会各界协同合作，共同行动，建立科学、有效的全方位多机构协作预防网络，积极开发社会中有利于未成年人成长的保护资源，消除诱发未成年人违法犯罪的危险因素，注重心理预防与道德预防、法律预防的结合，最终为未成年人的健康成长服务。

第 九 章

罪错少年关怀研究

案例1　母爱剥夺

一　案例呈现

姓名：J

1. 个人信息：男，汉族，大专文化，×年×月×日被刑事拘留，因涉嫌聚众斗殴罪逮捕。被判处有期徒刑十个月，缓刑一年。

犯罪过程：被告人同其余三名被告人于×年×月×日凌晨1时许，在同案人（另案处理）的指示下，伙同他人持刀、砖头在Y市Z区时代广场南门传奇台球门前，将A打伤。经法医伤害鉴定，A面部及右上肢所受损伤均属轻伤。

2. 家庭情况：目前和父亲一起生活，关系一般，在吃饭的时候会有沟通，小时候爷爷看大的，但是现在父亲和爷爷都管不了他，谈到母亲，他说自己已经看开了，看透了母亲的本性，对母亲全盘否定，并且扬言：以后别让我给她养老，有她后悔的一天！到时候让她哭着来找我，也体会一下我和父亲当时感受。

3. 工作情况：目前从事装修工作，学习了半个月之后努力工作，一步一步提升自己，虽然同事大多都比他年纪大，而且大很多，但是他们都比较照顾他，在同事关系上相处得比较好，在工作上希望自己能当包工头，多赚钱，也好为自己添置一辆车。

4. 恋爱情况：目前为止谈恋爱很多次，目前这个是时间最长的，有半年，对象是幼师，现在在上海旅游。对未来没什么具体的规划，之前在感情方面受过伤，被女友骗过，觉得自己以后随便找个对象结婚就行了，对母亲的厌恶反感情节也泛化到了女人身上。并且对女人既厌恶又失望。

5. 社会交往：平时休息的时间一般会和朋友一起去 KTV，或者是酒吧，和之前同案人很少联系，自己有情绪的时候也很少发泄，一般是自己在家喝酒，不愿和其他人说，觉得和朋友说还会把消极情绪带给朋友，还是选择自己闷着。也能看开，自己承受了很多。

二　案例分析

J 在个人成长的过程中，缺乏母亲的关怀，产生了较为严重的母爱剥夺，并形成了泛化的对女性的不信任和怨恨，按照李玫瑾教授的观点是关怀缺失导致"情结"出现。而且通过对其家庭关系和社会交往的调查得知，J 的家庭监护人未能实现对其更好的关怀教育，自述家人难以管束，也就难以学会社会规则和约定。在社会关系上有朋友，但存在交往偏差，认为宁愿自己承受也不会把自己的不愉快向朋友倾诉，这样使 J 出现消极情绪时无法采用正当的途径进行合理宣泄，以至于可能采用错误方法释放自己压抑的情绪。经过关怀教育，J 对于此次事件有了很好的悔罪态度，说就算让他再去打人，他都不会去了。并为其提供合理的情绪调节方法和人际交往辅导。针对 J 对母亲的怨恨心结，采用角色扮演和家庭治疗的方法，帮助 J 消除对母亲的怨恨，重建对母亲及女性的正确看法。

案例 2　缺失的关怀

一　案例呈现

1. 个人信息：男，汉族，初中文化，无业，年满 17 周岁，因涉嫌故意伤害罪被某市公安局刑事拘留。

2. 犯罪类型：故意伤害罪

3. 犯罪过程：被告人伙同他人（另案处理）在街口，持刀将两名被害人砍伤。经法医鉴定，被害人其头部所受损伤属轻伤；另一被害人其头部、左手、右大腿所受损伤累计属轻伤。

4. 关怀干预——沙盘治疗记录

引导者：欢迎来到沙盘游戏室，以前做过沙盘吗？

来访者：没有。

引导者：这里是沙箱。你可以先感受一下沙子的柔软。这个沙箱底是蓝色的，可以挖开当水面。你可以用这些沙具在沙盘上随便做什么，根据自己的意愿在沙中创造任何世界，做出任何场景和图画。这里有许多的沙具，看看哪些沙具是你喜欢的、有感觉的就摆在沙盘上。

1）小鸟

2）小猪

3）汽车

4）宾馆

5）水车

6）鸟笼

7）乌龟

8）人物

引导者：我们现在看一下你摆的沙盘，用心感受一下整幅作品，看看有什么感觉？

来访者：（笑而不语）

引导者：我看你摆了愤怒的小鸟这个游戏里的角色，你是经常玩这个游戏吗？

来访者：没有。

引导者：为什么摆这个小鸟呢？

来访者：小鸟飞得快，不容易被抓住。（语调升高）

引导者：为什么摆这个小猪呢？

来访者：这是我自己。

引导者：为什么摆这个汽车呢？

来访者：这是我一直想拥有的。

引导者：车要开到哪里呢？

来访者：自己想去的地方。

引导者：这个是什么？

来访者：这是我自己盖的宾馆。我自己住在里面。

引导者：那这个是什么？

来访者：小孩子娱乐的地方。

引导者：他们在干什么吗？

来访者：他们在玩水车。

引导者：那你玩过吗？

来访者：没有。

引导者：为什么摆乌龟呢？

来访者：长寿啊。

引导者：你能给这个画面起个名字吗？

来访者：（疑惑）（摇头）

引导者：你在这幅画的哪个位置呢，能找个人代表自己吗？

来访者：（把自己摆放在宾馆旁边）

二　案例分析

沙盘治疗是一套很有效的、最具综合性的心理治疗系统，同时也是一套完整的心理行为系统。来访者在一个自由和受保护的空间里，通过在沙盘内使用各种模型、玩具摆出心灵的故事，使来访者与无意识接触，并表达超语言的经历和被阻碍的能量，这种接触与表达对来访者心理健康的维护、人格发展和心性成长都有促进作用。

来访者整个精神面貌很好，始终面带微笑，身体很放松，积极配合，整个过程很顺利。在分析过程中，出现来访者试探性话语增多如"怎么了吗？"出现轻微的警惕性（身体远离沙箱），眼神时常会望着引导者、记录员以及记录的本子。但总的来看，来访者的问题不大，心态很好，有很大的发展空间。整个沙盘摆放空间很大，看出来访者心胸宽阔，乐观豁达，但同时他也要注意心细、谨慎一些，不要过于冲动，凡事还要学会三思而后行。来访者摆放了娱乐设施，看出来访者的内心向往一种美好惬意的生活，有生活情趣，可以让他认识到自己的生活可以是丰富多彩的，还需要他自己去填充。来访者很明确自己的目标，想拥有自己的车，但是为了达到自己的目标需要脚踏实地完成自己的梦想。来访者摆放笼中之鸟，看出在家庭中来访者母亲过于保护孩子，让孩子觉得管束太紧没有自由，希望孩子认识到母亲的保护是出于对孩子的爱，应多给予些理解。建议加强亲子之间的交流互动，增进彼此间的了解。来访者对老师的治疗表示赞同，很受用。

案例 3　离异的家庭

一　案例呈现

1. 个人信息：Y，男，1996 年 8 月出生，汉族，中专文化，无业。
2. 犯罪类型：抢劫罪。
3. 犯罪经过：被告人一伙于 2013 年 5 月至 7 月间，伙同他人交叉结伙在 A 市 Z 区、F 区等地，抢劫作案 6 起，所抢现金及物品折价共计人民币 6700 余元。
4. 对母亲访谈记录：

问：您孩子叫什么名字？

答：某某。

问：名字很秀气。

答：（沉默，轻微笑，眼里含着泪）

问：孩子多大？

答：18。

问：上高中还是技校？

答：×××厨师学校。

问：他喜欢当厨师？

答：是，他从小就爱做饭。

问：在 Y 市上学？

答：在 J 市，我们家是农村的，在 A 市下面的农村。

问：怎么会来 A 市？

答：他同学，还有在网上认识的人，来这里，干这些事我一点不知道。

问：您现在心情怎样？

答：没法用语言说，今天还好点，前两天一直哭。（叹气）

问：您觉得您孩子有什么优点？

答：（先沉思了下）他挺乖特别孝顺，特别疼我，喜欢我。

问：为什么这么说？

答：小时候就特别疼我，比如吃鸡，他知道我爱吃鸡翅，他都给我吃，现在我做饭，他会说，妈妈我帮你择菜吧。

问：他自己爱吃鸡翅吗？

答：他爱吃，他特别疼我，和我关系特别好，他本性不坏。

问：您觉得家庭和谐吗？

答：（身体向我凑近，小声说）我们离婚了，五年了（用手指比画着）。

问：当时孩子十三岁，他知道吗？

答：知道，上初三。

问：孩子判给谁了？

答：他爸爸。

问：您不想要吗？

答：他爸不给，当时我没钱，我觉得孩子跟着他爸能过得好。

问：当时孩子同意吗？

答：同意，每次他看到我受委屈，挨打（悄悄说），都会说，妈妈，你们离婚吧，我没事。

问：我从孩子角度想说，孩子嘴上说爸妈过不下去就离婚吧，但他心里是渴望和谐的。

答：（低头叹气）

问：你们俩吵架、打架时，孩子会帮谁？

答：他帮我，我生气不吃饭时，他就说，妈妈你不吃饭我就不吃。

问：您觉得孩子在你们离婚之后发生变化了没？

答：有变化，小时候学习挺好的，上初三后不爱学习，上网。

问：您孩子有什么兴趣爱好吗？

答：爱打篮球，爱唱歌，我唱歌挺好的，随我。喜欢跳街舞，想报班学街舞，我没答应，因为太贵并且艺术道路不好走，我想好了，等他出来我要给他买个好篮球。

问：离婚后你重组家庭了吗？

答：没有。

问：离婚后您还经常见孩子吗？

答：他在县城上学，我在县城工作，每周五他都去我那儿。

问：他会和您说在学校发生的事吗？

答：（迟疑一会）会说。

问：您觉得孩子听您的话吗？

答：只是答应着，有代沟，但我愿意接受新思想。

问：您孩子有要好的朋友吗？

答：不知道，就是这些一块犯事的人，在网上认识的，在技校认识的，他不愿意告诉我。

问：您不能天天在身边陪着，您都如何关心他？

答：我很关心他，一般他想要什么，我都会买给他。

问：从小您们关系很好，离婚时您却没有争取要他，他会不会心里有些恨您呢，觉得是妈妈不要我了呢？

答：我当时和他解释了，应该有点恨，刚离婚时我去学校看他，带了一大包好吃的想补偿他，我儿子和我说：妈妈，我缺的不是好吃的，我缺的是母爱！（表情沉重）

问：您听完这句话当时什么感受？

答：很内疚，很伤心。（泪眼蒙眬）

问：您会经常和孩子爸爸联系吗？

答：会，像朋友一样，嘱咐他多关心儿子，不让他打儿子。

问：您后悔离婚吗？

答：在孩子方面，我后悔，但在婚姻上我从来没后悔过。

问：刚才开庭时见到孩子，您有什么感受？

答：我告诉他好好表现，我担心他和监狱里的人不学好，他什么话也没说，挺愧疚的，也比较淡漠，我希望向他传递点积极的东西。

问：通过这次，您有什么感受？

答：我觉得孩子走到今天都是因为我。（泪水涌出）

问：为什么这么说？

答：我离婚没能让孩子有个完整的家。

问：很多在离婚家庭里长大的孩子也成长得很好。

答：我太自私，不愿受委屈，不愿忍让，自身有很多问题、坏习惯，教育得不好，有很多事我自己做不到却要求孩子做到。（边流泪边说）

问：您觉得您爱孩子吗？在我听来您挺关注孩子的，什么道理您都懂，但我从您的话语中感受不到那种最普通最简单的母爱。

答：我很爱我儿子，我自身性格不好，比较好强。（叹气）

问：通过这次这个教训，您自己有什么想法？

答：出了这个事后，我想了很多也反思自己，以后等儿子出来，我百分百地用心照顾儿子，不再重组家庭，以身作则，从自身做好再要求儿子做。（坐直了身体）

问：其实母爱很简单，不管距离，一个眼神，一个动作，一句话，只要发自内心都能传递爱。

答：谢谢。

5. 与父亲的访谈：

问：孩子多大了？

答：18 了。

问：孩子在哪上学？

（这时孩子的母亲和父亲开始交谈，看到父亲有表达的欲望，我把注意力放在了父亲身上，将座位拉向父亲）

答：孩子在×××，学厨师。

问：这是孩子的选择还是您的安排？

答：孩子喜欢才去的。九年级的时候学习成绩开始下滑了，就想让孩子学点东西。才两个多月，在那认识了个大点的朋友，然后就出了这事。（长叹一口气，双手交叉抱于胸前，这个动作几乎贯穿整个交谈中）

问：孩子在交友方面不是令您满意，是吗？

答：这也是其中一方面吧。他就是太重视所谓的哥们义气。经常是因为一些小事和其他同学打架。

问：那关于这个问题，您和孩子进行过交流吗？

答：我平时工作忙，要照顾地里的事，我是 Q 地区的，你不懂，就算冬天也要忙这忙那的，经常是回到家就在饭桌上说他几句。平时很少交流，这孩子有点双重性格，在外面的时候挺积极外向的，这点随他妈，在家的时候很少说话。

问：也就是孩子一有问题会和他的朋友们诉说，很少想到你们，是吗？他觉得你们不懂他？

答：嗯，是吧。想想之前与孩子还是缺乏交流，我这个人比较不善于表达，有的时候我想到了会选择做出来，要让我说我不会。

问：有可能在这个过程中孩子没有体会到，有时也需要一定的表达，对吧？

答：嗨，我其实是个挺想得开的人，在教育孩子方面我和他妈妈是存在些分歧，我觉得孩子只要能够踏踏实实地做人，我不求他有多大成绩，谁知道这次……

问：您现在心情很沉重，我可以理解。

答：我现在就担心孩子，刚出事的时候孩子给我打了电话，说做错事了没脸见人，我说那你赶紧回来再说，回来，孩子告诉他犯了这事，孩子也很害怕，问我怎么办？我说不管怎么样做错事了就得受到惩罚，我带他去自首的。（手臂伸展开放在腿上，伴随着颤抖）

问：从这事可以看出孩子还是孩子，他们可能成年，但心理上还是依赖父母的，他们这个年龄段很容易受外界的影响，做出错误的判断从而造成严重的后果。

答：嗯嗯嗯，他本身自制力就差，又交友不慎。

问：刚才的谈话过程中，我看您一直是双手抱在胸前，把手伸开时也是短暂停顿一会儿，腿还在发颤，您最近这段时间是个怎样的状态，能说一下吗？

答：我呀，就是担心孩子。

问：我感觉您现在背负的压力很大，说出来吧。像女性一般比较感性啊，能把情绪宣泄出来，我注意到刚才妈妈有哭啊，那您呢？

答：我现在考虑得很多。想孩子出来后是不是应该给孩子换个环境，毕竟村里的人你一言一语的我怕孩子承受不了。想孩子出来安排到他妈工厂里，给他点事情干，好时刻看着他。太怕他再出事情了。（父亲停顿了，说咱们听听孩子妈怎么说）

问：能问下您的婚姻吗？

答：没事，您尽管问吧。我和他妈妈离婚四五年了。

问：离婚这事对孩子……

答：肯定是有的，我记得八九年级的时候谈恋爱、上网吧、打架，很不听话。我也没少骂他。说过好几次，就是不长记性，下次还这样做。原来家那块有个水库，他经常去玩，我怕有危险，就让他赶紧上来，他

不听，我就边骂他边拉他上来。（父亲说到这时，面部舒缓了很多，像回忆儿时的感觉）

问：刚才听您讲的这一段，感觉您对儿子的感情很深，和孩子相处的时间很长吗？

答：抚养权判给我了。

问：那孩子在外地这段时间有联系或去看过他吗？

答：工作太忙没走开。（父亲急切但真挚）我现在特别希望你们能开导开导孩子，我怕孩子受到打击太深。

问：其实这点您可以放心，我们这次来不仅和家长进行一个沟通，包括会有其他成员参与到孩子们的干预中，会通过访谈、沙盘等形式和孩子建立联系，从而帮助孩子。我觉得您也需要适度地缓解您的压力，我了解您现在仍充满担心，您这种状态其实也会影响到孩子，会无形中让孩子充满压力，犹豫不决。您认为呢？

答：我是怕孩子再栽倒在我手里……我也有责任啊。（父亲又选择避开这个话题，听孩子母亲说）

二　案例分析

一个离异的家庭。由于家庭结构不完整，犯罪少年缺乏有效的监护，当然更为重要的是缺乏情感的关怀，失去了滋养心灵的机会。

从 Y 的访谈中发现，Y 的关怀感觉更多来自他的母亲，可是母亲因为要上班，无暇真正给予其渴望的那种关怀情感，更多是在物质上给予照顾。而且从母子关系上看，Y 对其母亲的关怀仿佛更多，从母亲的讲述中听到 Y 为了让母亲得到更多的自由，生活得更好，宁愿放弃自己完整的家也赞同母亲离婚。在父子关系上，Y 虽然跟随父亲生活，父亲因为忙于生计对其照顾不周，虽然也关心 Y，但从 Y 的反应中可以感受到 Y 没有接受父亲对其的管教，反而朝着相反的方向发展。当然，案例中令人欣慰的是，Y 与父母是有情感联结的，所以在一出事的时候，Y 还是先求助于父亲，听从了父亲的劝告和建议自首。

人唯有在关怀中才能生存，在关怀中慢慢学会长大，学会交往。父亲认为 Y 犯错的原因有自己的责任，也有交友不慎的原因。著名的社会学家萨瑟兰（E. H. Sutherland）提出了可以用于解释少年犯罪的差异交往理论，他认为"犯罪行为是在一种交往过程中学会的"。[①] 如果少年从罪犯同伴那里学会了越轨和侵犯，而没有从守法同伴那里学会遵守和助人，犯罪便会发生，并且这种差异交往的频率、时间、强度和优先性可能不同。犯罪少年之所以形成是因为他选择了犯罪少年或者问题少年作为他的同伴进行交往，而这些问题少年一旦存在亚文化的"焦点关心"（focus concerns）[②]，形成"帮伙亚文化"（subculture）[③]，便会经常触犯法律。的确许多犯罪少年的背后有一群与其有着密切交往的问题少年。本次案例研究中也发现了这一现象。这些证据似乎证明了差异交往是导致少年犯罪的原因。事实并不等于真相，事实更多仅仅是表象。透过本次深度访谈发现，少年犯罪绝非人们所看到那样，由差异交往或者低自我控制或者社会解组、社会失范等造成，而是因为所有我们看似事实背后的事实，或称存在之存在。关怀是那个最重要、最根本、最值得我们关注的存在。缺乏关怀导致犯罪，通过犯罪寻求关怀。

案例4　真情感化歧路少女[④]

一　案例呈现

2014年9月2日，一位17岁小姑娘一蹦一跳地从司法所办公室走出来，她长着圆圆的脸蛋、大大的眼睛，只是嘴唇有一些微微的发紫……小姑娘看见H就立马向我报告好消息："姐，今天所长表扬我了，说我以后每隔十天来报到一次就可以了……"看着她喜悦的表情，我及时鼓励

---

① Sutherland, E. H., "Interpersonal Relatedness Self-definition and Their Moti-vationnal Orientation During Adolescence: A Theoretical and Empirical Integration", *Developmental Psychology*, Vol. 39, 2003.

② 焦点关心是美国犯罪学家米勒（Walter B. Miller）提出的，用以解释低阶层文化（贫民窟文化）是低阶层犯罪的机制。焦点关心的内容包含五点：麻烦、强硬、聪明、兴奋、自主。内容参见罗大华、马皑《犯罪心理学》，中国人民大学出版社2012年版，第102页。

③ 美国当代著名的犯罪学家科恩（Albert K. Cohen, 1918—）提出的"帮伙亚文化论"的核心概念，具体参见吴宗宪《西方犯罪学史》（第四卷），中国人民公安大学出版社2010年版，第1077页。

④ 案例来自某司法所社区矫正中心，感谢海云提供案例资料。资料中的H指司法所工作人员。

她："这真是个好消息，最近你表现很好，所长表扬你是应该的。以后你一定要按时来报到啊，我相信你以后的表现会越来越好的！你自己一定要注意身体，慢慢走，不要跑，好好照顾自己。"

小姑娘听了后，高兴地答道："谢谢姐，我以后一定会好好表现的！"

初次见面惹人怜　沉默不语让人寒

这位活泼的小姑娘叫 M，今年只有 17 岁，2014 年 1 月 23 日因非法拘禁罪被判处有期徒刑一年缓刑一年六个月，并于 2 月 21 日，在她爷爷的陪同下前往司法所进行报到。第一次见到她时，她一直低着头不说话。向她宣告矫正须知，她也只是默默地听着，我们看不到她的表情，看到的只有那一丛染黄的头发……

通过她爷爷的叙述我们了解到：M 自幼丧父，母亲带着最小的妹妹改嫁了，几年前早早地辍学回家，因为自身有先天性心脏病所以不能干重活；她平时主要和爷爷生活在一起，但由于祖孙两代人之间年龄跨度太大，所以有什么心事也不会和爷爷交流。父爱和母爱对这个小姑娘来说都是极其渴望但却不易得到的爱，所以她最依赖的就是她在工作和娱乐时认识的那几个小姐妹，而正是这种不良朋友的出现，导致她由于姐妹间的矛盾纠纷和口角触犯了法律，被判缓刑。

了解到她的情况后，所长语重心长地对她说："M，你现在还小，犯了错误及时改正就好了，自己的心理负担不要太大。以后你就把我和 H 警官当成你的大姐，你有任何困难，无论是生活上还是工作上的事情都可以找我们帮你商量解决，我们一定会尽力帮你的！"这个小姑娘听了后，也只是默默地点了一下头，没有说什么，而这也让我和所长心里一阵失落……

殷殷期盼皆化空　迷途少女尚懵懂

3 月和 4 月，M 都没有按时前往司法所报到，担心她年龄小，分辨是非能力不高，H 就给她打电话督促她来报到。但是，她也只是按照程序上交活动情况报告、参加集中教育，对于她生活和工作中的事情却一直不愿和我们交流，对于（司法户警）推心置腹的话语也只是点头，而没有其他回应……所长和 H 心里明白：对于这样一个缺少家庭温暖的孩子来说，对陌生人尤其是司法所的人员肯定会有一些戒备心理；而且她每个月需要来司法所两次，（司法干警）要对她进行教育矫正，法律法规对她的人身自由也有一些限制，这些因素都会导致她把自己和司法所放在对立的层面上。但是，作为司法干警，出于对她的关心和爱护，（司法干警）特别希望能获得她的信任，能了解到她的日常生活、工作和交友情况，帮助她顺利成长为能自保、自立的社会好公民。

5月和6月，在司法干警的督促下，M仍未按时来司法所报到，于是H先给她爷爷打电话，把利害关系向他一一解释清楚，希望他能在平时加强对M的监督管理，并督促她及时来报到。过了几天后，她出现在司法所办公室，一脸憔悴的样子。询问得知她现在在宝坻区某KTV负责收银工作，常常上夜班，只能白天补觉，每天下班后身心都很疲劳，所以经常睡觉睡过头忘了来司法所。听到她的解释，这表明她仍然没有认识到被判缓刑的严肃性，更没有意识到来司法所接受矫正的意义。于是我们再次向她宣读矫正须知以及违反规定应当承担的法律后果。但她那满不在乎的表情表明她仍然没有理解我们对她的良苦用心……

真情击破冰冷心　痛改前非畅心怀

7月，距离M第一次来报到已经5个月的时间了，本以为她在这个月里会按时来报到，但事实是她仍然没有出现，也没有打电话向我们说明不报到的原因。考虑到她最近几个月的实际表现，司法所决定和她再次进行一次深入谈话，并给予她一次警告。

7月底，M终于来司法所报到了，看到她那疲劳的面容，所长没有批评她为什么不按时报到，而是先询问她最近的工作状况。当听到她说：最近经常上夜班早上五点才下班，吃饭也没有规律时，所长像妈妈一样摸了摸她的头，嘱咐她说："M，听到你这样说，我很心疼你，你看你小小年纪自己在外面很不容易，而且KTV环境比较复杂，所以你一定要好好照顾自己，和同事领导友好相处，不要让家里人和我们担心你，你能理解吗？"听到这里后，令我们惊讶的是，这个小姑娘竟然流下了眼泪……也许是很久没有听到这样温暖的话语了，也许是她在工作中受了委屈，尽管她没有告诉我们，但是颗颗温热的泪珠表明了，经历五个月的关怀后，她终于认可了我们对她的真情。

看到她脸上挂着的泪珠，所长赶紧拿纸巾给她轻轻地拭去眼泪，继续和她聊着："M，我们知道你刚来司法所的时候，对我和H警官有抵触心理，感觉我们对你的管理很严格。但我们实际上对每个人管理都很严格，你第一次来司法所时，我们就对你敞开心扉了，我们想给予你温暖和关心，想帮助你健康成长。现在你爷爷年纪大了，你妹妹还在上学，你就算是家里的大人了，很多事你要给妹妹做一个榜样。犯错误了不可怕，只要我们认真改正，以后遵纪守法，那就是好公民，就是好孩子! 你觉得我说的对吗?" 听了所长语重心长的话语后，这个内心冰冷的小姑娘终于卸下了自己坚强的外表，任由眼泪哗哗地流了下来……

待她情绪慢慢稳定后，M 也向我们吐露了自己的心声:"所长、H 姐，说实话以前是我不懂事，觉得你们老是管着我，所以我有点故意和你们作对，但是我现在知道错了。现在我也知道了有的人并不是我真正的朋友，你们管着我，是要让我学好，不要再走上犯罪的道路。这五个月来，你们对我的关心我心里都清楚，就是不好意思表达出来。以后我一定要认真听话，按时来报到，不再让你们为我担心了!"

听到她这番话语后，H 和所长的心里终于感到了一些安慰。他们的付出终于得到了她的体谅，还有什么比这更珍贵呢? 但是按照规定，我们还是对她进行了一次警告，并让她在 8 月每隔三天来司法所报到一次。令人欣慰的是，她真正做到了信守承诺，每三天就来司法所一次，和我们聊一些她最近的工作情况、思想变化情况等。渐渐地，她脸上的笑容多了，聊天内容也越来越多了，有时遇到想不开的烦恼也会主动向 H 倾诉，耐心听取建议。这让 H 心里充满了喜悦。

转眼间到 9 月了，鉴于她 8 月表现较好，所长和 H 商量决定要适时给予她一些奖励，让她知道: 自己违反了规定要受到法律的规范; 自己表现好就会受到表扬，从而让她明白是非观念，认识到自己今后应该如何做。商量之后我们决定让她每隔 10 天来司法所报到一次，这才有了最开始的一幕。

现在的 M 是一个活泼、充满朝气的少女。在司法所与她接触的这段时间里她渐渐地认识到了自己现在的身份特殊性; 确立了自己今后的理想目标，即认真接受矫正，踏实工作，争取早日回归社会，回报家人、司法所和所有关心她的人。

用爱心换真心 化青涩为浓郁

十六七岁的他们正处于人生的青春期，在这一阶段，如何达到自我现实和自我理想的辩证统一是他们的重要发展任务。"我是什么样的人"

"我这个人怎么样""我想成为什么样的人"这三个观念直接影响着他们的实际行动。只有正确的引导才能帮助他们既能认识到自己的过去，又能接纳自我，以积极的态度正确对待自己的优点和缺点，根据自己的能力和条件，确定自己的理想目标。

在工作中，司法干警们深深地感受到：针对"90后"青少年的社区矫正工作既要用法律法规规范他们，又要用真情、爱心感化他们，帮助他们确立自我认同感。作为司法干警，我们只有首先尊重他们的自尊心，让他们感受到了真情、信任和期望，才能走进他们的内心，才能激发他们积极向上的一面。

对于这些处于青年初期的矫正人员来说，司法所工作正是化青涩为浓郁的过程，他们正是那一棵棵树苗，而我们的目标就是让他们做好自己，在法律的规范下、在爱的期待中坚定成长，枝繁叶茂，蓬勃而浓郁！

二 案例分析

"化青涩为浓郁"不仅是我们对于青少年成长的一份深厚的希望，更是青少年教育、辅导事业的一项充满爱心的目标。

H正式参加工作后，在她所接触的社区服刑人员里，有许多年轻的"90后"，虽然他们触犯了法律，但是她依然相信他们身上具有善良、真诚的一面。她希望能用她自己的爱心和专业知识帮助他们悔过自新，以积极的心态对待自己依然灿烂的人生。

M，女，今年17周岁，因自幼丧父、母亲改嫁，所以自小由爷爷抚养长大，因犯非法拘禁罪被判处缓刑。她刚来司法所接受社区矫正时，并没有意识到社区矫正对于她的意义，并没有意识到司法所想要给予她的关爱有多深。当H了解到她的身世后，H打算主动找她谈话，想知道M对于自己的母亲、对于友谊以及这次犯罪的认识。

和M聊过三次之后，她终于相信H对她是充满关心的，她渐渐地向H打开了心扉。在交谈中，H感受到了这位小姑娘对于母爱、父爱的渴望；感受到了M对于友情的依赖；更感受到了M对于未来的迷茫。帮她擦掉眼泪之后，H引导她寻找自己现在拥有但是被她忽视的幸福：母亲虽然改嫁，但依然会对自己嘘寒问暖；朋友虽然伤害了她，但是仍然有人在她生病住院时前去看望她；自己虽然现在触犯了法律，但她依然能从事自己喜欢的工作，不仅能自食其力，还能用自己的所得回报母亲和爷爷。

经过这样几次深入的谈话后，M 稚嫩的脸上终于露出了笑容，她说："H 姐，谢谢你这样关心我，你放心吧，以后我一定遵纪守法，好好挣钱，争取给我爷爷和我妈买更多好吃的，买更多新衣服！"看到她开朗的笑容后，H 由衷地替她感到高兴。

在 H 接触的青少年里，像 M 这样的还有很多：也许是因为缺乏法律常识，也许是因为太看重朋友义气；也许是因为家长对于孩子成长道路上身心发展的忽略，他们不慎走上了犯罪的道路。但是，他们毕竟还是花一样的少年，他们的人生才刚刚开始。所以，在每一次集中教育或者单独谈话时，H 都会抱着一颗诚挚的爱心和他们探讨：自己想成为一个什么样的人、应该怎样对待朋友义气、应该怎样积极融入社会……

我们也年轻过，我们理解他们，我们爱护他们，在今后的工作和生活中我们有志向帮助更多的青少年，在他们成长的道路上给予他们温暖、信任和鼓励！

第十章

关怀理念下少年网络罪错
预防研究

第一节　少年网络罪错研究

网络文化对青少年的健康成长产生了深刻的影响。随着青少年对网络的信任和依赖程度越来越高，网络的消极影响也越来越突出。有些青少年难以抵挡网络世界的诱惑，上网成瘾或者做出网络道德失范行为，有些甚至触犯法律实施网络犯罪。为了更有效地保障青少年在网络时代健康成长，充分把握好网络文化带来的影响，本章将重点阐述预防青少年网络罪错行为预防策略。

一　网络文化与少年罪错

网络文化与少年罪错行为关系密切，原团中央预防青少年犯罪研究会书记操学诚曾指出，很多未成年人犯罪的原因是接触了不良网络信息或沉迷网络，通过 2009 年、2010 年未成年犯抽样调查结果显示，80% 的未成年人犯罪与网络有关。所以把握好网络文化，对于有效预防少年罪错具有非常重要的意义。本节主要讲述网络文化与少年罪错的关系。

（一）网络文化

网络文化是伴随互联网而产生的文化，目前尽管学术界对"网络文化"理解不一、莫衷一是，但是网络文化这个词语却获得了学术界的普遍接纳，针对网络文化与少年罪错的相关研究也相对丰富。

有学者指出网络文化是以计算机及其附属设备作为物质载体，以上网者为主体，在虚拟空间中借助数字化手段所创造出的新的生存方式、活动方式和思维方式。① 也有学者指出网络文化是指建立在计算机技术和信息网络技术基础上的精神创造活动及其成果，是人们在互联网这个特殊世界中，进行工作、学习、交往、休闲、娱乐等所形成的活动方式及其所反映的价值观念和社会心态等方面的总称。还有学者认为，网络文化是以网络物质的创造及发展为基础的网络精神创造。② 本书认为，网络文化是网络时代背景下人们生存方式的总和，包括网络语言、网络文学、网络艺术、网络思维、网络交往、网络习惯、网络风俗等一切精神财富。

作为一种不同于传统社会的现代人的生存方式，网络文化已经完全融入青少年的生活和学习中，成为青少年生活的缩影，现实生活中的包罗万象在网络文化中尽显。如网络语言作为一种新的社交符号流行于青少年的社会交往中，网络艺术及网络文学以其独特的魅力吸引着青少年的注意力，网络游戏更是成为很多青少年主要的休闲工具。如今网络文化已经以其独特的虚拟性和开放性、瞬时性和匿名性融入青少年群体中，潜移默化地影响着青少年的需要、愿望、情感、态度和价值观。处于转型期成长中的青少年，他们既承受着自身生理和心理发育不平衡的压力，又承受着信息时代社会变迁快的压力，青少年希望获得成人的肯定和认可，希望尽快摆脱童年的一切，找到全新的行为规则，扮演全新的成人角色，获得全新的社会评价，但是他们的心理发育的速度却相对缓慢，心理发展处于半成熟、半幼稚状态。纷繁复杂而变幻莫测的网络世界带给青少年满足各种成长需要的机会和勇气，所以青少年成为主要的网民群体。据中国互联网信息中心调查发现，目前我国80%甚至91%的网民是35岁以下的青少年，其中18—24岁所占比例最高。2010年1月《第25次中国互联网络发展状况统计报告》显示，13—25周岁的青少年网民总数已经达到1亿9千多万，互联网普及率为54.5%，远远高于我国整体网民28.9%的普及率水平。网络已经深刻融入青少年学习、生活等各个领域，影响范围之广，影响力之大让社会学家、教育学家、心理学家都在反思和研究网络文化与青少年发展的关系。

---

① 王文行：《当代热点文化追踪》，甘肃人民出版社1999年版，第40页。
② 陈晨：《青少年网络伤害研究报告》，中国人民公安大学出版社2010年版，第12页。

（二）网络文化与少年罪错的关系

近年来，少年罪错中与网络相关的案件逐年上升。[①] 2009 年广州市综治委预防青少年违法犯罪会议上的统计数字显示，77.7% 以上的在押未成年犯案发前不良行为积累至犯罪行为的发生，都与网络、网吧有着千丝万缕的联系。网络不仅促发了少年罪错心理，而且成为部分青少年实施犯罪的重要工具。那些色情、暴力、恐怖刺激等内容的网络信息像电子海洛因一样让那些涉世未深而缺乏判断力的青少年深陷其中不能自拔，有些甚至因为网络走上违法犯罪的道路。

1. 网络犯罪成为少年罪错的新趋势

少年罪错出现了一种新的趋势即网络犯罪。它伴随着网络的快速发展和普及在青少年群体中蔓延，这不仅严重影响青少年的健康成长，也影响了社会的和谐和安定。因此，青少年网络犯罪问题成为新时期社会关注的热点。

网络犯罪与传统犯罪不同，网络犯罪有广义和狭义之分。狭义的网络犯罪是指行为人针对计算机网络实施的犯罪行为。[②] 如美国《关于网络犯罪的公约》中规定"网络犯罪是指危害计算机系统、网络和计算机数据的机密性、完整性和可用性，以及对这些系统、网络和数据进行滥用的行为"。[③] 广义的网络犯罪除了包括以网络作为犯罪对象实施的犯罪，还包括以网络为工具实施的犯罪行为。本书认为，青少年网络犯罪主要是使用互联网实施的犯罪。青少年犯罪人往往使用网络聊天或网络游戏在网上选择和确定犯罪目标，等待取得对方信任或者在一定犯罪诱因的作用下实施犯罪行为，这些犯罪行为一般为盗窃、抢劫、诈骗、敲诈勒索等侵财型犯罪和强奸、介绍卖淫等侵犯人身权犯罪。此外，还有些青少年利用网络实施诽谤、寻衅滋事或者侵犯他人隐私权。

网络犯罪之所以成为少年罪错的新趋势，原因主要从两个角度分析。一方面是网络犯罪人的同理心水平低。网络犯罪与传统犯罪不同，网络

---

① 《让网络与法随行预防青少年犯罪》，《人民法院报》2015 年 10 月 27 日第 2 版。

② 郭开元：《青少年犯罪预防的理论和实务研究》，中国人民公安大学出版社 2014 年版，第 161 页。

③ ［法］达尼埃尔·马丁、弗雷德里克·保罗·马丁：《网络犯罪：威胁、风险与反击》，中国大百科全书出版社 2002 年版，第 250 页。

本身的隐蔽性和虚拟性使犯罪人对被害人的同理心较低，犯罪人无法直接又形象地感知犯罪行为的后果，也不能体验到被害人的痛苦和伤害。所以同理心水平低大大增加了少年罪错的可能性，降低了少年罪错的羞耻感和内疚感。另一方面，网络世界满足了青少年关怀的需要、尊重的需要、支配的需要等基本的人际需要。如今网络在青少年群体中普及率高，网络文化以其特有的便捷和开放影响着广大成长中的青少年。网络让许多处于青春期的叛逆青少年感受到脱离现实束缚和羁绊的快乐，感受着虚拟世界给予的"安全"和"温暖"，感受着自由和平等。其实，当青少年选择网络交往，回避现实交往时；选择网络游戏，回避现实规则时；选择网络学习，忽视现实学习时，网络文化就会在他们的成长中埋下犯罪的风险。目前，中国青少年网民规模快速增加，已经占到总网民的一半以上。而网络本身的隐蔽性使一些不良文化有了滋生的土壤，处于成长中的青少年，当缺乏科学的选择和判断能力时，便会出现道德失范甚至违法犯罪。另外，据调查了解到，目前青少年缺乏关怀教育，家庭中父母长期忙于工作，除了给子女提供必备的生活用品外很少能关注孩子的情感；学校中教师强调学生的学习，但却忽视了学生心理健康和人格成长的需要；社会中人们强调经济、强调实用，却忽略了精神追求和人的道德发展。身心快速发展的青少年由于缺乏关注、关心和关爱，在内心孤独无助甚至空虚的时候会选择逃避现实，到虚拟世界中寻求归属感和温暖感。有些违法犯罪团伙正是利用了这一特点诱骗有些青少年在缺乏道德思维能力的时候走上违法犯罪道路。根据网络犯罪的数据统计显示，网络犯罪的主体多为 29 岁以下的青少年。如 2000 年至 2001 年10 月，北京市海淀区检察院共收到公安机关移送审查起诉和提请逮捕的网络犯罪案件 8 起共 9 人，其中年龄最大的 28 岁，最小的 19 岁，平均年龄 22.7 岁。[①]

因此，如何预防青少年网络犯罪，是我们当今面临的严峻挑战，它也成为世界各国法学领域研究的新课题。青少年网络犯罪不仅会影响社会的安定，而且还会阻碍青少年自身的社会化过程。2010 年 6 月 8 日发

---

① 纪然、刘思萌、常蕾：《浅谈青少年网络犯罪的原因和预防》，《法治与社会》2009 年第36 期，第 127 页。

布的《中国互联网状况》白皮书中呼吁社会各界要严厉打击网络犯罪、确保未成年人上网安全。因此，为了遏制青少年网络犯罪发展，促进社会和谐发展，研究青少年网络犯罪原因与预防对策具有突出的现实意义。

2. 网络成瘾导致部分青少年侵财型犯罪

网络成瘾的概念最早是由美国心理学家戈登伯格提出，随后金伯利·杨博士发展了这一概念。网络成瘾者的特征有六个：①网络耐受性增强；②出现戒断症状，如果不上网，就会焦虑紧张、担心不已；③上网频率总是比预先计划的要高，上网时间总是比事先计划的要长；④企图缩短上网时间的努力总是以失败告终；⑤花大量时间从事与网络有关的事情；⑥社会功能严重受损；⑦能够意识到上网带来的严重后果，但是仍然控制不了上网时间。中国青少年网络协会根据中国的国情和青少年的特点，提出中国青少年网络成瘾测量标准：上网导致青少年的社会功能严重受损；总想上网或者不能上网就情绪低落、烦躁、无所适从或者觉得网络世界比现实世界更让自己感到快乐。正是因为网络成瘾具备以上特点，而13—23岁被研究者认为是青少年网络成瘾的高峰期，所以会发生因为网络成瘾导致青少年抢劫、盗窃等侵财型犯罪频频发生，有些甚至出现故意伤害致人重伤、杀人等暴力型犯罪。

2007年6月14日，16岁的王某因沉迷于上网，向其母亲讨要几十元上网费不成，遂举刀将其母亲杀害，并将其父亲砍伤；2006年一名15岁的四川少年因索要上网费未果，残忍地将84岁高龄的奶奶用枕头捂死。2011年4月凌晨5点左右，广西兴安县三名16—17岁的未成年人因为无钱上网持棒抢劫了一名正在打扫街道的环卫站工人一元钱。

类似案件并不少见。为了上网而实施抢劫甚至杀人成为少年罪错的重要诱因。一些痴迷于网吧的青少年在没有经济来源，又控制不住上网的欲望，抵挡不了网络的诱惑，法律意识淡薄时，很容易实施盗窃、抢劫等侵财型犯罪行为。如今因无钱上网导致青少年侵财型犯罪案件增多。而且调查显示，青少年网络犯罪也以侵财为主。数据统计显示，目前青少年利用计算机网络实施侵财型犯罪的，如盗窃、诈骗、抢劫等犯罪比例不断上升，已经占整个计算机网络犯罪案件的60%，远远高于其他类型的犯罪。① 网络犯罪具有很大的隐蔽性，有的青少年凭借自己对计算机的钻研，通过掌握的计算机技术，蓄意对其他网站进行攻击，有的甚至为了谋取利益，肆意破坏网站系统。2007 年的"熊猫烧香"案，八名 25 岁以下的青少年犯罪人就是通过改写、传播"熊猫烧香"病毒，构建"僵尸网络"，盗窃各种游戏账号以赚取利益。此案被报道后，又有一些青少年模仿其作案手段，制作和传播计算机病毒，盗卖各种私人网络账号、游戏装备等，并有逃避公安机关侦查的侥幸心理，破坏网络安全环境。与传统犯罪相比，由于网络本身的虚拟性和隐蔽性，网络犯罪被查获概率较小，所以低查获率导致低处罚率。按照古典主义犯罪学理论和现代理性选择理论都可以更清晰地阐释这一现象。1764 年，贝卡里亚提出了一种人们会依据成本收益的理性计算作出犯罪选择的模型，按照这个模型，他认为刑罚的严厉程度应与犯罪行为的危害性成比例，由此，当犯罪行为的成本大于从其获得的利益时，潜在犯罪人的犯罪行为才会实施犯罪。② 1985 年，克拉克和科尼什提出了理性选择理论，该理论侧重研究潜在犯罪人会在特定的环境中理性地计算实施犯罪的成本和收益，即潜在犯罪人理性计算犯罪情境。所以那些潜在犯罪青少年利用网络的隐蔽性，理性计算犯罪行为的成本和收益，当犯罪机会来临时便会实施犯罪。国外犯罪学家预算，犯罪嫌疑人利用传统方式抢劫银行，平均每次获得的赃款只有 3551 美元，但社会影响巨大，引起的关注高，这样计算导致犯罪人因抢劫罪入狱的可能性高达 82%；而利用网络实施盗窃，平均每次可得赃款 25 万美元，可是因为网络自身极高的隐蔽性和难以侦破性，被抓获的可能性只有 2%。所以，由于网络犯罪成本低廉但收益丰厚，犯罪人作为理性的经济人，必然会追求利益最大化原则，加之部分青少年法律意识不强，不懂法、不守法、贪图享乐、崇拜金钱、爱慕虚荣、攀比吃穿，在本能支配和控制下，难免会通过网上诈骗、网上盗窃等违法手段轻松获得经济利益，走上犯罪的道路。

---

① 张元秋：《论青少年网络犯罪及其治理对策》，硕士学位论文，吉林大学，2010 年。

② Vold, G. B. 、T. J. Bernard、J. B. Snipes：《理论犯罪学》，方鹏译，中国政法大学出版社 2002 年版，第 196 页。

3. 暴力网络游戏为青少年暴力型犯罪提供了示范

2003 年 3 月 11 日晚，16 岁的少年胡某在网吧里玩一种持刀伤人的暴力游戏，由于技术欠佳，胡某每次都被别人"捅"倒。坐在胡某旁边的一名与胡某同龄的少年忍不住对胡某冷嘲热讽。受到挫折和羞辱的胡某随即抽出大半尺长的防身刀具，捅向受害人的胸口，致使受害人当场死亡。

现如今，很多网络游戏以暴力打斗为主，而青少年自身心理生理发育未成熟，很容易陷入游戏的虚拟世界而无法自拔。暴力凶杀的网络游戏为寻求刺激和宣泄的青少年提供了一个虚拟拼杀世界，通过不断的升级，获得心理的慰藉。很多喜欢玩暴力网络游戏的青少年在现实生活中感觉压抑、自卑、空虚无聊，而虚拟世界却可以带给他们发泄和舒服的感觉。所以现实世界的挫败感合并虚拟世界的成功感使他们深陷网络游戏中，混淆现实和虚拟的角色，潜移默化中形成错误的社会认知。

网络游戏加剧了青少年身心发展不平衡的矛盾，阻断了青少年正常的社会化进程。具体表现在青少年精力充沛、好奇心强但自我控制水平较低，他们拥有强烈的成人感但是社会能力不足。血腥而又残酷的暴力游戏给正在寻找问题解决办法，积累社会经验的青少年提供了示范和榜样，通过观察学习暴力网络游戏的规则，青少年错误地认为暴力是解决问题的有效途径。湖南省社科院社会学法学研究所博士胡守勇认为：我国有近半数青少年接触过暴力黄色网站。网络中的一些暴力枪杀、爆破游戏会使青少年产生道德认知错位，使他们在现实生活中也产生幻觉，采取暴力手段解决问题最终导致犯罪行为发生。一份调查研究显示，青少年在问及"你是否因为模仿暴力网络游戏而实施过暴力犯罪"这一问题时，11.8%的人选择"是"。① 此外，长期接触暴力网络游戏，还容易使青少年变得冷漠和麻木，对暴力行为的后果缺乏正确的判断，对被害人缺乏负罪感。总之，暴力网络游戏成为引发青少年暴力犯罪的一个不可忽视的因素。

---

① 刘亚娜：《青少年犯罪预防视阈下的网络游戏监管制度研究》，《社会科学战线》2012 年第 8 期。

暴力网络游戏不仅为青少年个体实施暴力行为提供了示范，还为青少年实施群体性暴力事件提供了模仿的对象。当前，网络虚拟世界的治理水平还没有达到现实世界治理的水平，网络监管不到位，网络秩序较为混乱，而网络自身的开放性让青少年交往变得自由和便捷，网络结帮团伙犯罪近些年来也成为一个新的社会问题。如上海市卢湾区检察院审理了一起青少年利用网络寻衅滋事案件。该案件由一个网络社团"尊龙名社"实施，该社用由一名本地青少年利用网上论坛于 2008 年 6 月组建，招募青少年加入，到 2009 年 1 月，该社团注册成员达 169 人。"尊龙名社"成员沟通的内容主要涉及帮"兄弟"报仇、性、混江湖和帮派，从事的活动主要是帮娱乐场所或者网吧"看场子"，据发现已在全市范围内作案 8 件，涉案人数达 12 人，抢夺同龄人钱物、帮人打架出气等，涉嫌构成抢劫罪或寻衅滋事罪。[①] 辽宁省大连市的一名 16 岁的青少年同样利用网上论坛，早在 2004 年 1 月就组建了一个帮会"鬼飘堂"，建堂第一个星期就收了 92 人，此后又与网上的"龙战社"联盟，共有 7 个分堂，300 多人注册，成员大多十六七岁。主要"业务"是在中小学校园周边抢夺学生钱物、收取保护费。当地警方还发现类似"鬼飘堂"的群体有一二十个，其名称如"七星社""青风社"等，成员多为 16—23 岁的青少年。总之，网络暴力游戏对青少年的暴力犯罪具有不可推卸的责任。

4. 色情网络信息促动了某些青少年性犯罪

性犯罪有广义和狭义之分，广义的性犯罪是指违反国家法律法规，侵害他人性意志自由的行为。狭义的性犯罪是指国家刑法所禁止的，具有严重危害性并应受到刑罚处罚的侵害他人性权利的行为。[②] 青少年性犯罪是指 14—25 周岁的人实施的强奸、猥亵妇女等犯罪行为。我国刑法规定，青少年性犯罪主要包括强奸罪、强制猥亵妇女罪、猥亵儿童罪、介绍卖淫罪、引诱未成年人卖淫罪等犯罪行为。根据 2013 年我国未成年犯抽样调查报告显示，强奸罪占 15.6%，强迫卖淫罪占 1.5%。未成年女犯

---

① 李淑平：《上海破获网络"古惑仔社团"》，《东方早报》2009 年 9 月 14 日第 9 版。
② 郭开元：《青少年犯罪预防的理论和实务研究》，中国人民公安大学出版社 2014 年版，第 176 页。

的罪名中强迫卖淫罪、介绍卖淫罪、强奸罪三项比例达到 20.75%。从犯罪主体上看，青少年性犯罪主要集中在 14—17 岁，受教育程度主要以初中为主，约占 60%。从犯罪手段上看，利用网络的隐蔽性和广泛性，通过聊天、微信等网络交流平台实施性犯罪的比例呈增长趋势。由于我国 24 岁及以下的青少年在全国网络用户中占了一半以上，因而他们成了网络色情的最大受害群体之一。但更为痛心是，一些青少年不仅自己浏览色情信息，还单独或伙同他人制作、传播、出售淫秽物品，由受害者变为犯罪人。2005 年 1 月 4 日，安徽省公安机关破获我国淫秽色情网站第一大案"九九情色论坛"，一举抓获涉案犯罪嫌疑人 12 人，其中主犯的年龄仅 19 岁。

色情网络信息之所以会促动一些青少年性犯罪，主要原因分析如下：现今，网络黄色文化泛滥，大量黄色图片、视频、声音等黄色信息，通过许多黄色网站恣意传播，而许多网站为了赚取利益，自己开发研制淫秽黄色软件，并为网民主动提供浏览、观看、聊天等黄色服务。泛滥的网络黄色文化具有相对强烈的刺激性和相对高的共享性。

处于青春期的青少年，性意识开始萌动，青少年对性有了一定的认识和好奇，他们不自觉地对男女生理信息产生更加强烈的渴望，而现实是学校和家庭都没有能够提供有效科学的辅导，没有正当的渠道帮助他们解答性的疑问和困惑。而网络世界却不同，色情网络信息充斥在很多网络空间中，非常便捷地为人们提供性信息，有些网站会自动弹出充满诱惑和挑逗性的性信息引诱性萌动的青少年。如网络公司在进行产品开发时加入色情元素，用"性"吸引网民。还有"走光"宣传目前充斥了网络世界，引诱网民满足偷窥欲达到营利的目的。所以在现实世界"性"受到约束和压抑的青少年借助网络空间驰骋自己的爱情幻想，倾泻情欲烦恼或困惑，甚至满足性好奇。因为没有建立起正确的性价值观，一旦陷入色情网站，可能就错误认知那些肮脏下流、病态加暴力的性行为是人类性行为本来面目，并习得那些不道德的性行为。网络文化的共享性特点使青少年在网上相聚，在网上交流成长心得，甚至在网上交友、恋爱。有些男性青少年当抑制不住自己内心的躁动，抵挡不住网络黄色文化的诱惑，以恋爱为名，诱拐女网友或者做出嫖娼、强奸等一些违背社会道德的违法犯罪行为。所以说，网络黄色文化毒害了青少年。在一项关于网络性信息对少年罪错的影响的调查研究中，在回答"你觉得网络游戏中存在色情内容吗"这一问题时 35.2% 人选择"有一些"，并且其中有 20.1% 的人选择对自己"有一定的影响"。① 所以，网络文化中不良的性信息是青少年性犯罪的一个诱因。

　　总之，当今青少年生活在一个由网络所构成的新时代中，网络似乎成为人人生活中必不可少的生活用品。青少年在网络上畅游，享受着网络世界的新潮，品味着网络世界的变换，日积月累中网络塑造出一种新的生活方式，成为一种新的文化。就像联合国教科文组织国际 21 世纪教育委员会曾指出的那样："新技术使人类进入了信息传播全球化的时代，它们消除了距离的障碍，正十分有效地参与塑造明日的社会。"网络文化的衍生和普及，深刻地影响和改变着青少年的生活和学习。如何应对网络文化的渲染，如何把握好网络文化，塑造有益于青少年成长的网络环境，预防青少年心灵受到污染甚至人格受到扭曲，预防青少年触犯道德乃至法律成为网络时代的必要研究课题。钱学森先生曾经形象地将 21 世纪的教育比喻为"人脑＋电脑＋互联网"，足见教育的不可或缺性。以下将重点介绍预防青少年网络罪错的策略。

二　网络文化视角下预防少年罪错的策略

　　意大利刑事古典学派创始人贝卡里亚曾说过："预防犯罪比惩罚犯罪更高明，这乃是一切优秀立法的主要目的。"

　　犯罪预防问题是联合国关注的重要问题之一。1955 年联合国召开了第一届预防犯罪和罪犯处遇大会，大会通过了《预防青少年犯罪的决议》，提出社会、家庭、学校和社会组织合力预防青少年犯罪的具体建议。1980 年第六届大会通过了《加拉加斯宣言》，提出了犯罪前预防、犯罪中预防和犯罪后预防的犯罪预防体系。

　　本书所讲的犯罪预防主要指的是犯罪前预防，即在犯罪发生之前主动采取措施进行防范，也就是说防患于未然。这是从预防犯罪的时间讲。这一思想和英国的犯罪预防相同，英国的犯罪预防理念强调，没有犯罪

---

① 刘亚娜：《青少年犯罪预防视阈下的网络游戏监管制度研究》，《社会科学战线》2012 年第 8 期。

条件，犯罪就会得不偿失，犯罪就会减少。[①] 换个角度，如果从犯罪预防的对象来讲，本书讲的犯罪预防是预防一般青少年和有犯罪倾向的少年罪错，前者称为超前预防，后者称为临界预防。值得关注的是，这里的少年罪错是超越了刑事法学的犯罪概念，主要指 12—25 岁的个体实施的危害社会的行为，包括犯罪行为和不良行为。以下将从四个方面阐述如何把握网络文化，预防少年罪错。

（一）注重网络交往与青少年的群体认同

随着互联网的普及，网络逐渐成为青少年社会交际的一种重要的方式。网络交往也成为现实人际交往的反映和延伸。网络交往所建立起来的网络关系也成为青少年的一种重要的人际关系。但是这种人际关系与传统的人际关系不同。

1. 网络交往的特点

传统的人际关系是通过面对面的人际交往建立起来的，网络人际关系则是通过网络这个虚构空间建立起来的，自身具有一些特点：①虚拟性。因为网络世界本身的虚拟性，人们进行交往时完全可以隐瞒自己的真实身份，并且在暴露自己身份的状态下选择不同的交往对象。②间接性。网络人际关系不是面对面交往的结果，而是通过计算机这个中介进行间接交往的结果，是人—机—人的交往模式。③开放性。网络的交往超越了时空的限制，人们完全可以不受时间、地域、种族、身份等的限制自由交往，获得现实中难得的交往体验。④平等性。网络空间里面没有家庭、地位、相貌、成绩等的制约，青少年在网络空间里面可以随意根据自己的兴趣和爱好，根据自己的性格选择自己喜欢的对象进行交往。正是由于网络人际关系具有以上四个特点，所以吸引了许多青少年选择网络交往。

2. 网络交往对青少年的影响

关于网络交往对于青少年的影响，主要围绕网络交往对青少年现实交往的影响问题上。目前国内外主要有两种争论，一种观点认为网络交往是现实交往的延伸，另一种观点认为网络交往是对现实交往的弱化。

---

① ［英］约翰·格拉海姆、特雷弗·柏德楠：《欧美预防犯罪方略》，王大伟译，群众出版社 1988 年版，第 14 页。

在延伸论中，国内外学者都进行了相关的研究，如 Peris（2002）等通过对聊天室的 66 名被试进行研究，发现了网络交往是健康的；Mekenna（2002）等的研究表明上网不是远离真实的生活和人际关系，而是在维持已有的人际关系基础上建立新的、亲密的、有意义的人际关系；Stephanie（2012）等也提出青少年的网络交往或许会加强他们现实的人际关系。我国学者也进行了不同角度的研究，如郭金龙（2012）等利用网络分析方法，从情感支持的角度对大学生网络关系和现实关系进行定量分析，结果表明大学生的网络人际关系是现实人际关系的延伸；石周燕（2012）等以 191 份网络调查问卷的分析研究得出网络交往是现实交往的重现和延伸的结论。所以，国内外学者用有力的证据证明了网络交往对青少年现实交往具有积极的影响。

当然，国内外也有不同学者用不同的研究方法研究网络交往对青少年交往具有消极影响。如 Paula（1998）等进行了网络交往与孤独感的关系的研究，指出网络交往减少了现实交往，使人变得孤独；Morgan（2003）等认为，网络交往浪费了太多的时间，占用了现实交往的时间；陈秋珠（2006）等认为，网络交往会弱化现实交往的能力，导致信任危机，威胁现实交往；甄晓英（2007）认为，一个在现实社会中正直、诚实、脱离了低级趣味的人，有可能在网络社会中摆脱传统习俗、社会舆论等的顾忌，背弃社会道德责任和义务，形成"双重人格"，变得虚伪、颓废。

综上所述，那些支持延伸论的学者基本是上赞同网络交往，那些支持弱化论的学者基本是反对网络交往的。基于前人研究，本书认为网络交往对青少年的现实交往既有利也有弊。因为网络交往本身的特点和青少年自身的特点，网络交往因为其平等性和开放性，能促进各种在现实世界中找不到交往对象、缺乏良好人际关系的青少年找到朋友，满足他们基本的交往需要；但另一方面，网络交往具有间接性和虚拟性，给予一些青少年隐瞒自己内心不良动机的机会，可能会出现利用网络从事违法犯罪行为。所以，不能片面地、绝对地宣扬或者压制网络交往，而是变堵为疏，合理利用网络文化的积极面，预防网络文化的消极面。

3. 青少年网络交往的策略

网络交往虽然是虚拟世界的交往，虽然是借助计算机和互联网实现的人—机—人的交往，但是交往的目标和对象终究是人，是人和人之间借助计算机实现的交往。所以，为了预防网络交往导致的少年罪错，应做好以下几个方面；

（1）增强文化价值观教育

文化是区分一个群体与另一个群体的集体性意识，价值观是一种影响人们选择生活目的、方式和手段的东西，是有关"值得的"东西。文化价值观是文化中体现的价值观，也就是文化中值得的东西。它是文化精神的核心，是文化的灵魂。杨中芳（1994）认为，文化价值观是一个文化中的成员在社会化过程中被教导的一套价值。Srikandath（1991）认为文化价值观是特定社会中指导思维和行为的主要观念和准则。不同文化价值观下会出现不同的社会交往行为。所以增强针对青少年的文化价值教育，将有效地指导青少年的网络交往行为。具体需要增强哪些文化价值观教育，本书认为主要是根据文化价值观本身的内容来确定。具体如：①集体主义文化教育。集体主义文化具有高凝聚力、内群体偏爱的特点，更强调群体间成员的信任和依赖。受西方个人主义文化的影响，现在很多青少年信奉个人主义，过分强调自我价值和个性张扬，忽略了个体与群体之间的融合。本书建议增强集体主义文化，旨在希望青少年发扬中国传统文化中的精髓，增强群体责任和意识，增强人际信任。②性别角色社会化教育。性别角色社会化教育主要涉及社会对于男性和女性所赋予的价值。在男性化文化中，文化价值会变得更加具有独断性和竞争性，个体更加注重经济利益，网络交往可能会表现出更多的欺诈行为；而在女性化文化中，个体倾向于建立良好的关系，人际关系更加谦虚和善，富有同理心，敲诈行为可能更少。针对当前我国青少年发展的现状，我们应该更多地提倡中性化教育，既不过分强调经济利益，减少因为竞争压力过大导致的网络欺诈行为，又不过分强调谦虚导致懦弱。针对青少年本身的性别角色进行科学有效的价值观引导。③长期取向教育。长期取向文化强调节俭、持续性和长期性的回报，短期取向则注重培养个人稳定的美德、保护面子以及满足规则。我国是长期取向的国家，网民使用网站与朋友们进行信息的交流和情感的沟通，延续和扩展着与朋友现实世界的人际关系。

（2）端正青少年的交往动机

交往动机是发动、维持和调解自己交往行为的社会动机，是个体愿意归属于某一团体，喜欢与人交往，希望得到别人的关心、肯定、赞扬的内在动机。交往动机是在交往需要的基础上发展起来的。拥有不同的交往动机，青少年的网络交往行为就会不同。传播学者 Katz 等（1974）提出使用与满足理论解释交往动机对网络交往的影响。该理论指出，社会心理需求不同、交往动机不同，对网络交往的期待就不同，交往行为和结果也就会不同。Facebook 是一个社交网站，西方很多学者对这个网站进行了研究，结果发现使用 Facebook 最主要的动机是维持远距离的关系，其次是玩游戏、娱乐、组织社会活动、被关注等。Nadkarni 和 Hofmann（2012）提出了网络交往动机的双因素模型，即社会归属需求和自我呈现需求。有些青少年选择网络交往是为了满足社会归属需求，这些青少年进行网络交往的动机主要是为了想与他人建立并维持一种满意的社会关系，希望得到他人的肯定，希望隶属于一个团体，希望获得那种归属感。如果青少年拥有这样的网络交往动机，就需要选择好网络交往的群体，避免因为强烈的社会归属需求导致误入一些不良的违法犯罪群体中，像前文提到的网络帮派则更多的是出于这样的交往动机而形成的。如果青少年的网络动机是为了自我呈现的需要，即是为了展现自我，通过自我表露满足自尊，提高自己的生活满意度，弥补或者补充现实交往的限制和不足，青少年需要调整好自我表露的深度和广度，恰当地使用一些文字表达或者图片、视频适时适当地将自己的思想和情感呈现给网上用户，避免受到一些不良网站或者网友的诱惑，做出违背社会规范的行为。

（3）加强青少年的群体认同

麦克斯维尔·麦库姆斯和唐纳德·肖的"议程融合"理论认为，个体为了寻求自己在社会上的归属感和安全感，会有加入某一社会群体的需要，他们会通过各种媒介寻找能够满足他们需求的群体，而为了能和该群体保持议程的一致，他们也会接触该群体选用的媒介。由此得知，人们选择相应媒介是为了获得相应的归属感，而使用该媒介后，则会进一步强化这种人群的区分。青少年处在社会化的进程中，自我意识逐渐成熟，他们会积极寻找能满足自身归属感和安全感的群体和媒介，会通过该群体使用的媒介加深与该群体的融合度。网络作为当今不可或缺的大众媒介自然成为众多青少年群体的首选。

网络媒介塑造了一个虚拟世界，它和报纸、电话等传统媒介塑造的现实世界不同，网络交往适度合理会成为现实交往的有力补充，会加深和延长自己现实的人际关系。现代社会经济飞速发展，但是人的精神却没有得到丰富和发展，很多青少年选择网络交往是为了缓解现实的孤独和分离的焦虑。在学校里，拥有高人际吸引力的是那些学习成绩优异的学生，得到老师关注和关心的也是那些成绩突出的学生。而这部分学生仅占群体的一小部分。还有绝大部分同学因为成绩不突出可能失去同伴群体的认同。为了获得群体认同，许多青少年转而寻求网络交往，网络群体的平等和开放为青少年获得群体认同提供了便利。因为网络终究是虚拟的，网络交往因缺少现实社会规则的指导和制约，网络交往往往缺乏真实性和真诚度。人们沉迷于不受现实社会道德标准评价的网络空间，隐瞒真实身份，道德意识被弱化，自我松懈，许多青少年可能沉迷于虚拟的网络群体认同迷失自我。英国伦敦经济学院院长安东尼·古登斯教授认为，信息时代的人们面临着许多传统社会关系的解体或松弛，人们会经历更多的个体化和孤独，而通过互联网，人们可以在平等的原则下进行人格权的扩张，任何人在任何时间、任何地点，对任何所关心的内容，都可以通过互联网进行。所以，积极引导青少年的网络交往，就要加强青少年群体现实的群体认同，一方面可以通过改变唯成绩论英雄的片面成才观，注重素质培养的全人发展，另一方面多组织群体活动，给予渴望自我呈现的青少年展示自我的机会，尤其是处境不利的青少年表达自我的机会，提高他们的群体认同感，可以有效地引导网络交往，将网络交往变为现实交往的扩展和补充，而不是完全替代和虚拟的补偿。

（二）建立网游分级制度

1. 网络游戏对青少年的影响

网络游戏简称网游，是指通过互联网进行、可以多人同时参与的电脑游戏。从 2002 年陈天桥《传奇》引入中国至今，网络游戏产业在中国迅速发展。据 CNNIC 调查，中国青少年网民玩网络游戏的达到 77.2%。许多青少年沉迷网络游戏，不仅自身受到了严重的影响，学校和社会都不同程度地受到了干扰。报纸和媒体对网络游戏危害的报道更是不断。曾有报道，华中师范大学连续对因网络成瘾无法自拔而严重影响学业的 13 名学生做出勒令退学，34 人降级学习的处分。有的青少年甚至违法犯罪。

青少年的成长是社会各界关心的重要问题。青少年的性格和价值观正处在形成与建立的关键期，高可塑性的青少年很容易受外界的影响。调查研究现实，网络游戏对不同年龄青少年的生理、心理和社会功能都有影响。[①] 在生理方面：沉迷于网络游戏的虚拟场景和操作，精神状态长期处于极度亢奋状态，严重干扰人的正常的生物节律，造成身体伤害，比如眼睛流泪、怕光、腰酸背痛、头昏脑涨等身体症状。在心理方面：由于青少年心理发育尚未完全成熟，正处于道德品质发展的关键阶段，如果长期沉溺于网络，不接触现实生活，就会导致感知、记忆、言语能力的退化，情绪低落，容易紧张和焦虑，人际关系能力减弱，性格也会内向孤僻，情绪化。在道德和价值观方面：游戏中很强的暴力色彩和色情成分，甚至错误的道德观念会导致青少年形成错误的道德是非观念，冷漠的道德情感，盲目甚至失范的道德行为。在社会功能方面：网游对青少年的学习影响非常大，网游时间越长，成绩会越差。很多青少年玩网游耽误学习。

网络游戏不仅会损伤青少年的健康成长，还与少年罪错密切相关。金泽刚、吴亚安（2012）从社会控制理论的视角解释了网络游戏对少年罪错的影响。[②] 控制理论认为犯罪是低控制能力和犯罪机会结合的产物。青少年正处于从幼稚趋向成熟的过渡期，网络游戏中的暴力元素和高仿真性削弱了青少年的自我控制能力；过多的网游投入弱化甚至割裂了青少年的社会联系，两者结合很容易引发少年罪错。总之，网络游戏对青少年的负面影响已经是目前亟须解决的现实问题。

2. 国外建立网络游戏分级制度的经验

目前，许多国家针对网络游戏中的暴力内容，实行分级管理制度。例如美国，把暴力游戏分为四个等级。第一级是卡通风格游戏的暴力。

[①] 左斌：《网络文化与青少年发展研究》，世界图书出版广东有限公司 2013 年版，第 183 页。

[②] 金泽刚、吴亚安：《网络游戏对青少年犯罪的影响——一种基于社会控制理论的解释》，《青少年犯罪问题》2012 年第 5 期。

第二级是幻想暴力，因为是幻想的所以很容易与现实区别开来。第三级是强烈暴力，用写实风格表现肉体上的冲突，如真实表现血、伤口、武器，以及人类受伤或死亡的场景。第四级是性暴力，它描绘强暴或其他暴力性行为。

日本的网络游戏分级制度是根据游戏对象划分的，总共分五级。以A、B、C、D、Z五个英文字母区分不同的级别（Z：仅限18岁以上对象，D：17岁以上对象，C：15岁以上对象，B：12岁以上对象，A：全年龄对象），这五个级别以五种底色表示在游戏封面左下角与侧边下缘。同时在游戏包装的背面标示了游戏取向。在"内容描述"中，包括九个大项目，22个小项，涉及恋爱、性、暴力、恐怖、饮酒、抽烟、赌博、犯罪、毒品、言语与其他。

3. 我国建立网络游戏分级制度的措施

2004年中国青少年网络协会制定了《绿色游戏推荐标准（草案）》，该草案对网络游戏进行了五种等级区分，包括全年龄段、初中生年龄段以上、高中生年龄段以上、18岁年龄段以上和危险级。每一个等级的游戏都必须满足12个具体指标限定，每一项指标下又分为三个等级。"绿色游戏"则是符合18岁以下年龄阶段的游戏。2013年5月中国青少年网络协会成立了游戏专业委员会，建立绿色游戏推荐标准。

但是结合现实，我们可以看到，网络游戏分级制度并未真正有效建立和实施。所以建议我国尽快建立和完善网络游戏分级制度，不仅根据年龄段进行分级，而是综合考虑游戏内容和暴力色情等级进行多维度分级。比如在暴力游戏的级别上借鉴美国经验，从最轻到最重设定五个等级，最轻的为卡通暴力，依次为虚拟暴力，轻度仿真暴力，中度仿真暴力，高度仿真暴力，不建议单独列出性暴力等级。在游戏内容上应该列出性、暴力、恐怖、抽烟等游戏内容。针对18周岁以下未成年人的游戏等级应该在3级以下。

（三）完善网络监管机制

1. 建立网络游戏监管机制

网络游戏缺乏管理监督。如以"黑帮"为主题的网络游戏在一些网站公然流行，"黑帮""黑社会""黑手党""江湖""教父""古惑仔"等突出表现打、杀、抢、奸、骗等反社会行为，渲染暴力，鼓动、教唆网络游戏用户在游戏中扮演"黑社会"成员，严重扭曲社会的法制和道德规范。而一旦青少年沉迷于网络诈骗、赌博、帮派打斗冲杀暴力等网络犯罪亚文化中，缺乏自我控制能力下极易诱发犯罪心理冲动。所以在网络游戏监管方面，我们需要强有力的措施保障网络游戏的健康。建议我们吸收和借鉴国外先进的做法，如日本有电脑娱乐分级组织（Computer Entertainment Rating Organization，CERO）这一特定非营利机构负责日本发行的电脑与电视游乐器游戏的分级制度的制定以及游戏分级的审查。所以我国应尽快建立一个娱乐软件分级专业委员会，在性质上这个机构是一个非营利性的独立机构，可以是政府建立，或者社会组织机构建立，政府购买社会服务，任务是为互动娱乐软件产品制定一套标准的定级系统。定级包含两项，一是游戏适用的年龄等级，二是游戏的内容等级。分级委员会会指派五个评估人根据评估标准对产品进行独立审核，最后推荐一个等级标示于包装盒上。评估员要由专业并值得信赖的人担任，均与互动娱乐业无关，且代表着具有广泛背景、种族和年龄层的玩家，有退休的学校校长、家长、专家和其他领域的人。这样严格的定级制度，对于消费者而言可以通过包装盒了解到产品的相关信息，选择适合自己的产品，也可以防止未成年人玩不适合其年龄的网络游戏。

2. 建立防沉迷监管机制

网络游戏是我国信息产业的一个增长点，也是国家政策支持的新兴产业，建立防沉迷系统不仅是为了青少年身心健康，更是为了国家网游产业可持续发展的需要。盛大公司最早推行的免费模式只是一种防沉迷措施。从宏观环境看我国的网络游戏防沉迷政策并不完善。在一项问卷调查中，回答"你觉得网络游戏防沉迷系统是否有很大作用"这一问题时，有59.6%的人选择基本没有作用，回答有一定作用的为30.3%；而只有10.1%的人选择很有作用。可见其并没有真正发挥其应有的作用。[①]

韩国在防沉迷方面有我们学习的地方，我们可以出台相应政策禁止未满18周岁的青少年在深夜玩网络游戏，通过制定相应的法律，合理规制青少年玩网络游戏的时间，并限制累计时间。并同时对各网络游戏加

---

① 刘亚娜：《青少年犯罪预防视阈下的网络游戏监管制度研究》，《社会科学战线》2012 年第 8 期。

入切实有效的防沉迷系统，使每一款网络游戏都有完备的防沉迷技术控制。这套防沉迷系统主要内容可以是疲劳度系统和禁止青少年深夜玩游戏两种。通过疲劳度系统降低超过一定时间的玩家的游戏物品获取进度，延缓犒赏满足。禁止青少年深夜玩游戏的措施可以通过《未成年人保护法》的方式以法律或政策的方式明确规定未满 18 周岁的青少年无法在 23：00—6：00 之间玩网络游戏。所有的网络游戏使用者都必须用身份证进行实名登录和注册，为了防止未成年人偷用父母的身份证注册网络游戏，可以建立系统查询自己的身份证所注册游戏的服务，这项服务必须得到网络游戏开发商和政府的积极配合才能得以实现。

3. 建立网络游戏实名制

目前我国的网络实名制存在漏洞，在一项调查研究中，在回答"你是否曾经使用他人提供的虚假身份逃避网络游戏防沉迷系统"这一问题时，有 27.27% 的人选择"有时候是"，而选择"从来没有过"的人员比例还不足 60%。对此，我们可以借鉴韩国的做法，建立网络游戏注册系统，要求网络游戏用户实名制，而且一个身份证号码只能注册一个游戏账户，每一个成年公民能够查询到自己的身份证号是否被注册，并且获得更多的相关信息。这样将会防止青少年使用他人的身份证注册网络游戏账号。另外，对于盗用他人身份证号码注册网络游戏账号的未成年人一旦查实，进行处罚，如剥夺其玩网络游戏的权利。

4. 建立网络警察制度

即使最好的计算机安全措施也不能绝对保险。如果要打击相对高智能的网络犯罪，净化青少年网络环境，除了加强科技防范，也需要一支办案理念新、业务能力强、掌握网络专业知识与技能的专业队伍。在我国现在打击网络犯罪的主要力量是公安部门的网络警察，但目前公安部门的计算机专业人才非常匮乏，不少警察擅长的是现实世界的侦查和破案，对网络这个虚拟世界不了解，计算机网络技术水平不高，有些警察尚未受到足够的训练便被指派侦破计算机犯罪的任务。因此，建立一支高法律素质和网络技术水平的网络警察队伍，加大公安系统网络警察队伍的网络素质和法律素质建设刻不容缓。要做好这一点，以下几个方面是必需的：

首先，严格选拔优秀人才充实到这个队伍中。网络警察要求思想素质、道德素质、业务素质、心理素质等好。对于网络警察的人才培养可以从高校的计算机专业中有志奉献自己心力于国家安全工作的优秀毕业生中挑选，加强公安机关的技术人才储备，例如上海公共信息网络安全监察处的成员就是由上海公安系统内部经过选拔，年龄均在 45 岁以下，具备大专以上文凭，且对计算机相关知识十分熟悉。其次，加强执法人员的在岗培训，着重提高司法人员在计算机网络管理方面的素质，更新现任执法者的业务知识，提高侦查审讯逮捕网络犯罪人的能力。网络的特点是信息量大且更新的速度快，如果网络警察不具备学习的能力，不具备进取的精神，很难跟得上网络时代的步伐，很难胜任网络警察这一岗位。所以加强司法系统与计算机和法律专家的合作十分必要。

5. 建立网络立法和执法系统

互联网的虚拟性与跨国界给国家的网络立法带来了诸多不便，我国自 20 世纪 90 年代起制定了一些有关互联网安全和信息保护的法律法规，但就其规范性质看，其规范内容基本限于网络内外的安全保护或准入准出问题，尚未有专门的关于民法、刑法等部门实体法的网络法规范出台。① 所以，我国网络法体系尚未形成，互联网络的法制建设还相对比较滞后，新出现的一些网络犯罪行为没有完全写入法律，特别是对青少年学生网络保护方面的法律相当缺乏，目前，我国还没有关于专门针对未成年人的网络安全保护立法，相关规定散见于《未成年人保护法》《预防未成年人犯罪法》《关于维护互联网安全的决定》《互联网信息服务管理办法》《互联网上网服务营业场所管理条例》等法律法规中。这些现有的法律法规描述笼统，可操作性不足，例如《未成年人保护法》第 33 条规定"国家采取措施，预防未成年人沉迷网络"。美国的《儿童在线隐私保护法》《未成年人互联网保护法》《儿童在线保护法案》和《儿童互联网保护法案》，韩国的《不当互联网站点鉴定标准》和《互联网内容过滤法令》，德国的《阻碍网页登录法》等都有值得我们借鉴和学习的地方。总之，加强网络安全立法工作，一方面需要不断完善对网络犯罪的立法，加大网络犯罪的惩治力度，来提高网络法律的威慑效应；另一方面要制定保护青少年网络安全法律法规，以保护青少年，使他们有一个较好的

---

① 屈学武：《因特网上的犯罪及其遏制》，《法学研究》2000 年第 4 期。

社会网络环境。

网络安全立法做好的同时，还需要公正执法。"良好的政府不是一个奢侈品，而是非常必需的。没有一个有效的政府，无论是经济还是社会的可持续发展都是不可能的。"目前在网络犯罪执法方面还存在执法不严的情况。《未成年人保护法》第36条第2款规定"营业性歌舞娱乐场所、互联网上网服务营业场所等不适宜未成年人活动的场所，不得允许未成年人进入，经营者应当在显著位置设置未成年人禁入标志；对难以判明是否已成年的，应当要求其出示身份证件"，并相应地在第66条规定了主管部门的责任。网吧是我国青少年上网的主要场所之一，一些与网络有关的少年罪错行为也常常发生在网吧这个场所。所以，对于网吧的管理和监督就变得很有必要。现实中很多网吧建在学校周围或者小区里，方便学生找到。即便有些网吧门前贴着"未成年人禁止入内"的警示，也形同虚设。所以应当严格执法，坚决打击和制止允许甚至吸引未成年人进入网吧的行为。改变目前对网吧的管理较混乱的现状——工商、电信、公安、文化各个部门往往重管不重责，网吧综合治理水平较差。因此，需要网络安全监管部门各司其责、各尽其职，共同打击违反网络安全的犯罪行为。尤其是对网络安全监管履行职责不当或导致青少年在网吧发生违法犯罪的地区追究相应监管部门的法律责任。加大对允许未成年人上网、引进青少年不宜的网络游戏的网吧的监管和惩罚力度，不仅进行行政处罚，严重的应当追究刑事责任。对于那些未成年网络犯罪人，如实施了网上诽谤、煽动仇恨等不负责任的言论等，其监护人要承担民事甚至刑事责任。为了动员全社会监督以未成年人为目标的色情犯罪，建议建立"互联网与未成年人"网站，欢迎民众举报非法色情网站和论坛。

（四）进行青少年网络辅导

1. 青少年网络辅导的理论依据

霍布斯认为人性本恶，人天生就具有不会顺从社会规范的倾向。美国犯罪学家特拉维斯·赫希认为"我们都是动物，为此所有人天生就有可能犯罪"。他认为研究"人为什么不犯罪"是犯罪学研究的重要课题，从这一视角出发提出社会控制理论，认为少年犯罪是个人的社会腱断裂导致的结果。所谓社会腱又称为社会纽带、社会联系，是指个人与社会的联系，主要由依恋、奉献、卷入、信念四种成分构成。当少年与家庭、学校、同伴等社会团体之间的联系削弱或者破裂，少年犯罪的可能性就会增加。所以，从这一理论出发，本书认为增加青少年的社会联系来预防青少年犯罪和青少年被伤害。

最重要的社会联系是依恋（attachment），是个人对他人的感情和感受。依恋被认为是价值和规范内在化的基础。当个体对父母、学校、同伴具有强烈的依恋时，犯罪发生的风险就会大大降低。如果要增加青少年的依恋，最好的方式是给予青少年关怀教育，真正地关心青少年，了解青少年在现实生活中遇到的挫折和失败经历，特别是学习成绩和人际关系方面遇到困难的青少年，应该多给予关心和照顾，给予温暖和鼓励，帮助他们重新建立起信心和勇气，建立起对学校、同伴的依恋，使沉迷网络的青少年脱离对虚拟世界的依赖。

2. 青少年网络辅导的具体策略

网络是虚拟世界，网络中的大量垃圾信息，容易引发青少年的心理行为问题和道德问题。《数字化犯罪》的作者、曾经的黑客尼尔·巴雷特说："网络是一个功能齐全、政治化的自由社会，它吸引了不同生活背景、不同行业、不同年龄的公民，同时也吸引许多坏人、盗窃分子、诈骗犯和故意破坏分子，它还是恐怖主义分子的避风港。"[①] 目前不少青少年对网络信息态度不明，对一些信息缺少选择和判断能力。有些青少年在接触网络世界后，不能正确处理网络与社会现实的关系，减少了与现实世界接触的时间，甚至疏远现实世界；有些青少年因为沉迷网络，分不清现实和虚拟世界，在现实世界里继续扮演虚拟世界的角色，导致行为失范甚至出现违法犯罪。为此，家长和教师等成人需要培养青少年科学的网络观，提高处理网络与现实世界冲突的能力，让他们积极参与和融入社会现实生活，将网络作为现实世界的延伸，让网络为现实世界服务。具体策略如下：

（1）网络安全辅导

青少年喜欢上网的一个重要动机是通过 BBS、聊天室与网友交流思想、

---

① ［美］迈克尔·海姆：《从界面到网络空间——虚拟实在的形而上学》，金吾伦、刘钢译，上海科技教育出版社 2000 年版，第 30 页。

沟通情感，但由于网上身份的隐匿性，网上人物形形色色。不少社会不良分子利用网上交友，进行欺骗、盗窃、强奸等犯罪活动，使青少年的身心健康和生命财产安全受到严重威胁，网上类似报道较多，所以青少年的网络安全教育应该受到高度的重视。下面推荐 Unitiltled Document 关于儿童上网安全教育的具体内容，指导家长和教师对青少年进行网络安全辅导：①千万要记住，你在网上遇到的每一个人都是陌生人，对他们既要有礼貌，又要提高警惕。②你的姓名、年龄、E-mail 地址、家庭地址、电话号码、学校、班级、父母姓名、身份，以及你和家人的照片都是重要的个人资料，向任何人提供这些资料都应该事先征得父母的同意。③在网上使用 E-mail、进入聊天室或者参加网上的活动，往往需要用户名和密码，一定要把它们藏好了，除了父母之外不要告诉任何人。④最好邀请父母陪你一起上网，如果他们太忙了，你可以向他们讲述网上的故事。⑤警惕那些向你无条件地提供礼物或金钱的行为，特别警惕向你发出参加聚会的邀请，或者到你家中拜访的事情，一定要将这类事情告诉自己的父母，征求他们的意见。⑥和网上认识的朋友见面是件很开心的事情，也可能是件很危险的事情。一定要在公众场合，并且邀请父母陪同。⑦千万要记住，在网上要想伪装自己的身份是件太容易不过的事情。⑧在公共场所上网，应当避免输入自己的个人信息，在离开之前一定要记住将打开的浏览器关闭。⑨在网上交朋友，一定要像在生活中结交其他朋友一样去了解他们。⑩上网很有趣，但是沉迷其中不是好事情。合理安排上网时间，不要影响了正常的学习和生活。①

（2）应对网络问题的辅导

针对日益增加的青少年网络问题，提出以下辅导建议：①帮助青少年分清现实世界和虚拟世界的界限，让青少年感受到现实比虚拟更美好。②正确引导青少年的求知欲望，增强伦理道德教育和审美教育，提高道德判断和选择能力，扩大青少年的精神境界。③多让青少年参加积极、生动的体育、文艺活动、社会实践活动，培养多样的兴趣和特长，扩大青少年的生活视野。④对网络成瘾的青少年进行专业的治疗和干预。通过专业的鉴定和诊断，根据症状的轻重，制定专业的干预方案。⑤构建

---

① 吴增强：《学校心理辅导通论》，上海科技教育出版社 2004 年版，第 146—147 页。

积极的网络活动平台。充分利用网络的优点，结合青少年的兴趣和成长课题，为青少年搭建起丰富的网络课堂，比如青春期生理、心理和伦理课堂，帮助青少年解决成长中的烦恼。

（3）网络支持的辅导

现在很多父母为了子女的学习购买计算机，开通网络服务，但由于父母不懂计算机，所以对子女的上网不能给予正确的指导和监督。为此，①父母应该努力适应网络时代，学习网络知识，懂得网络服务，并和孩子一起学习网络，做孩子的良师益友。②父母平时应当尊重子女的人格和尊严，尊重子女成长的权利，注重子女的精神生活和娱乐生活，多鼓励，多表扬，培养子女的自信心和自主性，促进子女心理健康和人格和谐发展。只有心理健康和人格和谐发展才能理智地选择健康的网络信息，抵制有害网络垃圾的诱惑。③父母要肩负起教养子女健康上网的责任。比如对子女的上网时间、网络游戏的种类等进行合理的约束和限制，可以在家庭电脑中安装过滤软件或者采用密码锁的方式限制子女上网时间，防止沉迷网络影响正常学习和生活。对于子女上网不可采用强硬方式横加干涉或置之不理，而是采用民主艺术的方式与子女进行有效的沟通和交流，签订上网协议。一旦发现子女接触暴力、色情、赌博有关的网络垃圾时要及时制止，倾听子女的心声，然后帮助寻找解决问题的方法。

本部分结语

互联网的诞生，把人类带进了数字化时代。《数字化生存》的作者尼葛洛庞帝把人类进入数字化时代比作"奔向临界点"。在数字化的时代，青少年的学习方式、生活方式都发生了深刻的变化，青少年网络文化日趋成熟。但是与之相伴的是青少年网络犯罪和网络受伤害事件层出不穷。

网络上各种色情、暴力信息向作为当今网络文化潮流中的主力军——青少年迎面扑来，令人担忧。中国社会科学院一项调查表明，全国 30.33% 的青少年上网者访问过不健康网站。[①] 不健康网站上的各种垃

---

①　杨雄：《网络对我国青年的影响评价》，《青年研究》2000 年第 4 期。

坡信息不仅会弱化青少年的道德意识和法律意识，还会损害青少年身心的健康成长。目前越来越多的青少年受到了网络垃圾信息的污染，产生了犯罪心理，甚至实施了犯罪行为。如何把握网络文化，预防少年罪错和网络受伤害是当今世界政府共同面对的问题。希望国家、社会、学校和家庭及青少年自身都担负起这个重任，在网络中有效规避黄赌毒垃圾，抵制暴力色情网络信息的诱惑，在绿色网络文化中塑造自我，实现自我。

第二节　大学生网络成瘾的影响机制：同伴关系和自尊

随着网络的普及，大学生网络成瘾问题日益凸显。本书旨在探讨大学生的自尊在同伴关系与网络成瘾的关系中是否存在中介或调节效应，采用同伴关系问卷、青少年病理性互联网使用量表（APIUS）、自尊问卷（SES），对随机抽取的243名大学生进行调查。结果表明：①随着年级的升高，大学生网络成瘾越来越严重，同伴关系越来越紧张，但自尊水平越来越高；独生大学生的同伴关系得分显著高于非独生大学生；②大学生的网络成瘾率随着年级升高而升高，男生高于女生，非独生高于独生，城市高于农村；③网络成瘾大学生的同伴关系显著低于非成瘾大学生，自尊差异不显著；④大学生网络成瘾与同伴关系得分显著正相关，与自尊显著负相关；⑤自尊在同伴关系与网络成瘾之间的中介效应和调节效应均不显著。结论：同伴关系和自尊直接预测大学生网络成瘾。

一　问题提出

网络成瘾是指因为网络使用过度而导致心理损害的一种社会现象，又被称为病理性网络使用。[①] 截止到目前，对于网络成瘾的官方诊断标准还没有完全的统一，Block 指出了网络成瘾具有四个标准：①消极后果、

———————————

① 方晓义、刘璐等：《青少年网络成瘾的预防与干预研究》，《心理发展与教育》2015年第1期。

②戒断症状、③网络的过度使用、④耐受性。[①] 而 Goldberg 则根据 DSM-
Ⅳ 中关于物质成瘾的诊断标准提出了构成网络成瘾的耐受性、戒断症状
等六个方面：①复发、②冲突、③凸显性、④戒断症状、⑤心境改变、
⑥耐受程度。[②] 本书中对于网络成瘾的诊断标准选用了青少年病理性互联
网使用量表（APIUS）中的六条划分标准。

造成网络成瘾的原因有多种，有网络世界本身的特性，也有成瘾者
个人特征和周围环境的影响。对于个人因素的分析主要有同伴排斥、自
我效能感、自尊、成就动机等方面。其中自尊与网络成瘾关系密切[③]，
Senol-Durak 和 M. Durak 认为自尊是预测网络冲动性使用、网络成瘾的最
好因素。[④] 也有研究指出同伴关系与青少年网络成瘾呈现负相关[⑤][⑥]，网
络成瘾者的社交技能相对较弱，但也有研究指出网络的过度使用和同伴
依恋信任和沟通并不存在显著相关。[⑦] 自尊、同伴关系与网络成瘾的关系
究竟是怎样的，目前研究较少。叶艳辉等曾提出自我效能感是影响同伴
关系和网络成瘾的一个中介变量，其中介效应程度为 62.8%。[⑧] 本书试

---

① Block, J. J., "Issues for DSM-V: Internet Addiction", *Am J Psychiatry*, Vol. 165, No. 3, 2008, pp. 306 – 307.

② Goldberg, I Internet Addition Disorder Diagnostic Criteria, Retrieved 2005, http://www. Psycom. net/ iad criteria, html, 1996.

③ 左菊、郑宏：《基于社会网络分析的"网络成瘾"成果研究》，《现代情报》2013 年第 10 期。肖汉仕、苏林雁等：《中学生互联网过度使用的影响因素》，《中国临床心理学杂志》2007 年第 2 期。何灿、夏勉、江光荣、魏华：《自尊与网络游戏成瘾：自我控制的中介作用》，《中国临床心理学杂志》2012 年第 1 期。

④ Senol-Durak, E., & Durak, M., "The Mediator Roles of Life Satisfaction and Self-esteem between the Affective Components of Psychological Well-being and the Cognitive Symptoms of Problematic Internet use", *Social Indicators Research*, Vol. 130, No. 1, 2011.

⑤ Lin, C. Y., Kno, F. Y., "A Study of Internet Addiction Through the Lens of the Interpersonal Theory", *Cyber Psycho Behavior*, Vol. 10, No. 6, 2007.

⑥ 雷雳、伍亚娜：《青少年的同伴依恋与其互联网使用的关系》，《心理与行为研究》2009 年第 2 期。刘志华、罗丽雯：《初中生网络成瘾的社会因素：人际关系的相关研究》，《电化教育研究》2010 年第 8 期。吴贤华：《青少年网络成瘾者人际关系特征及其综合干预研究》，博士学位论文，华中科技大学，2013 年。

⑦ 张国华、雷雳：《青少年的同伴依恋自我认同与网络成瘾的关系》，《中国学校卫生》2008 年第 5 期。

⑧ 叶艳辉、李秋琼：《同伴关系自我效能感与青少年网络成瘾的关系》，《中国学校卫生》2015 年第 3 期。

图通过对大学生网络成瘾状况的调查，探索自尊和同伴关系对网络成瘾的影响，探究自尊在同伴关系与网络成瘾之中是否存在中介效应或调节效应。

二　研究方法

（一）研究对象

采用随机抽样的方法从山东两所大学中随机抽取 248 人进行问卷调查。经过筛查剔除无效问卷后，得到有效问卷 243 份，有效回收率为 98%，平均年龄 21 岁。其中，男生 100 人（41%），女生 143 人（59%）。大一为 64 人（26.34%），大二为 35 人（14.4%），大三为 49 人（20.16%），大四为 95 人（39.9%）。农村被试 150 人（61.73%），城市被试 93 人（38.27%）。

（二）研究工具

1. 青少年病理性互联网使用量表

网络成瘾的测量选用了雷雳、杨洋 2007 年编制的青少年病理性互联网使用量表（APIUS）。[1] 该量表共 38 个项目，包含六个维度，分别为强迫性上网/戒断症状、凸显性、消极后果、耐受性、心境改变和社交抚慰。采用 5 点计分方式，从"完全不符合"到"完全符合"依次记为 1 分到 5 分，总均分低于或等于 3.15 分视为正常，若高于 3.15 分则视为网络成瘾。得分越高，网瘾程度越严重。本次测验该量表的内部一致性信度 Cronbach's α 系数为 0.953。

2. 同伴关系问卷

同伴关系的测量采用郭伯良的儿童青少年同伴关系问卷。[2] 问卷共包含 22 个项目，采用 4 点计分，从"不是这样"到"总是这样"分别计"1 分"到"4 分"。由于被试群体为大学生，所以在问卷的使用上，我们进行了以下语言表述的修改："我盼望上学去"改为"我期待开学"。总

---

[1]　雷雳、杨洋：《青少年病理性互联网使用量表的编制与验证》，《心理学报》2007 年第 4 期。

[2]　郭伯良、张雷：《儿童攻击和同伴关系的相关：20 年研究的元分析》，《心理科学》2003 年第 5 期。

得分越高，则表明其同伴关系越糟糕。经验证，该问卷的 Cronbach's α 系数为 0.856，具有较好的内部一致性信度。

3. 自尊量表（SES）

采用 Rosenberg（1965）编制的自尊量表。[①] 该量表一共有 10 个项目，采用 4 点评分方式，1 分表示非常符合，2 分表示符合，3 分表示不符合，4 分表示非常不符合。自尊量表的得分越高表明自尊水平越高。本量表具有良好的信度和效度，自问世以来得到十分广泛的应用。本研究中，自尊量表的 Cronbach's α 系数为 0.786。

（三）研究程序

采取随机抽样、现场施测的方式进行。施测前告知被试研究目的，提醒被试仔细阅读指导语，并强调此问卷所有数据都仅用于研究所用，我们会严格保密。所有问卷当场收回，计算均值标准差，剔除处于均值上下 3 个标准差之外的数据。最后进行统计分析。

（四）数据处理

采用了 SPSS 22.0 对数据进行录入和分析，统计方法包括描述性统计，相关分析，回归分析，独立样本 t 检验，Sobel 检验。

三　结果与分析

（一）大学生网络成瘾及同伴关系、自尊的现状

通过独立样本 t 检验，将网络成瘾、同伴关系、自尊分别作为自变量，独生与否等人口学变量作为分组变量，进行检验，结果见表 10—1。

表 10—1　　自尊、网络成瘾和同伴关系在独生与否、家庭结构、户籍和性别上的比较分析

		网络成瘾			同伴关系			自尊		
		M	SD	t	M	SD	t	M	SD	t
独生与否	独生	88.34	23.26	0.30	49.00	6.46	2.103*	28.94	4.61	1.78

---

① Rosenberg, M., *Society and the Adolescent Self-image*, Princeton Press, 1965.

		网络成瘾			同伴关系			自尊		
		M	SD	t	M	SD	t	M	SD	t
	非独生	87.35	27.22		47.41	5.38		28.00	3.64	
家庭结构	正常	87.92	25.74	0.40	48.07	5.88	-0.193	28.37	3.92	-0.51
	单亲	84.92	22.32		48.42	6.65		29.00	6.88	
户籍	农村	89.53	25.35	1.36	48.31	5.70	0.710	28.17	3.96	-1.11
	城市	84.95	25.75		47.75	6.22		28.77	4.31	
性别	男	89.33	26.27	0.79	48.05	4.57	0.098	28.58	4.57	0.54
	女	86.69	25.07		48.13	3.74		28.28	3.75	

注：＊表示 p < 0.05，＊＊表示 p < 0.01，＊＊＊表示 p < 0.001，下同。

由表 10—2 可知，同伴关系在独生与否上呈现显著性差异（p < 0.05），其余人口学因素上无明显差异；自尊和网络成瘾在独生与否、家庭结构、户籍及男女方面并无明显差异。

（二）大学生网络成瘾、自尊和同伴关系在年级上的差异

采用单因素方差分析，将年级作为自变量因子，将网络成瘾、同伴关系、自尊作为因变量，分析大学生的网络成瘾、同伴关系和自尊在年级上的差异。结果如表 10—2 所示。

表 10—2　　　　大学生网络成瘾、同伴关系和自尊的方差分析

		网络成瘾			同伴关系			自尊		
		M	SD	F	M	SD	F	M	SD	F
年级	大一	82.25	26.03	1.47	46.92	6.72	1.49	27.78	3.95	2.47
	大二	89.00	27.84		47.66	4.81		28.42	3.96	
	大三	88.34	23.08		48.94	5.95		27.59	3.28	
	大四	90.75	25.37		48.61	5.60		29.23	4.51	

由表 10—2 可知，大学生的网络成瘾、同伴关系和自尊的年级差异不显著（p > 0.05）。但两两比较发现，大四的网络成瘾得分显著高于大一（p < 0.05），自尊得分显著高于大一和大三（p < 0.05），同伴关系大三和

大四的高于大一的。

（三）大学生成瘾组和非成瘾组在人口学变量上的基本情况

根据雷雳等提出的标准，成瘾均分大于 3.15 划分为成瘾组，小于等于 3.15 划分为非成瘾组。通过对成瘾组和非成瘾组进行独立样本 t 检验，得出其在 0.001 水平上显著，具有统计学意义。在本项研究中大学生网络成瘾得分为（87.77±25.55），成瘾率为 10.3%。自尊得分为（28.40±4.10），同伴关系得分为（48.09±5.90）。根据表 10—3 可知，男生网络成瘾比例为 13.0%，女生网络成瘾比例为 7.40%；独生子女网瘾比例为 9.60%，非独生子女的成瘾比例为 10.80%；农村大学生成瘾比例为 10.0%，城市大学生成瘾比例为 10.8%。大一、大二、大三、大四在网络成瘾的比例分别为 6%，8.3%，10.2%，13.7%。

表 10—3　　成瘾组和非成瘾组大学生在人口学变量上的分布情况

	总体	非成瘾组	成瘾组
人数	243（100%）	218（89.7%）	25（10.3%）
男	100（41.2%）	87（87.0%）	13（13.0%）
女	143（58.8%）	131（92.6%）	12（7.4%）
独生	104（42.8%）	94（90.4%）	10（9.6%）
非独生	139（57.2%）	124（89.2%）	15（10.8%）
农村	150（61.7%）	135（90.0%）	15（10.0%）
城市	93（38.3%）	83（89.2%）	10（10.8%）
大一	64（26.3%）	60（94%）	4（6%）
大二	36（14.8%）	33（91.7%）	3（8.3%）
大三	49（20.2%）	44（89.8%）	5（10.2%）
大四	95（38.7%）	82（86.3%）	13（13.7%）

（四）成瘾组和非成瘾组在同伴关系、自尊上的差异

通过独立样本 t 检验，以网络成瘾作为分组变量，同伴关系和自尊作为检验变量，分析成瘾组和非成瘾组在同伴关系和自尊上有无差异性。

表10—4   大学生网络成瘾与自尊、同伴关系的 t 检验

	成瘾组		非成瘾组		t 检验	
	M	SD	M	SD	t 值	df
同伴关系	51.46	7.61	47.70	5.59	2.35*	25.80
自尊	27.63	2.57	28.46	4.21	-1.04	38.31

由表10—4 看出：成瘾组和非成瘾组在同伴关系上存在显著差异（p < 0.05）；成瘾组和非成瘾组在自尊上差异不显著（p > 0.05）。

（五）大学生网络成瘾各维度与自尊、同伴关系的相关分析

通过 Pearson 相关分析，分析网络成瘾各维度、同伴关系和自尊的相关性，结果见表10—5。

表10—5   大学生网络成瘾维度与同伴关系、自尊的相关分析

	同伴关系	凸显性	耐受性	戒断症状	心境改变	社交抚慰	消极后果	自尊
同伴关系	1							
凸显性	0.25**	1						
耐受性	0.18**	0.58**	1					
戒断症状	0.27**	0.58**	0.74**	1				
心境改变	0.24**	0.46**	0.49**	0.60**	1			
社交抚慰	0.20**	0.45**	0.57**	0.64**	0.59**	1		
消极后果	0.25**	0.59**	0.73**	0.67**	0.44**	0.54**	1	
自尊	-0.08	-0.09	-0.15*	-0.13*	-0.00	-0.09	-0.20**	1

由表10—5 可以得出：同伴关系总分（总分越高，同伴关系越糟糕）在与网络成瘾六个维度（凸显性、耐受性、戒断症状、心境改变、社交抚慰、消极后果）的相关分析中，均呈显著正相关（p < 0.01）；网络成瘾的六个维度内部两两呈显著正相关（p < 0.01）；自尊与网络成瘾中的耐受性、戒断症状和消极后果均呈显著负相关（p < 0.01）。

（六）自尊在同伴关系和网络成瘾之间的中介效应

综合以往研究理论，探索自尊在同伴关系和网络成瘾之间是否存在中介效应。要检验自尊（W）在同伴关系（X）和网络成瘾（Y）之间的

中介作用，需要对这三个变量进行回归分析。第一步以同伴关系（X）作为自变量，以网络成瘾（Y）为因变量回归分析，显著（t = 4.658，p < 0.001）。第二步，以同伴关系（X）为自变量，以自尊（M）作为因变量做回归分析，不显著（t = −1.290，p > 0.05）。根据温忠麟教授提出的中介变量检验方法，不能直接拒绝中介效应。第三步，进行 Sobel 检验（p = 0.95 > 0.05），即中介效应不显著。

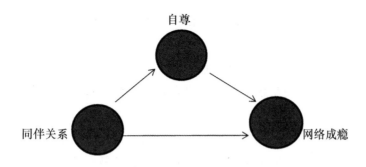

图10—1 中介效应模型假设

（七）自尊在同伴关系与网络成瘾之间的调节效应

将变量网络成瘾（Y）、同伴关系（X）、自尊（M）做中心化，即各自减去其样本均值，然后产生乘积变量 UM。通过回归分析，将同伴关系（X）和自尊（M）及乘积变量（UM）纳入自变量，将网络成瘾（Y）纳入因变量，结果得出乘积变量（UM）与网络成瘾之间无显著相关（P = 0.132 > 0.05），即自尊在同伴关系与网络成瘾之间的调节效应不显著。

表10—6   **自尊的调节效应分析**

	非标准化系数		标准系数	t	p
	B	标准误差			
同伴关系	0.04	0.01	0.31	4.76	0.000
自尊	−0.01	0.01	−0.10	−1.67	0.096
同伴关系 × 自尊	0.00	0.00	0.10	1.51	0.132

四 讨论

(一) 大学生网络成瘾、同伴关系及自尊在人口学因素上的比较分析

本研究发现，随着年级的升高，大学生的网络成瘾越来越严重，自尊得分和同伴关系得分也越来越高，其中大四学生的网络成瘾得分、同伴关系得分和自尊都显著高于大一学生，即大四学生的网络成瘾更加严重，自尊水平高，但同伴关系更糟糕。分析原因可能是大四学生学习任务相对轻松，有更多的闲暇时间接触网络，从而减少了与现实世界的沟通交流，导致网络成瘾和同伴关系较低年级糟糕。本书所选用的同伴关系得分越高，同伴关系越糟糕，结果发现，同伴关系得分在独生与非独生上呈显著差异（p < 0.05），独生大学生同伴关系得分大于非独生子女且其离散程度也高于非独生子女。分析原因可能是非独生大学生在和兄弟姐妹的相处中，掌握了更多的交往技能，更容易在新的环境中建立同伴关系。

(二) 大学生成瘾组和非成瘾组在人口学变量上的基本情况

本书表明，大学生的网络成瘾率为 10.3%，与以往的研究结果基本一致，保持在 10% 左右。[①] 随着社会的发展，网络需求也在不断增加，网络的普及化进程加速，但网络使用技能不足，网络鉴别力不够，网络成瘾者也随之增加。在本研究中，男生网络成瘾比例为 13.0%，女生网络成瘾比例为 7.40%，男生网络成瘾比例显著高于女生，这与我国相关研究结果相符。[②] 原因可能是男生社交技能相对不如女生，尤其是那些不擅长人际交往的男生，更容易到虚拟的网络空间寻求交往需要的满足。农村大学生成瘾率为 10.0%，城市为 10.8%，差距较小。原因是经济的发展使得城乡差距缩小，农村城市的流动性加强，使来自农村的个体有足够的机会接触网络，所以在户籍的差异上，网络的使用

---

① 赵晓颜、胡晓斌：《兰州市大学生网络成瘾与抑郁的关系》，《中国学校卫生》2012 年第 10 期。陈玉娟、李立等：《河北省大学生亲子沟通与网络成瘾的关系》，《中国学校卫生》2016 年第 2 期。

② 张雪艳、罗亚洲：《盐城地区大中学生网络成瘾及相关因素分析》，《中国学校卫生》2015 年第 5 期。

并没有表现出大的差异性。独生子女的成瘾比例为 9.6%，相比于非独生子女的成瘾率 10.8% 较低，分析原因可能是非独生子女因为长期与同伴兄弟姐妹生活，其对于孤独感的适应能力要弱于独生子女，因此更容易通过网络来减少这种落差。此外，随着年级的增长，成瘾的人数占比也在不断增加，结合大学课程的安排特点和电脑使用频率，我们认为原因可能是高年级课程相对少，且有了更多接触网络的机会，自控力不足时更容易成瘾。

（三）成瘾组和非成瘾组的同伴关系和自尊差异分析

同伴关系是同龄人之间或者心理发展水平相当的个体之间在交往过程中建立起来的一种人际关系。[①] 皮亚杰在他的早期著作中阐述了同伴关系在社会能力发展中的作用。他认为，正是产生于同伴关系中的合作与情感共鸣使得儿童青少年获得了关于社会的更广阔的认知视野。[②] 本书发现，成瘾组的同伴关系显著糟糕于非成瘾组（$p < 0.05$），与 Engelberg 的研究结果一致。[③] 原因可能是成瘾大学生因为沉溺于网络虚拟世界，忽视了现实生活的人际沟通，导致社会情感表达能力减退和社会情感感受性降低，同伴交往受阻。又或者是本身具备导致网络成瘾的危险因素[④]，即缺乏情绪调节和控制能力，不善于与人进行交流，在遭遇消极情绪后较少得到他人的支持和帮助，所以到网络世界中寻找情感支持，与现实世界越来越远，最终他们的同伴关系糟糕。在自尊方面，成瘾组和非成瘾组无明显差异，这与以往的研究结果不一致。[⑤] 原因可能是成瘾组的样本量较少，那些低自尊的网络成瘾大学生为了得到自我效能感，更倾向于

---

① 邹泓：《同伴关系的发展功能及影响因素》，《心理发展与教育》1998 年第 2 期。

② 邹泓：《青少年的同伴关系发展特点、功能及影响因素》，北京师范大学出版社 1998 年版，第 20 页。

③ Engelberg, E., Sjober, J. L., "Internet Use, Social Skills, and Adjustment", *Cyberpsychology & Behavior*, Vol. 7, No. 1, 2004.

④ Parker, J. D. A., Taylor, R. N., Eastabrook, J. M., et al., "Problem Gambling in Adolescence Relationships with Internet Misuse, Gaming Abuse and Motional Intelligence", *Personality and Individual Differences*, Vol. 45, No. 2, 2008.

⑤ 李艳、张贤等：《大学生网络成瘾与自尊孤独感的相关研究》，《中国学校卫生》2013 年第 8 期。李焰、王倩倩：《父母教养方式、自尊和大学生网络成瘾的关系》，《中国健康心理学杂志》2014 年第 11 期。

在虚拟的世界寻求满足，随着在网络中成功的体验不断积累，自尊水平提高。

（四）大学生网络成瘾各维度与自尊的相关分析

本书显示：大学生网络成瘾各维度中，耐受性、戒断症状和消极后果三个维度与自尊呈显著负相关。耐受性指网络使用者通过不断增加互联网使用的程度和频率来获得满足感的程度。戒断症状指终止网络使用会造成个体消极情绪的产生。消极后果指网络使用对于正常生活产生负性影响的程度。这三种维度所测量的内容有一定的相似性，都有缺乏自控的特点，可见个人的自我控制能力在成瘾行为中起很大影响。自尊总分与网络成瘾显著相关，且自尊对于网络成瘾具有负向的预测作用，低自尊水平者更容易形成网络成瘾。[1]原因可能是低自尊水平的个体在现实世界中得不到较多的关注和关怀，尊重和爱的需要无法得到满足[2]，于是他们转向以虚拟、多元、高效、便捷的网络世界中寻求关怀和理解，实现尊重需要和归属需要的满足。

（五）大学生网络成瘾各维度与同伴关系的相关分析

本书结果显示：同伴关系得分与网络成瘾呈显著正相关，同伴关系越糟糕，青少年病理性互联网使用量表得分越高，个体表现出更高的网络成瘾倾向，同伴关系得分对网络成瘾具有正向预测作用，这与吴贤华的研究结果相一致。[3] 同伴关系越糟糕，则网络成瘾可能性越大。究其原因，可能是同伴依恋的缺乏所致。特拉维斯·赫希提出了当今最为流行的社会腱理论，该理论提出，社会腱可以保证人们不去实施越轨行为。当社会腱被弱化的时候，人们容易实施失范和越轨行为。社会腱的成分包括依恋、信奉、投入和卷入。依恋是最重要的社会腱要素，同伴

---

① 何灿、夏勉、江光荣：《自尊与网络游戏成瘾：自我控制的中介作用》，《中国临床心理学杂志》2012 年第 1 期。梅松丽：《青少年主观幸福感与网络成瘾：自尊及自我控制的中介作用》，《心理发展与教育》2015 年第 5 期。

② 孔海燕、毕宪顺：《问题青少年教育矫正新视域——基于诺丁斯关怀理论探析》，《山东社会科学》2016 年第 9 期。

③ 吴贤华：《青少年网络成瘾者人际关系特征及其综合干预研究》，博士学位论文，华中科技大学，2013 年。

依恋是大学生非常看重的社会联系，一旦这种联系被割裂或削弱，同学关系紧张或疏远，大学生可能卷入网络世界的虚拟人际交往中寻找理解和支持。因此，要注意关注、关心大学生的心理成长，尤其是交往需要的满足，引导辅助大学生提高自己的交往能力，发展良好的同伴关系，减少网络成瘾的发生概率。

（六）自尊在同伴关系和网络成瘾之间的中介效应、调节效应探索

自尊在同伴关系对网络成瘾的影响中并未起到显著的中介影响。通过对同伴关系和自尊去中心化，构建新变量，即二者的乘积来进行调节作用的探索。结果也未验证调节效应的存在。

根据恐惧管理理论（terror management theory），自尊可以保护个体免受那种与生俱来的因死亡恐惧带来的焦虑，当自尊强大时，焦虑得到缓解，个体能正常生活；当自尊弱小时，个体便会通过各种补偿行为来提升自我价值感。[①] 换言之，当个体的自尊水平低，网络成瘾可能被作为一种补偿措施来缓解或消除焦虑。自尊水平越低，则成瘾程度可能越深。而糟糕的同伴关系会降低个体的自尊水平，影响其自我系统的建立，理论上两者之间应该存在一定的互相影响。但本书并未发现两者之间具有相关性，总结原因可能有以下几点：①本次研究在前人研究的基础上，仅片面考察了外显自尊对两者的影响，而未涉及内隐自尊，故研究具有一定的局限性。根据以往的研究结果，网瘾者的内隐自尊和外显自尊是两个独立的系统。[②] 这说明，同伴关系对于网络成瘾的影响有可能是通过内隐自尊起作用，对于这个假设，有待后期进一步验证。②由于社会赞许效应的存在，个体倾向于选择社会赞许性高的积极的选项作为答案，而掩饰自己内心真实的想法，这在一定程度上影响了研究结果。③本书选用了 SPSS 中的回归分析来解释中介变量，或许有可能忽略了其他变量的影响。

---

① 张阳阳、左斌：《自尊的恐惧管理理论述评》，《心理科学进展》2006 年第 2 期。

② Greenwald A. G., Farnham, S. D., "Using the Implicit Association Test to Measure Self-Esteem and Self-Concept", *Journal of Personality and Social Psychology*, Vol, 79, No. 6, 2000. 胡志海：《网络行为失范者的内隐攻击性、内隐自尊研究》，《心理科学》2009 年第 1 期。

五　研究展望及启示

1. 研究展望

本书深入探讨了大学生同伴关系对网络成瘾的影响，证实了自尊和同伴关系可以对网络成瘾直接产生预测，但关于两者具体的影响机制，我们会在后续的研究中进一步深入探讨。同时考虑加入内隐自尊的研究，通过内隐联想测验的方式获得网络成瘾者的内隐自尊，并和网络成瘾、同伴关系做回归分析。在被试选取上，扩大被试的取样范围，在专业维度上分析不同成瘾者的成瘾程度。

2. 启示

本书为网络成瘾者的教育矫正提供了重要的理论依据。①在日常学习和生活中，大学生要主动积极交往，善于发现自己和别人身上的闪光点，积极与他人建立友好的关系，丰富自己的日常生活，减少对于网络的依赖。②正确认识自己，发现自己，评价自己，客观真实地对待自己，保持健康的自尊水平。③大学生可以根据自己的年龄特征和兴趣爱好，参加丰富多彩的社团活动，扩大自己的人际关系网络。随着经济的不断发展和时代的不断"提速"，网络技术必然会成为社会发展的主流力量，网络在未来社会中必然占据更重要的位置。大学生作为掌握这个技术的主导力量，需要不断提升自己，尤其是社会底层的大学生要实现向上流动的愿望，更需要克服焦虑，培养自信。[1]

六　结论

（1）随着年级的升高，大学生网络成瘾越来越严重，自尊得分和同伴关系得分也越来越高，其中大四学生的网络成瘾最严重，其同伴关系和自尊都显著高于大一学生。同伴关系在独生与否上差异显著，独生学生的同伴关系不如非独生学生。

（2）大学生的网络成瘾率随着年级的升高而升高，男生高于女生，非独生高于独生，城市高于农村。

（3）网络成瘾大学生的同伴关系显著低于非成瘾大学生，自尊差异

---

[1]　张济洲：《"高考工厂"背后的阶层焦虑与机会公平》，《中国高教研究》2015 年第 9 期。

不显著。

（4）大学生网络成瘾与同伴关系得分呈显著正相关，与自尊呈显著负相关。

（5）自尊在同伴关系对网络成瘾影响中的中介效应和调节效应均不显著，同伴关系和自尊直接预测大学生的网络成瘾。

第十一章

关怀理念下少年罪错预防的
合理路径

博尔诺夫认为，"必须由需要研究的对象来确定科研的方法"①，实实在在的经验具有直接经验的可靠性。著名教育家杜威指出，"教育必须以经验为基础"。② 建立在经验研究基础上的研究结果对教育政策的解释和预测有重要影响。本部分在理论与实证研究基础上，提出基于关怀理念的少年罪错预防路径。

第一节　走向心灵的心理关怀

少年的罪错行为，不仅对个体社会化和学业成败具有消极影响，而且也会预示更加严重的问题行为，甚至是高犯罪倾向性。③ 所以对少年罪错的早期干预，可以有效降低个体犯罪的倾向性。少年罪错预防的模式很多，本着关怀理念，实施学校关怀、家庭关怀、社会关怀、司法关怀、道德关怀等。本书认为，少年罪错预防中最根本、最重要、最有效的预防是心理关怀。心理预防是前提，是其他所有预防发挥作用的基础和载体。

---

① ［德］博尔诺夫：《教育人类学》，李其龙等译，华东师范大学出版社1999年版，第24页。

② ［美］约翰·杜威：《我们怎样思维·经验与教育》，姜文闵译，人民教育出版社2005年版，第297页。

③ Juon H., Doherty, E. M., "Childhood Behabior and Adult Criminality: Cluster Analysis in a Prospective Study of African Americans", *Journal of Quantitative Criminology*, Vol. 22, No. 3, 2006.

青少年心理健康和人格和谐发展是预防其犯罪的重要措施。一个心理健康的人，才具备自觉抵制不良环境侵蚀的意愿和能力。因此，重视开展心理关怀，面向全体青少年加强心理健康工作，在青少年心理失调时及时帮助他们恢复心理平衡，可以有效预防犯罪心理形成。具体来说主要应从以下几个方面着手：举办心理健康教育讲座、实施心理健康教育活动、团体辅导、个别辅导、在社会实践中渗透心理辅导，培养学生健康的生活情绪，乐观的生活态度，过上幸福有意义的生活。

心理关怀的有效措施应该是从国家层面开展心理关怀的项目。可以借鉴西方发达国家的一些先进经验，在心理关怀上进行模块设计。美国国家司法学会（National Institute of Justice，NIJ）统计，美国针对各种青少年风险行为开展的干预项目达到了424项，实践活动①有52种。② 其中第二步项目是专门针对校园攻击的预防项目。心理关怀的模块设计，重点是通过训练的方式，提高青少年的关怀品质和意志品质。具体来说，每个模块45—90分钟，包括目标、内容、重点和难点、练习和作业、注意事项、教学材料。为了更好地实施模块，需要事先培训校长和年级主任，介绍师生关系、学校层面的预防措施及家校合作。培训所有教师，识别校园风险行为，应对措施和报告技能；培训心理辅导老师，编制教学指导手册，进行教学指导。对于学生，一个年级可以安排5个课时，每课时30—40分钟。低年级是班级规则、识别风险行为、报告风险行为、旁观者的能力，高年级则加入旁观者责任和风险行为预警机制。在教学形式上，可以采用情境模拟法。

第二节　注重情感的道德关怀

与康德的纯粹理性批判、实践理性批判、判断力批判相应的是人的三种能力，认知能力、情感能力和意志能力，分别指向人的真、善、美。

---

① 实践是项目的集合，是指相同或者相似项目的集合，这些项目因为具有相似的目标和解决办法故称为一个实践活动。

② National Institute of Justice. All Programs & Practices，http：//www. crimesolutions/gov/Programs. aspx，2016 - 06 - 30.

纯粹理性论述只是何以可能，只是理性的基本目的；实践理性批判论述道德何以可能，它是理性的最终目的；判断力批判论述审美与自然的和睦何以可能，在真善美的反思判断力中综合起来，消除知识与道德的分离。康德首先提出真善美的问题，开创了三大领域，用人的眼光、用人的方法研究人。

　　道德法则表达了实践理性的自律，即自由的自律。① 强调责任，责任就是由于尊重规律而产生的行为必要性。② 一个人之所以崇高，并不由于他服从道德顾虑，而是由于他是这规律的立法者，并且正因为这样，他才服从这一规律。③ 如果一切都是外力所为，一切都是必须来做，那么他就不会承担此行为的责任，他的行为也就不具备道德价值。康德认为自律即道德，"他之所以做某事，乃是由于他意识到他应当做这事，并且在自身之中认识到自由，而如无道德法则，自由原本是不会被他认识到的"。④ 在应该中体认了自由。人是有限的理性，人是朝着真善美的方向发展的，在永不停息中塑造着健全的人格，这种人格是做人的资格，做人的职责。本书认为，关怀可以让青少年向着持续不断的进步坚定不移地前进。在关怀道德中，人们不会再披着伪善的道德，在道德掩护下尽情追逐自己的利益。关怀是在源头上避免了对道德的污染，让道德生活在当今物质生活强劲起来的时候不会无可挽救地萎靡下去。

　　关怀理念引导本书发现了一个有效预防少年罪错的理论起点，从这个起点出发，透露出人类道德生活的透明性。从这个起点，彰显了人类道德意识的超越性、道德行为的自觉性和道德情感的纯洁性。

　　自启蒙运动提出理性、科学、民主等思想以来，一个根本的弊端是将"科学就是力量"的观点极大宣扬，但是非人化的机械决定论摧毁了人类自身的价值。科学理性无法承载自身价值的责任，"德性就是力量"取代"知识就是力量"。人类理性的皈依是道德理性。任何时候，不论是谁，都不应该把自己和他人仅仅当作工具，而应该永远看作自身就是目

---

① 康德：《实践理性批判》，韩水法译，商务印书馆1999年版，第34—35页。
② 康德：《道德形而上学原理》，苗力田译，上海人民出版社1986年版，第50页。
③ 同上书，第93页。
④ 康德：《实践理性批判》，韩水法译，商务印书馆1999年版，第31页。

的。① 关怀使人充分感受到作为人的尊严和价值，感受到作为人的灵气和意义。关怀使人成为人自己。一旦人意识到人即目的，就会拥有摒弃非道德的力量和勇气。少年罪错预防重在成人，人是目的，放弃成人的目的，就等于放弃做人的资格和自认。

任何言语都无法表达本书对关怀的敬仰。少年罪错预防不应该成为一道道命令，而应该成为一种自觉的意识和行为。少年罪错预防唯有将少年首先作为人来看待，重视少年关怀的认知，关注少年关怀的情感，培养少年的关怀理想甚至成为一种信仰，从根本上解决少年的价值追求，真正关心少年，尊重少年。无论是康德的人是目的，还是罗尔斯的正义论，都要求对他人的尊重，也就是把人作为目的而不是手段。作为自尊者的此在是作为类意识的存在者。

人是自根自体的。任何人都不是单子式的主体，海德格尔说，每一个此在都同时是共在，共在是此在的根本结构。主体性的本质是主体间性。哈贝马斯的交往理论、高清海先生的类主体说都在强调人的类意识。罗尔斯认为正义感总是和人类之爱联系在一起。② 尊重作为道德人的另一个人就是试图从他的立场来理解他的目的和利益，向他提交一些理由以使他接受对他的行为的约束。③

人类社会交往的一个特点，是我们偶遇自身原因仅仅部分的是我们可能成为的样子。我们必须从给他人那里获得那些被我们搁置的或完全缺乏的美德。④ 没有一个人能做到他可能做的一切，更不可能做到任何其他的人所能够做的一切。

当每一个自我在把和他一样的另一个自我作为目的对待时，他不仅肯定了自我，而且互相在彼此身上拓展了自我。也就是说，这种主体间性使人与人之间走向了"你中有我，我中有你"。一个崭新的自我诞生，因为他打破了狭隘的自闭视野，获得了视域融合，从一个人的美德中看到了人的丰富内涵和生命力，在自己获得支持的同时丰富着他人，充盈

---

① 康德：《道德形而上学原理》，苗力田译，上海人民出版社 1986 年版，第 86 页。
② 罗尔斯：《正义论》，何怀宏等译，中国社会科学出版社 1988 年版，第 463 页。
③ 同上书，第 326—327 页。
④ 同上书，第 516 页。

着他人。我们只有努力培养类视野下的主体，关怀他人，关爱他人，才能真正打破人的异化和物化，克服其他预防方法所不能单独克服的社会的邪恶。把人与世界的关系还给人自己。人是目的也是终点，两者融合，预防真正建立。

大多数学者均主张提高道德素养是少年罪错预防的重要途径。实证研究证明，少年罪错的一个重要原因是道德思维水平低，道德情感淡漠。所以加强少年的道德思维及道德情感，对有效预防少年罪错起到了非常重要的作用。犯罪心理学研究表明，低水平的道德发展水平导致犯罪行为的发生，良好的道德品质可以有效避免违法犯罪行为的发生。[①]

除了被广泛关注的道德思维外，道德情感是更不容忽视的问题。通过文献研究和档案研究发现，未成年人的暴力犯罪呈上升趋势，其中道德情感缺失是一个重要原因，所以要重视未成年人的道德情感的培养。而这是一个系统工程，需要学校教育、家庭教育和社会教育的共同协作培育，注意开发"双主体模式"和"共情培养模式"等先进的机制。

第三节　宽容而不纵容的司法关怀

少年罪错预防离不开法律的保障。法律作为一种管理手段，有着很长的历史。一提到法律，人们更多想到的是惩罚。康德的等量惩罚体现报应主义，边沁的功利主义又分化出恐吓和预防等流派。根据报应主义的观点，惩罚是为了告诫罪错少年，旨在帮助罪错少年养成遵守规则和制度的习惯。社会要稳定，需要规训与惩罚。然而在关怀理念下，法律不再是为了规训和惩罚，而是给罪错少年提供司法关怀，提供超越惩罚和保护的人性关怀。

美国在 1990 年颁布的《障碍者教育法》（Indiveiduals with Disabilities Education Act，IDEA）和 2004 年的修订版中都将积极行为支持（通过教育和环境重置，提高个体生活质量预防风险行为发生的方法）纳入法律体系。法案颁布后，很多州执行，如针对暴力攻击风险行为，美国 46 个

---

① 梅传强：《犯罪心理学》，中国法制出版社 2014 年版，第 27 页。

州出台法律,① 推行这个项目。积极行为支持项目②有官方网站（PBIS. org），根据项目效果可以区分为有效果的、有前景的和无效的。

美国有第二步项目（second step program），这是由美国儿童委员会设计研发的一个综合性的预防项目，旨在提高青少年的社交与情绪能力，包括同理心、情绪调节能力和问题解决能力等，以减少冲动冒险和攻击行为，被美国大约40%的八年级学生使用。③ 主要是以心理辅导活动课的形式进行，是美国应用最广泛的干预项目之一。

我国少年罪错预防在司法方面还存在较大可发展空间，法律体系不完善，少年刑事责任制度不健全，导致社会各界对罪错少年"管不了""不敢管"。所以，需要从少年司法的顶层设计出发为少年罪错预防提供司法保障。比如尽快出台《少年福利法》《少年司法》《少年刑法》《亲职教育法》，完善《预防未成年人犯罪法》和《未成年人保护法》。

关怀融合了保护与责任理念。所以司法关怀同样遵循这样的原则，实施关怀，不忘记保护与责任。"宽容而不纵容"是上海政法学院姚建龙教授提出的重要观点。这一观点是司法关怀的经典写照。通过关怀，引导罪错少年为其行为负责，促进"积极心理品质"形成。通过关怀，引入恶意补足年龄制度，惩治严重恶性罪错行为，让部分具有主观恶意而因年龄限制无法受到惩处的犯罪少年履行自身义务，为其行为负责。

实施司法关怀，不应忘记对虞犯少年的关注。对于经常违反校规校纪的虞犯少年，应进行及时的、有针对性的专业救助，将虞犯行为和轻微触法行为区分，建立虞犯少年制度，提前对虞犯少年进行干预，实施有力的司法保护。

---

① U. S. Department of Education. Laws & Guidance, http：//www2. ed. gov/policy/landing. jhtml? src = pn, 2016 - 06 - 30. Stopbullying. gov. Policies & Laws, http：//www. stopbulling. gov/laws/index. html, 2015 - 05 -27/2016 - 06 - 30.

② Technical Assistance Center on Positive Behavioral Interventions and Supports, Positve Behavioral Interventions and Supports Implementation Blueprint：Part1-Foundations ND Supporting Information, U. S. Department of Educaion, 2015, p. 5.

③ Bulling Prevention in Schools：Starts with Social-Emotional Learing, Committee for Children, Secondstep, org. , 2012, pp. 1 - 5.

第四节 加强亲职教育的家庭关怀

家庭是最重要的社会组织之一，是青少年实现社会化的重要场所。家庭这个社会的细胞在现代化社会中正在逐渐失去原有的功能，因为现代社会的飞速发展和分散劳动的特点，使人口流动剧增，家庭不再是紧密的社会组织，家庭成员散落在不同区域。在我国，留守儿童有 5400 万，他们无法亲身体验到父母的关怀，而高离婚率所致的家庭崩溃也导致了许多青少年中断了接受家庭关怀的机会，传统家庭地位受到前所未有的撼动，家庭关怀正在逐渐消失，家庭的可持续发展受到阻滞。

家庭关怀首先从父母做起，每个父母在成为父母之前，就应成为关怀型父母，他们彼此分享为父为母的乐趣和承担相应的责任和义务，对孩子的心理进行必要的关怀；丈夫能自愿照料孩子，分担家务，而不是认为那是妻子理所应当的义务。

要想实现这一目标，就需要系统、专业的项目进行支撑。比如可以借鉴国外优秀的做法，引进一些先进的项目。亲子互动治疗项目（parent-child interaction therapy，PCIT）是美国所实施的一项成功的家庭干预项目，这个项目旨在传授教养方式，提升亲子关系。pcit. ucd avis. edu. 上提供 10 个小时的网络课程，包含 11 个培训模块。英国最大的社区矫正公司——伦敦社区矫正公司（London Community Rehabilitadion Company，London CRC）中有化解项目、思维训练项目、关怀的爸爸（caring dads，针对实施家庭暴力的男性）、情绪管理项目、自杀预防项目、结构化监督项目。[①]

其次，营造关怀型家庭氛围。所谓家庭氛围乃是一个家庭的气氛和凝聚力，是家庭中的心理动力场。当家中被收拾得干干净净、整整齐齐，家庭成员间和睦相处、互相关心、彼此尊重，家庭氛围是温暖的、轻松的、安全的。在这样一种关怀型氛围中，青少年感受到和谐，减少了冲突发生的概率。

---

① London CRC Prdoction，Offending behavior programmes，http：//www. london. rog. uk/what-we-ob/offending-behavior-programmes/，2016 - 02 - 01.

再次，对教养失职的父母进行强制性亲职教育，强化罪错少年父母或其监护人的责任，监督其履行对少年的关怀教育，强化对少年的关怀意识和责任意识，避免"生而不养，养而不教"的失职行为。具体方法如下：第一，婚前教育，对准备结婚的青年男女进行强制性亲职教育，可以由民政局牵头实施，社会专业社工参与，具体内容为家庭教育知识与技能，学习合格后颁发结业证及结婚证。第二，孕前教育，对准备怀孕的青年男女或者孕期的爸爸妈妈实施教育，可以由医院产科举办，讲授必要的育儿知识和技能，合格后颁发结业证书，准许进行正常产检。现在很多三甲医院产科设置了孕妇学校，为孕期的爸爸妈妈提供学习的场所和机会，实际情况是很多孕妈奔波于产检而无暇顾及孕妇学校的学习，导致孕妇学校听课效果不理想。所以采取强制措施，让孕期的爸爸妈妈重视其孕妇学校的学习。第三，对于罪错少年的父母实施亲职教育。可由公安机关调查取证，人民检察院起诉，法院判决，让罪错少年的父母接受强制性亲职教育，学习科学规范的育儿知识，实施正面管教，给予罪错少年最渴望的家庭关怀，重塑信心和希望。

第五节　注重情感互动的校园关怀

少年的主要生活场所在学校，因此少年罪错预防的主要场所也应在学校，尤其是近些年来，校园欺凌愈演愈烈，不仅我国，甚至是美国，都进入一个"校园欺凌的时代"。据统计，美国有28%的6—12年级的学生曾经历过校园欺凌[1]，70.6%的学生报告在学校目睹了欺凌现象。[2] 校园欺凌本身对少年的健康成长构成威胁，而且可能会进一步增加少年的犯罪倾向性，所以美国疾控中心和教育部、司法部、卫生和人类服务部联合开展各项理论与实践研究，共同预防少年的暴力攻击行为。有研究者指出，预防的根本不是减少暴力攻击行为，而是要构建安全和关怀的

---

[1] Lessne, D. H., "Student Report of Bullying and Caber-bullying: Results from the 2011 School Crime Supplement to the National Crimen Victimization Survey", National Center for Education Statistics, 2011.

[2] Bradshaw, C., Sawyer, A., O'Brennan I, "Bullying and Peer Victimization at School: Perceptual Differences between Students and School", *Staff School Psychology Review*, Vol. 36, No. 3, 2007.

校园环境，提高学生的社交能力，使他们能够建立健康积极的社会关系。[①]

　　素质教育推行了二十几年，少年是否真正拥有了充实而有意义的青春？根据本书发现，美好灿烂的青春生活，似乎离少年越来越远。在越来越严酷的教育体制下，青春被大多数的考试与分数侵占，少年自己支配的时间越来越少，他们所感受的关怀越来越少，情感危机越来越严重，而这一切在现代学校教育中，却没有得到及时的应对。学校仍然在按照以往的方式进行着学科课程为主的教学，向学生灌输大量观念与知识并要求学生掌握[②]，仅仅在学生出现问题时，对症下药，比如伴随与日俱增的青少年危险性行为，学校提供性教育，当学校出现校园欺凌时，进行校园安全教育。这种滞后的反应未能有效地预防青少年的问题行为发生。而且诺丁斯指出，传统教育的种种问题并非通过设计更好的课程、寻求更好的教学方法就可以改善，关怀是可能化解这些问题的新视角。我国学者谢登斌也认为，21世纪学校道德教育的使命不是惩罚和规训，而是关怀。[③]

　　所以学校关怀重在提前进行科学规划，转变教育观念、教育模式和教育体制。

　　首先，在教育观念上，诺丁斯提出现代学校的目的是培养关怀的人，而不是一味追求学术水平的唯智人。一味追求学术，获得更高的学历并不一定使人们真正摆脱贫穷，贫穷是相对的，贫穷是一个复杂的社会问题，会涉及机会贫穷、能力贫穷、资源贫穷和精神贫穷等。一个人获得有价值有意义的生活体验并不一定需要很高的学历，所以，一味追求学历并不能真正带来价值感。一个没有价值感和意义感的人，即使拥有高学历，对社会也是无益的，甚至是有害的。社会需要关怀型关系的人，这个人有能力关怀自己、关怀他人、关怀社会、关怀动植物和周围

---

　　① Orpinas P., Horne, A., "Bullying Prevention: Creating a Positive Schiool Climate and Devepoping Social Competence", *Apa Books*, Vol. 41, No. 163, 2006.

　　② 张夫伟、张红艳：《公民意识与学校生活建构》，中国社会科学出版社2015年版，第93页。

　　③ 谢登斌：《21世纪学校道德捍卫的使命——诺丁斯"关怀"教育理论》，《广西师范大学学报》（哲学社会科学版）2004年第3期，第82—86页。

的物质环境、关怀物质和思想。可是我们的学校教给学生关怀的东西少
而又少。诺丁斯肯定自由教育（Liberal education）的意义，她认为，学
校无权迫使所有学生去学习那种狭窄的课程，而应真正关心学生的需
要，尊重学生的个性特征，为学生提供他们所需要的教育。我们期待学
生将来可以成为一个幸福的人，一个有价值感和意义感的人，一个对社
会有用的人，而这个人首先应该是一个懂关怀、会关怀的人，唯有关怀
才能实现这些目标。所以学校要培养关怀型的公民。① 学校要对学生寄
予希望，让他们找到自己所喜欢的事情，为未来挚爱的工作和生活作
准备。

　　其次，在教育模式上，需要关注学生的需要。尊重、满足学生归属
和爱的需要、权力需要、自由需要或快乐需要，放飞每一个学生的希望，
点燃每一个学生心灵的火花。② 对待不同的学生使用不同的语言和不同的
姿势。心中有种理念，无论这个学生是谁，学习是否优异，是否受到老
师和同学喜欢，他同我们所有人一样都有一颗需要被关怀的心。这种需
要表现在正式场合就是尊重，在非正式场合就是一丝的认可和持久的
爱。③ 教师应该把注意力放在学生身上，学生是被关怀者，教师要与学生
的需要及情境相关联。④ 通过围绕关怀主题设计关怀课程，进行关怀教
学，在教学中采用关怀共同体⑤的方法，即教师、学生和管理者通过彼此
的关怀成为共同体中成员，通过教育者的榜样、对话、实践和认可，与
受教育者共同生活、共同体验，受教育者在关怀共同体中认识关怀、懂
得关怀、信仰关怀、学会关怀。这种能力要求教师做一个关怀型教师，
这个或许在以前并没有得到应有的重视。评判一个教师，关键是看他是

---

① Noddings, N. , *The Challenge to Care in School*, New York, Teachers College Presses, 1992,
p. 67.

② 张夫伟、张红艳：《公民意识与学校生活建构》，中国社会科学出版社 2015 年版，第
55 页。

③ Parkey, F. W. , Hass, G. , *Social Force*, *Curriculum Planning-Contemporary Approach*, Al-
lyn and Bacon A Person Education Company, 2000, p. 52.

④ Rinar, W. F. C. , *Contemporary Curriculum Discourses*, New York Peter Lang Publishing,
Inc. , 1999, p. 43.

⑤ Pinar, W. F. , Reynold, W. M. , *Understanding Curriculum as Phenomenological and Decon-
structed*, Teachers College Press, 1992, p. 10.

否真正出于对学生的关心，是否真正采取有效的方式去促进学生发展。[①]
关怀型教师不仅具有敏锐的关怀洞察力和感受力，还懂得如何关怀，如
何教会学生关怀。关怀型教师会尽最大可能为学生提供选择的机会和展
示最佳自我的机会，他相信学生目前的表现和未来可能的表现，他与学
生共同探索关怀、实践关怀，在实践中认可关怀，在实践中学会关怀。

最后，学校预防要建立新的教育体制，摒弃上大学是唯一出路的统
一要求，改变高考这个唯一的指挥棒。只有将教育的指挥棒进行转变，
教育才真正能得到转向。新的教育体制需要较长时间进行设计，高等教
育应该与非高等教育区分开来，设计严密、科学、有效的培养方案和培
养计划。学生要学习的都应为未来生活做准备，而不是为高等教育做准
备，所以在中等教育阶段就安排职业教育的内容，在职业教育领域中设
置与男性和女性都有关的工作，让女性和男性拥有各自适合的教育模式，
教会学生在享受生活的同时，体验和实践关怀。

总之，学校关怀要求教育者自觉培养具有关怀品质的人，要把关怀
品质作为教育的首要目标，强调关怀品质，尤其是关怀情感和关怀意志
的培养，它们应该成为比智力教育更加重要的内容。唯有这样，教育才
完整，才可以培养出完整意义上的人。关怀是一种高尚的道德品质，也
是一种基本的道德品质。杜威曾提出"道德即教育"的著名观点，联合
国教科文组织提出"人类发展的目的在于使人日臻完善；使他的人格丰
富多彩，表达方式复杂多样；使他作为一个人，作为一个家庭和社会的
成员，作为一个公民和生产者、技术发明者和有创造性的理想家，承担
不同责任"。[②]

关怀是融合了情与理的道德。从理的层面讲，关怀是一种道德思维；
从情的层面讲，关怀是一种道德情感。从情和理的两个层面培养和塑造
人，生成和发展人。单纯的关怀知识并不能带给学生关怀品质，它只能
造就出关怀知识人，却培养不出关怀生活人。我们不能采取传统应试教
育的方式，去培养大批拥有关怀知识的产品，而是要以体验和感悟为基

---

① 张夫伟、张红艳：《公民意识与学校生活建构》，中国社会科学出版社 2015 年版，第
170 页。

② 联合国教科文组织：《学会生存》，教育科学出版社 1996 年版，第 2 页。

石构建起关怀品质，唯有学生感知、体悟到关怀，才能真正触动他们的灵魂，"法由己出"则突出了学生主体性的重要性。唯有学生自己深刻体验到关怀的价值，才能真正创造出关怀的实践。

第六节　构建多机构协作的社会关怀

诺丁斯指出，现代社会的快节奏，社会时尚的快变化，使社会的价值观在短时间内迅速漂移。当前的我国正在经历一个突变，从原来的节约型社会到现在的及时享乐的高消费观念盛行，这种价值观的变化带来了道德观的波动，青少年的身份犯罪、不良行为加剧，成人的吸毒、酗酒和高离婚率使关怀和公正等生活原则受到强烈的冲击。从根本上说，少年罪错在很大程度上是由社会因素造成的[1]，开展科学有效的社会关怀是预防少年罪错的基础。意大利犯罪学家恩里科·菲利认为："犯罪是一种社会疾病，通过改变最易改变的社会环境""控制很大一部分犯罪，并减少相当一部分犯罪。"[2] 换句话说，就是社会各种力量共同负责，消除和削弱引起犯罪的各种社会因素，从而有效防止、控制和减少犯罪。社会关怀是一种积极预防，是社会自我调整和完善的过程，避免犯罪不是预防的目的，创造一个健康和谐的宏观社会环境以保证社会的正常持久运转是社会预防的目的。关于社会预防，有学者提出宏观社会预防和微观社会预防[3]，宏观社会预防包含社会预防、心理预防、治安预防、刑罚预防；微观预防包含家庭预防、学校预防和社区预防。本书中的社会关怀是指宏观社会预防中的一种，主要从社会因素治理开展少年罪错预防。社会因素包含很多内容，从层次上分为宏观社会因素和微观社会因素，宏观社会因素包括社会制度、社会政策和社会道德文化，微观社会因素包括家庭、学校和社会。

本书通过访谈和调查发现，家庭的社会地位和经济状况影响青少年

---

① 张远煌：《中国未成年人犯罪的犯罪学研究》，北京师范大学出版社集团 2012 年版，第 478 页。

② ［意］恩里科·菲利：《实证派犯罪学》，郭建安译，中国人民公安大学出版社 2004 年版，第 184 页。

③ 康树华：《犯罪学：历史·现状·未来》，群众出版社 1998 年版，第 191—198 页。

的关怀发展及危险行为倾向，而且在关怀和危险行为倾向的关系中有调节效应。社会地位低的家庭，普通少年的关怀品质发展水平较低，危险行为倾向的检出率也较高。经济状况良好家庭的少年的关怀品质和危险行为倾向也显著高于经济状况差的青少年。另外，在犯罪少年群体中，发现社会地位低所占比例较高，经济状况差所占比例也较高，当两者都高时，犯罪少年的关怀品质和危险行为倾向都高。社会地位通过父母职业体现，经济状况则采用自我报告法由少年进行报告。本书中发现犯罪少年的父母职业多以工人、农民、服务业、个体经商等为主，处于社会的底层，他们所面临的社会处境和社会环境相对更加凶险。

由于现代社会的快、多、闲等特征，很多现代人不具备积极进取、独立自主、开拓创新、互助合作的现代人格，无法适应现代社会的生活而体验到生活的无意义感。当遭遇家庭结构解体、社会结构解体、社会公正偏离、科学与专家失信时，这种无意义感更加强烈，越来越多的儿童青少年可能陷入压抑、冷清、贫穷、无人关怀的情境中。为了寻求生活的意义，或许一些儿童青少年会借助不良行为填补内心的空虚和无聊。

预防少年罪错是个复杂的社会难题，需要社会各界的关爱和社会保障措施的推进，全社会协同合作，共同行动，建立科学、有效的全方位关怀型多机构协作预防网络，积极开发社会中有利于少年生长的保护资源，消除诱发少年违法犯罪的危险因素，注重心理关怀与道德关怀、司法关怀的结合，最终为少年的健康成长服务。

参考文献

一 著作类

[1] 白建军：《关系犯罪学》（第三版），中国人民公安大学出版社 2014 年版。

[2] 曹漫之：《中国青少年犯罪学》，群众出版社 1988 年版。

[3] 陈卫东：《流动青少年权益保护与违法犯罪预防研究报告》，中国人民公安大学出版社 2009 年版。

[4] 陈兴良：《刑法的启蒙》，法律出版社 1998 年版。

[5] 储槐植、许章润：《犯罪学》，法律出版社 1997 年版。

[6] 戴相英：《未成年人犯罪与矫正研究》，浙江大学出版社 2012 年版。

[7] 杜威：《民主主义与教育》，王承绪译，人民教育出版社 1990 年版。

[8] 台湾地区"法务部"：《刑事政策与犯罪研究论文集》，"法务部"，2013 年。

[9] 冯建军：《生命与教育》，教育科学出版社 2004 年版。

[10] 高从善、王志强：《青少年犯罪预防学引论》，长安出版社 2002 年版。

[11] 高德胜：《知性德育及其超越》，教育科学出版社 2003 年版。

[12] 高莹：《矫正教育学》，教育科学出版社 2007 年版。

[13] 高中建：《当代青少年问题与对策研究》，中央编译出版社 2008 年版。

[14] 龚群、陈真：《当代西方伦理思想研究》，北京大学出版社 2013 年版。

[15] 郭开元：《青少年犯罪预防的理论与实务研究》，中国人民公安大学

出版社 2014 年版。

[16] 何勤华、姚建龙、赵琛:《法学论著选》,中国政法大学出版社 2006 年版。

[17] 侯晶晶:《关怀德育论》,人民教育出版社 2005 年版。

[18] 胡金生:《儿童同情的发展与促进》,安徽教育出版社 2011 年版。

[19] 扈中平、蔡春、吴全华等:《教育人学论纲》,高等教育出版社 2015 年版。

[20] 黄教珍、张停云:《社会转型期青少年犯罪的心理预防与教育对策》,法律出版社 2008 年版。

[21] 黄向阳:《德育原理》,华东师范大学出版社 2000 年版。

[22] 吉春华、王健丽、张洪彬、李英英:《心的呼唤:服刑人员亲属亲情关怀指南》,中国法制出版社 2016 年版。

[23] 江光荣:《青少年危险行为干预示范研究》,科学出版社 2013 年版。

[24] 蒋晓阳:《希望德育论》,人民教育出版社 2003 年版。

[25] 金生铉:《理解与教育——走向哲学解释学的教育哲学导论》,教育科学出版社 1997 年版。

[26] 金生铉:《德性与教化》,湖南大学出版社 2003 年版。

[27] 金生铉:《规训与教化》,教育科学出版社 2004 年版。

[28] 康树华:《青少年法学》,北京大学出版社 1986 年版。

[29] 寇东亮、张永超、张晓芳:《人文关怀论》,中国社会科学出版社 2012 年版。

[30] [美] 拉瑞·P. 纳希:《道德领域中的教育》,刘春琼、解光夫译,黑龙江人民出版社 2003 年版。

[31] 李家成:《关怀生命:当代中国学校教育价值取向探》,教育科学出版社 2006 年版。

[32] 李金宝、张丰乐:《监察视野下的未成年人犯罪研究》,中国检察出版社 2012 年版。

[33] 李玫瑾:《犯罪心理研究——在犯罪防控中的作用》(修订版),中国人民公安大学出版社 2010 年版。

[34] 梁德友:《关怀的伦理之维——转型期中国弱势群体伦理关怀研究》,南京大学出版社 2013 年版。

［35］刘次林：《幸福教育论》，人民教育出版社 2003 年版。

［36］刘建宏：《犯罪干预与预防评估系统回顾研究》，人民出版社 2015 年版。

［37］刘强：《美国犯罪未成年人的矫正制度概要》，中国人民公安大学出版社 2005 年版。

［38］刘强、姜爱东：《社区矫正评论》（第五卷），中国人民公安大学出版社 2015 年版。

［39］刘卫兵、王丽娟：《冲突与反思中的青少年——当代青少年发展问题研究》，人民出版社 2012 年版。

［40］刘晓伟：《情感教育——塑造更完美的人生》，华东师范大学出版社 2007 年版。

［41］卢家楣：《情感教学心理学》，上海教育出版社 2000 年版。

［42］卢琦：《中外少年司法制度研究》，中国检察出版社 2008 年版。

［43］罗大华、李德、赵桂芬：《犯罪心理学》，北京师范大学出版集团 2012 年版。

［44］马皑、章恩友：《犯罪心理学》，中国人民大学出版社 2015 年版。

［45］梅传强：《犯罪心理学（第三版）》，中国法制出版社 2014 年版。

［46］孟万金：《积极心理健康教育》，中国轻工业出版社 2008 年版。

［47］苗伟明等：《青少年群体结构理论——社区青少年群体结构及其结构性风险研究》，上海人民出版社 2014 年版。

［48］全国妇联儿童工作部：《全国家庭教育调查报告》，社会科学文献出版社 2011 年版。

［49］沈晓阳：《关怀伦理论》，人民出版社 2012 年版。

［50］沈玉忠：《未成年犯罪特别处遇研究》，中国长安出版社 2012 年版。

［51］施慧玲：《家庭·法律·福利国家》，元照出版公司 2001 年版。

［52］苏静：《被关怀者道德品质的培养》，浙江教育出版社 2009 年版。

［53］王啸：《教育人学：当代教育学的人学路向》（新世纪版），江苏教育出版社 2003 年版。

［54］王东莉等：《德育人文关怀实践论》，浙江大学出版社 2016 年版。

［55］吴安春：《回归道德智慧——转型期的道德教育与教师》，教育科学出版社 2004 年版。

［56］吴宗宪：《国外犯罪心理矫治》，中国轻工业出版社 2004 年版。

［57］吴宗宪：《未成年犯矫正研究》，北京师范大学出版集团 2012 年版。

［58］吴宗宪：《西方犯罪学史》（第二版），中国人民公安大学出版社 2010 年版。

［59］肖薇：《女性主义关怀伦理学》，北京出版社 1999 年版。

［60］姚建龙：《保护与惩罚：预防未成年人犯罪实证研究》，中国法制出版社 2015 年版。

［61］姚建龙：《青少年犯罪与司法论要》，中国政法大学出版社 2014 年版。

［62］姚建龙：《权利的细微关怀——"合适成年人"参与未成年人刑事诉讼制度的移植与本土化》，北京大学出版社 2010 年版。

［63］姚建龙：《少年刑法与刑法变革》，中国人民公安大学出版社 2005 年版。

［64］姚建龙：《长大成人：少年司法制度建构》，中国人民公安大学出版社 2003 年版。

［65］叶浩生：《西方心理学的历史与体系》，人民教育出版社 1998 年版。

［66］叶澜：《"新基础教育"探索性研究报告集》，三联书店上海分店 1999 年版。

［67］曾妮：《学会关怀》，福建教育出版社 2013 年版。

［68］詹万生：《整体构建德育体系总论》，教育科学出版社 2001 年版。

［69］张夫伟：《道德选择与道德教育的现代性危机》，中国社会科学出版社 2014 年版。

［70］张夫伟、张红艳：《公民意识与学校生活建构》，中国社会科学出版社 2015 年版。

［71］张文新、赵景欣：《心理矫正与服刑青少年的教育改造》，山东人民出版社 2014 年版。

［72］张远煌：《中国未成年人犯罪的犯罪学研究》，北京师范大学出版集团 2012 年版。

［73］章恩友、姜祖桢：《矫治心理学》，教育科学出版社 2008 年版。

［74］赵秉志：《社区矫正法（专家建议稿）》，中国法制出版社 2013 年版。

［75］ 赵国玲：《未成年人司法制度改革研究》，北京大学出版社 2011
年版。

［76］ 周愫娴：《少年犯罪》，台湾五南图书出版公司 2004 年版。

［77］ 朱小蔓：《关注心灵成长的教育》，北京师范大学出版集团 2012
年版。

［78］ 朱小蔓：《情感教育论纲》，南京出版社 1993 年版。

［79］ ［美］ A. 麦金泰尔：《德性之后》，龚群、戴扬毅等译，中国社会
科学出版社 1995 年版。

［80］ ［美］ Biglan A：《青少年行为问题预防与心理干预》，黄秀琴等译，
人民卫生城市 2011 年版。

［81］ ［美］ C. R. 施奈德、沙恩·洛佩斯：《积极心理学》，王彦、席居
哲、王艳梅译，人民邮电出版社 2013 年版。

［82］ ［加］ Michael Ungar：《"问题"青少年咨询和指导策略》，陈芝蓉
译，中国轻工业出版社 2009 年版。

［83］ ［法］ 阿尔贝·雅卡尔、皮埃尔·玛南：《没有权威和惩罚的教
育》，张伦译，中国人民大学出版社 2005 年版。

［84］ ［法］ 爱弥儿·涂尔干：《道德教育》，陈光金、沈杰、朱谐汉译，
上海人民出版社 2006 年版。

［85］ ［德］ 海德格尔：《存在与时间》，陈嘉映等译，三联书店 1987
年版。

［86］ ［美］ 弗吉尼亚·赫尔德：《关怀伦理学》，苑莉均译，商务印书馆
2014 年版。

［87］ ［美］ 富兰克林·E. 齐姆林：《美国少年司法》，高维俭译，中国人
民公安大学出版社 2010 年版。

［88］ ［德］ 黑格尔：《法哲学原理》，范阳、张企泰译，商务印书馆 1961
年版。

［89］ ［英］ 怀特海：《教育的目的》，庄莲平、王立中译注，文汇出版社
2012 年版。

［90］ ［美］ 罗伯特·J. 桑普森、约翰·H. 劳布：《犯罪之形成——人生
道路及其转折点》，汪明亮、顾婷、牛光济、王静译，北京大学出
版社 2006 年版。

［91］［美］约翰·罗尔斯：《正义论》，何怀宏等译，中国社会科学出版社 1988 年版。

［92］［英］马丁·因尼斯：《解读社会控制——越轨行为、犯罪与社会秩序》，陈天本译，中国人民公安大学出版社 2009 年版。

［93］［美］玛格丽特·K. 罗森海姆等：《少年司法的一个世纪》，高维俭译，商务印书馆 2008 年版。

［94］［美］迈克尔·戈特弗里德森、特拉维斯·赫希：《犯罪的一般理论》，吴宗宪、苏明月译，中国人民公安大学出版社 2009 年版。

［95］［法］米歇尔·福柯：《规训与惩罚》（修订译本），刘北成、杨远婴，生活·读书·新知三联书店 2012 年版。

［96］［美］内尔·诺丁斯：《当学校改革走入误区》，侯晶晶译，教育科学出版社 2013 年版。

［97］［美］内尔·诺丁斯：《始于家庭：关怀与社会政策》，侯晶晶译，教育科学出版社 2006 年版。

［98］［美］内尔·诺丁斯：《幸福与教育》，龙宝新译，教育科学出版社 2009 年版。

［99］［美］内尔·诺丁斯：《学会关心——教育的另一种模式》，于天龙译，教育科学出版社 2003 年版。

［100］［美］内尔·诺丁斯：《关心：伦理和道德教育的女性路径》（第二版），武云斐译，北京大学出版社 2014 年版。

［101］［加］欧文沃乐：《有效的犯罪预防——公共安全战略的科学设计》，蒋文军译，中国人民公安大学出版社 2011 年版。

［102］［意］切萨雷·贝卡里亚：《论犯罪与刑罚》，黄风译，北京大学出版社 2008 年版。

［103］［意］切萨雷·龙勃罗梭：《犯罪及其原因和矫治》，吴宗宪、房绪兴、李安等译，中国人民公安大学出版社 2009 年版。

［104］［意］切萨雷·龙勃罗梭：《犯罪人论》，黄风译，北京大学出版社 2011 年版。

［105］［美］特拉维斯·赫希：《少年犯罪原因探讨》，吴宗宪等译，中国国际广播出版社 1997 年版。

［106］［美］威廉·富特·怀特：《街角社会》，黄育馥译，商务印书馆

2012 年版。

［107］〔英〕亚当·斯密:《道德情操论》,商务印书馆 1997 年版。

［108］〔美〕亚历克斯·梯尔:《越轨社会学》(第 10 版),王海霞、范文明、马翠兰等译,中国人民公安大学出版社 2011 年版。

［109］〔英〕詹姆斯·马吉尔:《解读心理学与犯罪——透视理论与实践》,张广宇译,中国人民公安大学出版社 2009 年版。

［110］Farrington, D. P., Piquero, A. R. & Jennings, W. G., *Offending from Childhood to Late Middle Age: Recent Results from the Cambridge Study in Delinquent Development*, New York: Springer, 2013.

［111］Glueck, S. & Glueck, E., *Unraveling Juvenile Delinquency*, Cambridge, MA: Harvard University Press, 1950.

［112］Greenwood, P., *Evidence-Based Practice in Juvenile Justice: Progress, Challenges, and Opportunities*, New York: Springer, 2014.

［113］Mayeroff, M., *On Caring*, New York: Harper & Row Publisher, 1971.

［114］Noddings, N., *Caring: A Feminist Approach to Ethics and Moral Education* (2 ed.), University of California Press, 2003.

［115］Noddings, N., *The Challenge to Care in School*, New York: Teachers College Press, 1992.

［116］Noddings, N., *Starting at Home: Caring and Social Policy*, Berkeley: University of California Press, 2002.

［117］Nodings, N., *Happiness and Education*, Cambridge: Cambridge University Press, 2001.

［118］Regoli, R. M. & Hewitt, J. D., *Delinquency in Society*, Boston: McGram-Hill, 2003.

二 期刊论文类

［1］班华:《"学会关心"——一个重在道德学习的德育模式》,《教育研究》2003 年第 12 期。

［2］班华:《在关心性关系中学会关心》,《思想理论教育》2005 年第 9 期。

[3] 常淑敏、汪玥、张文新：《青少年犯罪的个体与背景危险因素的质性研究》，《中国特殊教育》2014 年第 7 期。

[4] 陈晓、丁玲、高鑫：《父母控制与初中生抑郁、危险行为的关系：神经质的中介效应》，《中国健康心理学杂志》2016 年第 5 期。

[5] 陈秀丽：《我国青少年犯罪与家庭环境研究综述》，《中国青年研究》2004 年第 3 期。

[6] 丁道勇：《品格教育：观点和评论》，《外国教育研究》2008 年第 3 期。

[7] 范伟伟、刘丽苹：《道德教育视角下的儒家伦理与关怀伦理之比较》，《道德与文明》2013 年第 4 期。

[8] 范伟伟：《新品格教育和关怀教育的差异及启示》，《比较教育研究》2010 年第 1 期。

[9] 方木金：《论青少年犯罪综合预防机制之构建》，《青年探索》2014 年第 6 期。

[10] 关颖：《未成年人犯罪特征十年比较——基于两次全国未成年犯调查》，《中国青年研究》2012 年第 6 期。

[11] 官群、孟万金、Keller J：《中国中小学生积极心理品质量表编制报告》，《中国特殊教育》2009 年第 4 期。

[12] 韩建军、斯蒂文·A. 德津：《美国的少年法庭》，《青少年犯罪问题》2000 年第 2 期。

[13] 侯晶晶、朱小蔓：《诺丁斯以关怀为核心的道德教育理论及其启示》，《教育研究》2004 年第 3 期。

[14] 黄丽勤：《青少年犯罪的家庭因素比较研究》，《中国青年研究》2011 年第 8 期。

[15] 季成叶：《青少年健康危险行为》，《中国学校卫生》2007 年第 4 期。

[16] 季冬梅：《浅谈未成年人监护缺失问题的成因与对策——以徐汇区未成年人监护缺失案件为视角》，未成年人监护权转移制度研讨会，2016 年。

[17] 景璐石：《男性犯罪青少年的生活事件、社会支持和应对方式的对照研究》，《中国健康心理学杂志》2014 年第 8 期。

[18] 康树华、刘金霞：《回顾与展望：我国青少年犯罪研究》，《中国人民公安大学学报》（社会科学版）2013 年第 5 期。

[19] 孔海燕、毕宪顺：《问题青少年教育矫正研究新视域——基于诺丁斯关怀理论探析》，《山东社会科学》2016 年第 9 期。

[20] 孔海燕、毕宪顺：《转型期未成年人犯罪及归因研究——基于山东某区近五年犯罪案件调查》，《预防青少年犯罪研究》2016 年第 4 期。

[21] 李琴：《美国青少年犯刑罚替代措施》，《中国刑事法杂志》2012 年第 5 期。

[22] 李西顺：《关怀型课堂公平的三个基本问题》，《上海教育科研》2011 年第 4 期。

[23] 李旭、豆小红：《社会失范、教养偏差与青少年犯罪关系探讨》，《中国青年研究》2014 年第 6 期。

[24] 李颖、付红梅：《高校"基础"课实践教学中关怀型师生关系的构建》，《湖南社会科学》2014 年第 5 期。

[25] 梁德友：《论转型期弱势群体关怀的政府责任》，《社会科学辑刊》2012 年第 3 期。

[26] 刘慧、朱小蔓：《多元社会中学校教育道德教育：关注学生个体的生命世界》，《教育研究》2001 年第 9 期。

[27] 刘芮岐：《浅析未成年人犯罪原因及其对策研究》，《法制与社会》2017 年第 3 期。

[28] 刘铁芳：《当代教育的形上关怀》，《高等教育研究》2007 年第 4 期。

[29] 刘易平、卢立昕：《转型期〈未成年人保护法〉刑责减免政策的教育社会学分析》，《北京青年研究》2017 年第 1 期。

[30] 刘玉路、李新影：《父母教养方式对青少年问题行为及性别差异影响》，《中国公共卫生》2015 年第 12 期。

[31] 卢家楣、刘伟、贺雯等：《我国当代青少年情感素质现状调查》，《心理学报》2009 年第 12 期。

[32] 鲁洁：《关系中的人：当代道德教育的一种人学探寻》，《教育研究》2002 年第 1 期。

[33] 路琦、董泽史、姚东、胡发清：《2013 年我国未成年犯抽样调查分析报告》（上），《青少年犯罪问题》2014 年第 3 期。

[34] 孟万金：《积极心理健康教育：奠基幸福有成人生》，《中国特殊教育》2010 年第 11 期。

[35] 孟万金：《论积极心理健康教育》，《教育研究》2008 年第 5 期。

[36] 孟昭兰：《体验是情绪的心理实体——个体情绪发展的理论探讨》，《应用心理学》2000 年第 2 期。

[37] 戚万学、赵文静：《何谓有效的品格教育?》，《外国教育研究》2001 年第 2 期。

[38] 石中英、余清臣：《关怀教育：超越与界限——诺丁斯关怀教育理论述评》，《教育研究与实验》2005 年第 4 期。

[39] 宋晔：《教育关怀：现代教育的道德向度》，《教育理论与实践》2007 年第 19 期。

[40] 苏静：《仁爱与关怀——儒家的仁爱教育思想与诺丁斯的关怀教育思想之比较》，《比较教育研究》2007 年第 4 期。

[41] 檀传宝：《诺丁斯与她的关怀教育理论》，《人民教育》2014 年第 2 期。

[42] 田海林：《关怀理论视野下的有效关怀》，《中小学教育》2015 年第 5 期。

[43] 汪天德、汪颖琦：《家庭与青少年犯罪的关系——美国学者的理论与实证研究成果》，《青年研究》2000 年第 4 期。

[44] 王炜、刘春媛：《从公正到关怀：道德教育中核心价值的转变》，《中国青年研究》2005 年第 11 期。

[45] 王星明：《教育的人性：关怀与爱——关于诺丁斯关怀教育理论的哲学思考》，《学术界》2009 年第 3 期。

[46] 吴小鸥：《关怀型课堂：生活世界的还原与超越》，《课程·教材·教法》2007 年第 2 期。

[47] 肖薇：《关怀伦理学的两种模式：性别与超越》，《妇女研究论丛》1999 年第 2 期。

[48] 肖玉琴、张卓、宋平、杨波：《冷酷无情特质：一种易于暴力犯罪的人格倾向》，《心理科学进展》2014 年第 9 期。

［49］徐大慰：《国外青少年犯罪预防项目的社会学分析》，《青少年犯罪问题》2012 年第 2 期。

［50］颜湘颖、姚建龙：《"宽容而不纵容"的校园欺凌治理机制研究——中小学校园欺凌现象的法学思考》，《中国教育学刊》2017年第 1 期。

［51］杨继平、王兴超：《道德推脱对青少年攻击行为的影响：有调节的中介效应》，《心理学报》2012 年第 8 期。

［52］杨静慧：《发展型家庭政策：预防青少年犯罪的有效切入点》，《国家行政学院学报》2013 年第 5 期。

［53］姚兵：《未成年人犯罪预防策略研究》，《预防青少年犯罪研究》2015 年第 2 期。

［54］姚建龙：《犯罪学与刑事司法的融合：少年司法研究 30 年》，《社会科学》2008 年第 12 期。

［55］姚建龙：《防治学生欺凌的中国路径：对近期治理校园欺凌政策之评析》，《中国青年社会科学》2017 年第 1 期。

［56］袁丽：《论关怀主义教育哲学的教师观及其对教师教育的影响》，《教师教育研究》2013 年第 11 期。

［57］臧刚顺：《交往越轨同伴对青少年犯罪的影响》，《心理科学进展》2012 年第 4 期。

［58］张和云、赵欢欢、许燕：《青少年善良人性感知、影响因素及后效作用》，《青年研究》2017 年第 2 期。

［59］张鸿巍：《英国少年司法政策变化之研究》，《河北法学》2005 年第 2 期。

［60］张济洲、苏春景：《公众认同、社会支持与教育矫正质量——基于山东省社区服刑青少年调查》，《青少年犯罪问题》2015 年第 4 期。

［61］赵景欣、杨菲菲、张文新：《青少年犯罪的发展轨迹和狱内改造的保护因素》，《中国特殊教育》2012 年第 9 期。

［62］钟芳芳、朱小蔓：《教师关切情感的逻辑及其实践路径——兼论当代师生关系危机》，《中国教育学刊》2016 年第 11 期。

［63］周树芝、彭呈方：《道德情绪对道德判断能力的影响》，《心理学进展》2014 年第 4 期。

[64] 邹泓、张秋凌、王英春:《家庭功能与青少年犯罪的关系的研究进展》,《心理发展与教育》2005 年第 3 期。

[65] Albertos, A., Osorio, A., Lopez-Del, B. C., et al., "Parental Knowledge and Adolescents' Risk Behaviors", *Journal of Adolescence*, Vol. 53, 2016.

[66] Brown, G., Mcbride, B. A., Shin, N., et al., "Parenting predictors of Father-child Attachment Security: Interactive Effects of Father Involvement and Fathering Quality", *Fathering*, Vol. 5, No. 3, 2007.

[67] Burgdorf, J. & Panksepp, J., "The Neurobiology of Positive Emotions", *Neuroscience & Biobehavioral Reviews*, Vol. 30, No. 2, 2006.

[68] Carr, M. B. & Lutjemeier, J. A., "The Relation of Facial Affect Recognition and Empathy to Delinquency in Youth Offenders", *Adolescence*, Vol. 40, No. 159, 2005.

[69] Eisenberg, N., "Emotion, Regulation and Moral Development", *Annual Review of Psychology*, Vol. 51, 2000.

[70] Farrington, D., "Criminal Career Research: Lessons for Crime Prevention", *Studies on Crime and Crime Prevention*, Vol. 1, No. 1, 1992.

[71] Gove, W. W. & Crutchfield, R. D., "The Family and Delinquency", *The Sociological Quarterly*, Vol. 23, No. 3, 1982.

[72] Moffitt, T. E., Arseneault, L., Belsky, D., et al., "A Gradient of Childhood Self-control Predicts Health, Wealth, and Public Safety", *Proceedings of the National Academy of Sciences of the United States of America*, Vol. 108, No. 7, 2011.

[73] Martin, P., "Caring for the Environment: Challenges from Notions of Caring", *Australian Journal of Environmental Education*, Vol. 23, 2007.

[74] Robinson, R., Robers, W. L., Strayer, J., et al., "Empathy and Emotional Responsiveness in Delinquent and Non-delinquent Adolescents", *Social Development*, Vol. 16, No. 3, 2007.

[75] Theobald, D., Farrington, D. P., Piquero, A. R., "Childhood Broken Homes and Adult Violence: An Analysis of Moderators and Media-

tors", *Journal of Criminal Justice*, Vol. 41, No. 1, 2013.

[76] Youngstrom, E., "Do We Need to Invent Another Emotion? The Role of Caring in Attachment", *Psychological Inquiry*, Vol. 11, No. 2, 2000.

三　学位论文类

[1] 陈卫:《社会支持与青少年犯罪预防的研究——从家庭生态系统的角度》,硕士学位论文,中国政法大学,2009年。

[2] 方红:《吉利根的道德心理学思想研究》,硕士学位论文,南京师范大学,2006年。

[3] 冯晓阳:《初中生自尊与攻击性关系研究》,硕士学位论文,中国政法大学,2011年。

[4] 侯晶晶:《内尔·诺丁斯关怀教育理论述评与启示》,博士学位论文,南京师范大学,2004年。

[5] 焦岚:《心理生活质量研究》,博士学位论文,吉林大学,2012年。

[6] 李年林:《情绪对道德判断的影响》,硕士学位论文,上海师范大学,2014年。

[7] 李述永:《家长关怀与少年成长》,博士学位论文,华中师范大学,2012年。

[8] 李欣:《暴力犯罪心理成因及防治研究》,博士学位论文,吉林大学,2014年。

[9] 刘笑言:《走向关怀——性别正义视阈下家庭政策的理论模式比较研究》,博士学位论文,吉林大学,2013年。

[10] 孟芳兵:《青少年犯罪预警管理研究》,博士学位论文,武汉理工大学,2013年。

[11] 谭远宏:《犯罪学视野下的越轨行为研究》,博士学位论文,吉林大学,2010年。

[12] 王海英:《犯罪青少年心理健康的家庭生态系统研究》,博士学位论文,吉林大学,2007年。

[13] 王松岩:《人性与德性:休谟人性视阈下的道德观研究》,吉林大学,2015年。

［14］闫守轩:《论教学中的生命关怀》,博士学位论文,南京师范大学,
2004 年。

［15］吴殿朝:《中国当代大学生犯罪原因研究——基于"社会腱"视角
的分析》,博士学位论文,华中科技大学,2008 年。

［16］吴文莉:《思想政治教育的道德关怀研究》,博士学位论文,东北师
范大学,2014 年。

［17］于国旦:《少年司法制度研究》,博士学位论文,中国政法大学,
2004 年。

［18］袁利平:《本体存在与视域融合——比较教育本体研究》,博士学位
论文,西南大学,2009 年。

［19］赵雪霞:《西方道德教育模式的比较:正义与关怀》,博士学位论
文,东北师范大学,2008 年。

［20］张士清:《论终极关怀》,博士学位论文,吉林大学,2005 年。

［21］Jenkins, S. R., Comparison of Risk Behavior Across Different Groups:
Further Validation of the Risk Behavior Scale, University of Wyoming,
1999.

四　网络文献

［1］Lickona, T. Educating for character the school's highest calling, http://
www. glc. k12. ga. su/passwd/trc/ttools/attach/chared/esource/speech
Lickona. pdf, 1997/2007 – 04 – 03.

［2］Bulling Prevention in Schools: Starts with Social-Emotional Learning,
Committee of Children, Second step. org. 2012.

后　记

　　本书围绕关怀理念进行少年罪错预防研究，研究内容沿着"基本假设—理论分析—实证分析—改革设计"的基本思路展开。首先对内尔·诺丁斯的关怀教育的概念和研究现状进行梳理和评述，然后对关怀视域下的少年罪错预防问题进行理论分析，接着通过调查、观察、实验等方式验证关怀理念对少年罪错预防的影响，最后创新性地提出关怀理念下预防少年罪错的策略。

　　从实践意义来看，少年罪错预防是犯罪学研究领域中一个热门话题，包括各种广泛的对策学说——从监禁、恢复性司法到安装各种监控设施以保障公共财产安全，每一种对策都有其深远的历史。而纵观以往对少年罪错预防对策的研究发现，其更多侧重外部预防对策研究，虽然有一般预防理论提出犯罪人自我控制低的预防对策，但是仍然不能从根本上改变少年罪错尤其是低龄少年罪错愈演愈烈的社会现实。本书基于少年罪错预防的内部机制，关注人格的塑造和社会化的自我内化机制，提出有针对性的措施，可以直接服务并推广应用到少年罪错预防对策研究中。

　　从理论意义来看，罪错预防作为一个较为成熟的专业性原则，是人们为之奋斗的理想。而且国内外实践证明，罪错是完全可以预防的。但对于实践者、研究者、评价者和政策制定者来说，却是一个不容低估的挑战。社会机制内部和少年自身都蕴藏着教育保护少年和预防少年罪错的力量，正是基于这样的假设，提出基于关怀理念的少年罪错预防研究，激发出社会机制和个体机制中的保护力量和发展资源，充实完善少年罪错预防理论研究，为有效地预防和控制少年罪错提供新的视角，也为刑罚谦抑人道主义的新社会防卫论理念提供支持。

　　通过本书的研究，笔者衷心希望社会各界愿意从事少年工作的工作者都能积极行动起来，真正为少年的成长服务，给少年需要的关怀，才能真正地实现促进少年健康成长的目标。针对那些心理需要缺失的孩子和父母，可以提供专业的家庭治疗，及时解决孩子的心理困惑，预防心结出现，避免因为心结导致罪错发生；对于因为重大生活事件引发的问题少年则提醒我们要特别关注影响孩子的这些重大生活事件，及时做好情绪疏导和认知辅导，帮助孩子渡过难关。总之，关爱孩子的心理是预防少年罪错的关键，指导孩子正确对待父母的关怀，获得关怀的体验和态度，学会关怀的方法，培养科学的关怀型世界观和人生观是预防少年罪错的有效手段。

　　关怀理念下的少年罪错预防理论，试图从一个新的角度来研究罪错预防理论，深化罪错预防改革，突出人的发展内因论和决定论统一的思想的合目的性和规律性。关怀是一种教育思想，通常我们侧重教育思想和原理的阐述，但是缺乏教育方法和方式的探讨。本书从关怀理念层面上对少年罪错预防进行理论观念层次的讨论和实务操作上的探索颇具挑战性。笔者深知自己水平有限，书稿虽几经修改，仍存在诸多不足和遗憾，在书稿即将出版之时，笔者内心尤为惴惴不安。如有不当、不妥之处还请各位专家、同仁和读者指正。

　　本书的出版得到了问题青少年教育矫正管理博士项目的资助，也得到了中国社会科学出版社的大力支持。特别是编辑张林女士，热情细致的帮助，在此谨致谢忱。

2018 年 4 月于烟台